蒙古背影

萨冈彻辰传

特·官布扎布 著

作家出版社

中国历史文化名人传

组委会名单

主任：李　冰
委员：何建明　葛笑政

编委会名单

主任：何建明
委员：郑欣淼　李炳银　何西来　张　陵　张水舟　黄宾堂

文史组专家成员（按姓氏笔划为序）

王春瑜　王家新　王曾瑜　孙　郁　刘彦君　李　浩　何西来
郑欣淼　陶文鹏　党圣元　袁行霈　郭启宏　黄留珠　董乃斌

文学组专家成员（按姓氏笔划为序）

王必胜　白　烨　田珍颖　刘　茵　张　陵　张水舟　李炳银
贺绍俊　黄宾堂　程步涛

出版说明

中华民族五千年文明史中，涌现了一大批杰出的文化巨匠，他们如璀璨的群星，闪耀着思想和智慧的光芒。系统和本正地记录他们的人生轨迹与文化成就，无疑是一件十分有必要的事。为此，中国作家协会于2012年初作出决定，用五年左右时间，集中文学界和文化界的精兵强将，创作出版《中国历史文化名人传》大型丛书。这是一项重大的国家文化出版工程，它对形象化地诠释和反映中华民族文化的基本精神，继承发扬传统文化的精髓，对公民的历史文化普及和建设社会主义文化强国都具有重要而深远的意义。

这项原创的纪实体文学工程，预计出版120部左右。编委会与各方专家反复会商，遴选出在中国文化发展史上产生过重大影响的120余位历史文化名人。在作者选择上，我们采取专家推荐、主动约请及社会选拔的方式，选择有文史功底、有创作实绩并有较大社会影响，能胜任繁重的实地采访、文献查阅及长篇创作任务，擅长传记文学创作的作家。创作的总体要求是，必须在尊重史实基础上进行文学艺术创作，力求生动传神，追求本质的真实，塑造出饱满的人物形象，具有引人入胜的故事性和可读性；反对戏说、颠覆和凭空捏造，严禁抄袭；作家对传主要有客观的价值判断和对人物精神概括与提升的独到心得，要有新颖的艺术表现形式；新传水平应当高于已有同一人物的传记作品。

为了保证丛书的高品质，我们聘请了学有专长、卓有成就的史学和文学专家，对书稿的文史真伪、价值取向、人物刻画和文学表现等方面总体把关，并建立了严格的论证机制，从传主的选择、作者的认定、写作大纲论证、书稿专项审定直至编辑、出版等，层层论证把关，力图使丛书经得起时间的检验，从而达到传承中华文明和弘扬杰出文化人物精神之目的。丛书的封面设计，以中国历史长河为概念，取层层历史文化积淀与源远流长的宏大意象，采用各个历史时期最具代表性的文化符号与雅致温润的色条进行表达，意蕴深厚，庄重大气。内文的版式设计也尽可能做到精致、别具美感。

中华民族文化博大精深，这百位文化名人就是杰出代表。他们的灿烂人生就是中华文明历史的缩影；他们的思想智慧、精神气脉深深融入我们民族的血液中，成为代代相袭的中华魂魄。在实现“中国梦”的历史进程中，必定成为我们再出发的精神动力。

感谢关心、支持我们工作的中央有关部门和各级领导及专家们，更要感谢作者们呕心沥血的创作。由于该丛书工程浩大，人数众多，时间绵延较长，疏漏在所难免，期待各界有识之士提出宝贵的建设性意见，我们会努力做得更好。

《中国历史文化名人传》丛书编委会

2013 年 11 月

萨冈彻辰

目录

引子

二〇一二年八月，地处毛乌素沙漠腹地的乌审旗举办察罕苏力德祭祀及研讨活动。苏力德祭祀是鄂尔多斯特有的祭祀活动，多为民间举办，也有像祭成吉思汗陵似的活动是半官方性质的。苏力德，又写苏鲁锭，也写苏勒德，是成吉思汗时期定型下来的蒙古人之各种徽旗。其中有圣白、威黑、圣花白等。察罕苏力德就是被称作蒙古民族族徽的圣白苏力德。按理说，苏力德蕴意庄严，其祭祀应由官方操办。在成吉思汗时代和随后的元朝时期，这些事均由官方操持。之后，元朝政权败退草原，在明朝军队的不断攻打下蒙古社会少有宁日，于是一些负责祭祀等活动的专职人员纷纷向安全地区转移，最后会聚到河套地区鄂尔多斯一带，并开始出现民间形式的祭祀活动。近几年随着内蒙古民族文化大区建设步伐的加快，鄂尔多斯各旗为打造旅游文化品牌，对原来的民间祭祀活动进行有选择的官方化。察罕苏力德祭祀就是其中的一个。

活动办得很有规模，不仅请来了中国民间文艺家协会的有关领导和专家，还请来十几名内蒙古本地学者、专家参加祭祀和研讨。作为作家代表，我也荣幸地被邀请参加。

主题活动结束后，主办方为让我们领略毛乌素沙漠绿化的人间奇迹，特意安排了两天的参观活动。参观活动的最后一站是治沙英雄宝日勒岱带领乡亲大战沙漠的乌审召苏木。这个地方我二十多年前来过一次，那时人力治沙虽然成绩很大，但主导权还是掌握在大自然手里。我们开来的 212 吉普车不会走沙漠路，近三分之一的路程是被我们推过来的。那时的治沙正处在从点到面的延展时期，所以尽管能够看到一块一块的被绿化了的沙地，但放眼望去还是能看到从脚下到天际的漫漫沙海。那时，我凭借自己对沙漠秉性的了解，还曾怀疑过这改造自然之努力的最后结果。可是现在，我们的确看到了已经不是沙漠的沙漠，满目绿荫的沙漠，已经形成了湿润的气候小环境的沙漠。真不知道，这是人工绿化带出来的气候环境，还是气候环境带出来的生态环境的变化……

参观活动是在乌审召庙门前的广场上结束的。广场的东侧就是他们的治沙博物馆，从博物馆一出来就坐上停放在广场上的车进入返程。乌审召庙门前的广场上有几棵特别粗大的榆树。每棵树的树身和树枝上挂满了蓝色的和白色的哈达，一看就令人不由得肃穆起来，好像每棵树上都缠绕着一串一串的神秘故事，在轻轻地向你诉说。

每当采风、参观、外出等，大轿车最后一排的座位基本上是我的。一来我不愿与他人争好座位，二来这个区域很少有人来，宽绰自在。这次也是这样，待人们各就各位后，我不慌不忙地坐到那个位子上，随着车身的摇晃半睡半醒地迷糊起来。在我前排座位上坐的是一位北京来的学者和一位当地民间艺人。上车不久，他们从召庙前广场上的几棵大树开始聊起，话题一步步向这个地方的历史文化深入进去。从他们的聊天中，我听到了这样一个奇闻。

……说是清朝康熙年间，乌审旗这个沙漠大地上出现了一个神奇的人物。这个人，上知天文，下知地理，身怀治国兴天下的本事。在讲述者看来，这个人和诸葛孔明能耐差不多。

说这个人既懂蒙古文，又懂汉文，还懂藏文，曾博览群书，通古明今。这个人有个怪脾气，就是既不做官也不当民，又不去当喇嘛。但是，他太有能耐了，太有名气了，急需贤才能人治国理政的大清朝廷了解到这个人才后，打算给他高官厚禄，让他为朝廷效力。

那时候，鄂尔多斯这个地方，从原来北元时期的鄂尔多斯万户被清朝改编成了伊克昭盟。那时的乌审旗比现在的大多了，邻近的靖边县、榆林地区大部分都在乌审旗境内。朝廷想让那个人当的官远比一个旗的旗长大，也许不小于盟长大人的官职。那位民间艺人好像很会讲故事，不仅介绍着那位奇人的概况，还捎带地透露着鄂尔多斯的今昔变迁。

朝廷为让这个人给自己效力，多次派人去请他。可是，这个人考虑都不考虑地一次次回绝了。见此，明白事理的长老和乡亲弟兄们都觉得这样对他不好，纷纷来劝他响应朝廷召唤，赶紧谢恩赴命。可是这个人谁的话都听不进去，就是不出道，不为官。人们开始为他担心，提醒他说:“朝廷是个喜怒无常的巨人，它可以给你施恩，也可以给你降罪呀！”这个人就是不听，他看到这么多人都劝他为朝廷出力，便非常生气地说:“我就不给这个清朝服务，因为他们毁掉了我蒙古祖先的天朝！”不料，这句话一传十,十传百，很快传到了朝廷的耳朵里。朝廷大为震怒，把他确定为逆贼，下令马上处死。

消息传到鄂尔多斯，传到乌审旗，人们纷纷劝说这个人赶紧远走天涯，躲避这场灾难。可是这个人一点惧意都没有，还认为这是早在他预料中的事，认为自己应该那样死。官府抓他时，这个人从容地与乡亲们告别，要大家等着看奇迹的出现。最后，他对自己的孩子们仔细交代了死后如何安葬的具体事宜。

看来朝廷真的动怒了，对这个抗命不从而辱骂朝廷的人实施了凌迟处死的酷刑。之后，这个人的孩子们按照父亲的嘱咐不流眼泪地将行刑后散落几处的尸骸收拾回来，再在父亲指定的地点挖好墓穴，一步不差地按父亲的要求进行了安葬。说到这段时，前排座位上的讲述者变得虔诚起来，话语里有了明显的颤音。

说，在下葬时，孩子们将龙头草厚厚地铺在尸骸之下，然后把肢解的躯体部位一块一块按原位摆放好，之后用蒲草的藤蔓将对接起来的尸骸轻轻地缠绕起来，再后又把龙头草摆放到周边，最后还把一匹马、鞍具、笼头、铠甲及战刀等放到身旁后进行了填土埋葬。之后，日子一天一天地过去，人们对这件事情的关注也慢慢地淡化而去。可是再过一些时日后，远在京城的朝廷御用占卜师突然感觉到有点不对劲儿。于是，他洗好手，打上坐，专心致志地算了个卦。算罢，占卜师大吃一惊，说鄂尔多斯那边出现了有害于朝廷的卦象，如不破解，大清朝廷就有一劫。占卜师急忙向朝廷报告，而朝廷就按占卜师的意图选一名法力高深的喇嘛并给他配几个精干的随从派往鄂尔多斯施法消灾。那喇嘛和随从不敢怠慢，日夜兼程，很快来到了鄂尔多斯。到鄂尔多斯后，那喇嘛就打开如今雷达一样的法眼，立即感应到了一座坟墓里正在发生的神秘变化。于是，他们联系官府，带上人马，顺着感应来到了那个被凌迟处死的人的坟堆旁。

从外观上看，这个坟堆与其他的坟堆没有什么两样。可是，对那个朝廷派来的喇嘛而言，土堆下的坟坑就是展示他高明与法力的地方。喇嘛让随行人马刨去坟堆，挖出墓坑。当墓坑慢慢被挖出时，一个让人目瞪口呆的情形出现在人们的眼前。只见那个被凌迟的肢体在蒲草藤蔓的缠绕下正按原样对接愈合，手已伸向缰绳，脚已蹬踏一只马镫，脸色正在出现淡淡的红润，而且原铺在尸骸下的龙头草已长满了墓坑。喇嘛紧闭双目，默诵经文，令随从们抬出尸骸，重新下葬。随从们在喇嘛的指挥下，将原墓坑挖改成六角形坑，在六边墓壁上刻好六字真言，再用《甘珠尔经》经文严严实实地围住后，将尸骸重新放入，并填土掩埋。之后，在上面用青砖垒起一座小塔，以彻底破除产生绝世奇迹的风水灵气。果然，就在坟塔修建完工，安好塔尖时，万里晴空雷声大作，惊恐的人们突然看见一条长有人腿的火龙从塔顶升腾而起，向天空直飞而去……

“之后呢？”在后排偷听的我早就被这个神奇的故事吸引得用下巴紧紧勾住了前排座位的靠背。听我说话，讲述者突然回头险与我的脸撞上。讲述者惊奇地看了看我，又客气地笑一下后，像在回答我，又像在向身旁的客人结束所讲的故事，说：

“后来，为了纪念这个神奇的人，人们在他的家乡建起一座庙，专门将他供奉了起来，直到如今，逢年过节时人们都会去那座庙里祭拜一下他！”

随着这句话的说完，我偷听到的这则奇闻就被讲完了。

过了一会儿，车到一个小区门口停靠，那位给我们讲故事的朋友站起来，礼貌地打个点头招呼后下车去了。我看着他自信的背影，心头忽然闪现这样一个想法：鄂尔多斯真是一个不可思议的地方啊，总是有着说不完讲不清的神奇与神秘……

第一章 特殊的受供者

一

鄂尔多斯曾经是让我很纠结的地方。

对于我们文化爱好者来说，鄂尔多斯真是一个魅力超强的神奇之地。在遥远又遥远的远古，在地球的童年时代，这个地方曾经是深海之底的山川土地。随着地壳运动和海水的退去，那些连绵起伏的丘陵地貌和夹杂其间的平川裸露到阳光之下，再经长久的风化变成了当今被绿化了的沙漠高地。如今走在不知尽头的大路上，观看两旁展露着层层海平面印迹的岩层和切割面，不仅让人浮想联翩，还能让你产生穿越远古与今天的超生命感觉。这是鄂尔多斯对我的超自然吸引。再者是位于乌审旗的萨拉乌苏文化。这是我们人类开始使用工具生活时的文化，研究者们认为它是三点五万到五万年前的遗址。这个遗址是一九二二年因法国天主教神父、地质生物学家桑志化发现一颗人的门齿化石而被发现的。之后，中国的研究者顺藤摸瓜，发现了很多我们人类几万年前生活情况的信息证据，将其完善成了回味我们人类发展进程的一大基地。是啊，我们人类从使用石头生存的那个年代发展到使用电光生存的今天，是多么之大多么之神的进步呀，但看来这还未能使她心满意足。真不知，我们人类想要变成怎样一个生命的群体。在这方面，萨拉乌苏文化能够促使我们深沉地回味一下远古，平静地遥想一下未来。也可以这样说，它能够让我们好好地整理一下纷乱的思绪。这是鄂尔多斯让我很想过来的又一个引力。

上述之外，鄂尔多斯吸引我的还有层次更深的另一些原因。其一是耸立在鄂托克旗境内的阿尔寨石窟。这是一处令人叫绝的孤单的平顶山石窟。山是一座孤单的平顶山，坐落在一处开阔的川地上，恰如一块长方形大石头从天上坠落至此一样。据说在北魏时期，人们在这个巨大的石头上凿开了蜂窝一样的方洞，使它变成了如同麦积山的敬奉众佛的地方。这座石窟吸引我的关键点是，关于石窟和它壁画内容的说法。有研究者说，这座石窟曾经是成吉思汗第六次征伐西夏时的指挥部和养伤的地方。而且还说，在《蒙古秘史》中有其记录。对这一说法，我是有些愕然的。首先一点是，成吉思汗于一二二六年秋天出征西夏时，鄂尔多斯这个地方是西夏国的属地，而且又是属于大后方性质的方位。一个尚未取得胜利，且四处追击阿沙敢不军队的成吉思汗怎能深入到这个地方设立指挥部呢？至于在这里养伤之说更有待探讨了。再者就是关于一幅壁画内容的说法。石窟里有一幅壁画，现在研究者们把它叫成了《成吉思汗安葬图》。有研究者认为壁画所显示的就是安葬成吉思汗的情形。这个论断也让我颇感意外。众所周知，成吉思汗的金身是被送回北方草原的大本营后秘密安葬的。关于其情形和细节连《蒙古秘史》都秘而未记。《元史》这样后朝人撰就的史书也仅写了“葬起辇谷”这样的大致文字。所以，谁也不敢相信有人竟能画出下葬的情形。还有一个就是鄂尔多斯民间普遍存在的苏力德祭祀习俗。前面我已经说过，苏力德是古代蒙古人所用的各种徽旗。现今鄂尔多斯蒙古人家家户户都有奉祀的苏力德。这种情形在其他蒙古人聚居的地方是没有的。这是为什么？这又在说明什么？形成这种文化行为的原因是什么？它对我们准确认识鄂尔多斯这个地方的历史文化又有什么作用呢？

鄂尔多斯吸引我的还有一个大原因就是圣祖成吉思汗陵坐落在伊金霍洛旗境内。尽管这个陵寝不是圣祖成吉思汗的金身安放处，也不是有人所说的衣冠冢，而只是一个特殊的专门奉祀成吉思汗英灵的场所。但因为我们蒙古人相信成吉思汗的灵魂是不灭的，而且就常住在这座建筑的高堂之上，保佑着蒙古的后世子孙。所以，凡是蒙古人都想到这里祭拜一下，以便得到祖先英灵的保佑与呵护。

凡此种种，鄂尔多斯对一个蒙古族文化人的招引是巨大的，无法抵挡的。但我对鄂尔多斯一直心怀惧怕，不敢贸然前往。这个让我惧怕不已，不敢贸然前去的就是与鄂尔多斯人超凡热情搭配在一起的烈酒。二〇〇〇年时我在内蒙古人民出版社工作。那年的九月，我们参加北京国际图书博览会，作为工作人员的我们轮流值班照管展台。我在值班时接待了在北京某机关上班的内蒙古知青。可敬可亲的这位知青因为想念内蒙古，想念草原，想念他奉献了青春年华的曾经岁月，专门请假来看内蒙古展台上的图书和人。他在内蒙古展台上挑了几本介绍或描写草原的图书，在结账的时候说自己是在锡林郭勒下乡的知识青年。由于他心中有个草原情结，很想了解草原上的新情况新变化，所以特地过来买去一些书看看。他说话时的那种诚恳和目光里流露出的深情使我有些感动，我说:“这两年雨水很好，草原的风光也特别让人心旷神怡。所以，应该去好好看一看！”

他笑着看我说话，点着头慢慢地说：

“是应该去一下的。听说草原上有很多变化……”

是的，草原上的确有很多变化，有些是好的，有些很难说是好是坏，还有一些是不好的。我这样想着，但因不能用一句话说清楚，所以还是说:“锡林郭勒草原的牧民对你们知青特别有感情，你们知青不也是正在搞回探第二故乡的活动吗？应该去看看！”

“是很想去的，但不敢去！所以就以广播呀，电视呀，看书呀等方式来满足自己对草原的向往。”他有一点难为情。我说：

“为什么呀？”

“因为酒！”他说自己有肝炎，医生曾告诉他有肝炎的人喝酒等于在肝脏上放炸弹，是绝对不行的。因为自己当过多年的知青，深知草原人的盛情常常与烈酒搭配在一起，而且因激动自己也会忘乎所以地端起酒来的。所以，自回城以后一直没再回去，也不敢贸然前往……

我对鄂尔多斯的惧怕，也和这位知青兄弟差不多。虽然我没有肝炎，也很少激动失控，但我二十多年前在鄂尔多斯醉酒的经历，还是让我一听鄂尔多斯就心里打颤，就不敢前往。

二

经济发展对社会发展的促进是全面的。只不过我们一些片面的评说家总是喜欢让物质和精神摔跤，总是喜欢闭上观察进步的一只眼，而将善于挑剔的那只眼睛瞪得大大的，然后大说物质丰足条件下的道德沦丧、伦理滑坡、价值扭曲等等。其实，物质和精神是相互作用的认知存在，物质的丰足不可能是道德沦丧、伦理滑坡、价值扭曲等丑陋现象的直接原因。恰恰相反，一个惠及全体的经济发展传导给社会发展的力量是巨大的，作用是全面的，比如鄂尔多斯。近些年，随着国家的西部大开发，鄂尔多斯的经济迅速发展起来，很快成了内蒙古乃至全国人民刮目相看的地方。

尽管因怯酒的原因不敢去鄂尔多斯采访了解，但通过其他各种渠道我还是能不断感知到包括酒文化在内的鄂尔多斯各个方面的发展和变化。

这次，代组委会邀请我参加苏力德祭祀及研讨活动的这位老兄是著名的民间文化专家，多年来致力于蒙古族民间文化的抢救与保护。他让我来乌审旗的目的有二：一是让我深入了解鄂尔多斯苏力德祭祀文化的历史与现状；二是让我亲眼目睹一下乌审旗的兄弟们是如何保护和传承民间文化珍贵遗产的。因为对酒的担心没有了，我高兴地接受了老兄的邀请，并和他一起来参加这个活动。果然，所说不假，鄂尔多斯的酒文化，或者说乌审旗的酒文化的确发生了很大的变化，量力而行，随意品饮已经成了他们招待客人的原则尺度。

对于喜欢探究的我来说，偷听到的这则故事的确是具有超引力的神奇。因为，我们知道从人类的昨天被传递过来的每一句话都是有缘由的。一则充满神奇与传奇的故事更是有它可追溯的前世记忆。是啊，这则故事的原型主人究竟是什么样的一个人？做了怎样一些功德大事，让百姓们如此地神化他？那个叫龙头草和蒲草的植物藤蔓果真有将被肢解的身体重新连接复合的功力？如果有，我们的医学界不就应该认真地去研究，以发明能够让生命长生的法宝吗？再一点是，那个差一点就复活的人从镇压他灵气的塔尖上升腾而去时，为什么变成的是一条长有人腿的火龙，而不是一束光？其中究竟蕴藏着怎样一个文化信息？

也许是因为注意力没有被其他内容吸引的原因吧，自从讲故事的那个人下车，直到我们乘坐的大轿车来到会议所在的宾馆门口，我一直被这个故事笼罩着，不断产生着刨根问底的一些想法。对于一个普通的人，就是对于过去的我，这样一则故事只不过是一个打发时间的闲聊罢了。可是，现在对已经明白了民间故事与先民们生存形态间密切关系的我来说，这则故事应该有值得去探寻的背后秘密。我盘算着见到我那民间文化专家老兄后好好了解一下这则故事和故事背后的有关情况……

闭幕宴会就是在这个酒店的多功能宴会厅举行。如心所盼，我那专家老兄的座位紧挨着我的座位。我坐在那里，一边听宴会厅里的轻妙的蒙古音乐，一边等待专家老兄的到来。音乐曼妙悠扬，人们陆续落座，眼看宴会就要开始了，可是我的专家老兄还没有到来。老兄没来，但宴会按时开始了。虽然有些缺憾，但我很快被吸引到了宴会那热烈、欢快的气氛之中。在我们蒙古民族的众多群落中，鄂尔多斯蒙古人的歌和舞是大有名气的文化景观。他们的舞蹈不仅苍劲有力、热情奔放，更有英雄主义的壮烈与豪迈。他们的歌曲大有冰火一体的感觉，高声时让人耳朵发痒，哀婉时让人不禁流泪。宴会上的表演主要以这类的鄂尔多斯传统歌舞为主，并搭配了几首新的创作歌曲。每当歌声响起，客人们不仅出于礼节，更是出于内心的喜欢都报以热烈的掌声。其间，有客人认为蒙古歌曲与藏族歌曲的旋律都很优美，而且味道相近难以区别。座位上的不少人似乎颇有同感，都点头认同。我心里想：蒙古歌曲与藏族的歌曲还是有较大区别的。蒙古人居住在北方草原，长期奉行英雄主义理念，在奔向人类历史潮流的过程中进行过无数的征战，付出过太多的牺牲。尽管换来的荣耀很是耀眼，但一代代英雄男人们的不归征程，给当时的后方家眷、妇孺老少、情长儿女必然会留下无尽的伤痛和深深的惆怅。于是，在出现了充满英雄主义色彩的豪迈、高亢的歌曲的同时，也出现了大量的使心灵隐隐作痛的忧伤的歌曲。随着岁月的流去，忧伤渐渐占据更大的心灵地盘，变成了蒙古民族重要的审美形式。所以，忧伤是蒙古歌曲的一大特点，是很容易被区分的审美元素。正当我的思绪沿着这个方向滑动的时候，一个熟悉的旋律悠然飘进了我的耳朵。

鸿雁　　天空上对对排成行
江水长　　秋草黄
草原上琴声忧伤
鸿雁　　向南方　飞过芦苇荡
天苍茫　雁何往
心中是北方家乡

鸿雁　　向苍天
天空有多遥远
酒喝干　再斟满
今夜不醉不还
酒喝干　再斟满
今夜不醉不还……

这首歌是一位女歌手演唱的。这首歌的原唱虽然是额尔古纳乐队的几个英俊的小伙子，但现在用女声演唱起来照样能感受到蒙古人特有的那种深沉和惆怅。

宴会就这样继续着，场面从开始时的井然和安静，慢慢变得喧闹和活跃起来，随着主办方礼节性敬酒的结束，人们开始相互敬起酒来了。正如我们蒙古俗语所说："知不足者，自有良策。"怯酒的我一看这架势便悄悄起身溜走了……

三

第二天是与会者返程的日子，会务上早就给我们呼和浩特市的与会者安排了回程的一辆大轿车。

早上六点我就醒了。正当我按照习惯按摩时，门铃响了。

来者正是我那念叨了两天的专家老兄。老兄是来叫我出去散步的。他边走边介绍这个小镇的前世今生，言语中既有对发展变化的自豪与喜悦，也有对乡下牧民成片成片地被进城和传统文化流失的担忧。我点头同意老兄的看法，并且在他进入新一个话题之前趁机说出了我的问题。

"说是有人被清朝凌迟处死。之后，他的孩子们根据其遗嘱用龙头草和蒲草的藤蔓包裹好被肢解的遗体后安葬。后来发现差一点就复活了……"

没等我说完，老兄抢过话头就说："是啊，这是我们这里家喻户晓的故事，是很有传奇色彩的。老弟是什么感觉？"

"倒没有什么，只是觉得故事背后有些东西……"

"怎么讲？"

"我想，那个叫龙头草和蒲草藤蔓的植物不可能有那样神奇的功效，一个被凌迟处死的人也不可能重新复活，更不可能变成火龙升腾而去。叫我好奇的就是被故事神化的那个原型。虽然清朝距我们已经有几百年的光景，也已经不是产生神话的年代，可人们竟给那个原型主人编了近乎神话的这样一个故事。从中依稀可以看到人们对那个原型的崇拜，可以认为那个原型对人们曾经很重要……”

我的话还没说完，老兄嘿嘿地笑着说：“看来我的作家弟弟对这个故事产生兴趣了，一听这分析就知道你认真对待了。你的分析很对路，这个故事的原型就是我们鄂尔多斯人特别崇拜的一个人物，他的确是个了不得的人……”

“老弟，那个故事的背后是一个传奇的宝藏，你可以考虑一下这个题材。说真的，这个题材挺适合你，可以写出一个很好的作品。”

“没这么想过。”

“老哥是认真的。你好好考虑一下我的建议。这个题材非常符合你的性格，这么给你说吧，这则故事的背后有太多有待解开的谜题。可以说，让你好奇的这个故事仅仅是众多神奇与谜题的瓶盖而已，里面可以去挖掘的东西的确很多。”

我的这位老兄一向以超前思维受人尊敬。这下他又以这个思维为我规划了一个写作目标。说实话，我对这个故事的兴趣还没有发展成为创作的冲动，只是感觉到故事的背后隐藏着一些不为人知的东西。老兄这么一点拨，我那休眠的创作欲望似乎醒了过来，觉得可以去进一步了解一下。我越来越觉得写作是面向社会的认知诉说，是对万象社会的心灵参与，所以应该给读者奉献一些有意义的内容，而不是既耗费读者时间，又言之无物的文字游戏。于是，我顺着老兄的话说道：

“如果值得去写的话可以考虑呀。碰到一个好题材也算是作家的缘分吧！”

老兄笑了笑，停下脚步直直地看着我说：

“一会儿我给你介绍一个人，你跟他好好了解一下。这个人是专门研究这则故事背后历史的专家。你会有大收获的！”

老兄说完边拿起电话，边示意我往回走。

喝早茶时，老兄果真领着一个人笑眯眯地进来了。那个人比老兄略高，戴着一顶灰色的礼帽，脚步轻快有力，一看就是个很精干的人。

“来认识一下。”

老兄把我添油加醋地介绍一通后，把他也向我做了隆重的介绍。他叫拉格森布林，曾是乌审旗蒙医医院的院长，是远近闻名的蒙医医师。为了研究那则故事和故事背后的人与历史辞去了炙手可热的院长职务，中断了赖以生存的医生职业。经几年专心致志的搜集整理，已经很好地抢救和留存了关于那则故事、关于其背后的人与历史生态的珍贵资料。其中一部分已经被编纂成书，成了相关专家、学者们案头必备的图书之一。

坐下后，老兄对拉先生说：

“我作家老弟对额尔克彻辰可汗的故事很感兴趣，我想这个题材也非常适合他的性格。你是这方面的专家，我没有你了解得广泛和深入，所以特请你来给我老弟介绍一下有关情况。你不会像有些人那样抠门儿吧？”

拉先生笑了笑，无意识地查看一下自己的手指和指甲，然后不紧不慢地说：

“这几年找我要资料的不少，有咱自治区的，也有北京和其他省区的，还有国外一些专家、学者。他们要什么，我给什么，一点都没有抠门儿过。现在家乡哥哥说话了，还能抠门儿吗？请放心，我会要啥给啥！”

“哈哈，看我们乌审旗蒙古人！”老兄颇为得意和自豪……

经一阵商量，我决定不随团队回去，而是要留下来跟着拉格森布林先生进行一次田野寻访。

毕竟是当过院长的人，关系多，人脉广，不一会儿就叫来了一辆车，我们出发了。目的地是叫作图克苏木的梅林庙嘎查。这个地方在旗政府所在地嘎鲁图镇的东边几十公里处，是我们往返时必经的一个地方。虽然路上车不多，但因限速探头太多，我们走得很慢。在路上，拉格森布林先生告诉我，那则故事的主人公叫萨冈彻辰，可能是四百年蒙古帝国的最后一位可汗，曾引发国内外学者研究热潮的《蒙古源流》就是他的作品。像达尔扈特人世代奉祀成吉思汗一样，我们哈日嘎坦部落的人也一直在守护和奉祀着他的英灵……

拉格森布林先生认真地介绍着，就在他滔滔不绝间车走下大路，跑一段乡间小路后，在一幢颇有庙宇风格的建筑前停了下来。

“到了。”

下车后，拉格森布林先生用虔诚的目光看着那幢建筑说：

“这幢建筑叫汇众圣熙宝殿，也叫萨冈尔克彻辰洪台吉祭祀馆，就是专事萨冈彻辰祭祀活动的地方，现在为旗县级重点文物保护单位。”

这是一座独幢建筑，离嘎查住户的生活区稍远一些，远处是保持着波浪状的沙丘，四周是低而密的杜松，乍一看像是一块大绿的地毯铺在了这里。低矮的树枝间或边缘上基本没有开了花的植物，好像在衬托着这幢建筑的神秘与特别。

一个鲜为人知的秘密就隐藏在这里吗？我思索着，随拉格森布林先生往里走。快到门口时，一个人匆匆忙忙从宝殿里迎出来，向拉格森布林先生作了个鞠躬礼后引我们走进宝殿。尽管叫宝殿，但这个殿厅远没有那些宗教场所的殿厅那样富丽堂皇和豪华神圣。这不知是因为人文的设施不应有宗教场所的气派，还是我们对人文设施的重视与建设不够。但这里的香火倒还很旺，除祭坛中央几根香炷悠然冒着浸肺的香烟外，整齐地摆放在台面上的长明灯全部在托举着自己的火苗。我学着拉格森布林先生做完表示虔诚的礼节后，拉先生让我抬头看祭坛中央上方墙上的一幅挂图。

我抬头看去，挂在墙上的这幅图颇有唐卡的感觉，但没有唐卡那样的厚度感，可能是在皮子上或在较厚的纸上画的。全图整体上由蓝、红、白三种颜色构成，画面上部有三个端坐在祥云上的佛或菩萨的身像，中间是在一团火焰中站着的一个英雄模样的人，在底部画有两个坐在椅子上的人，其中一个衣冠楚楚，右手还握着一杆苏力德模样的器物。挂图的两边是楷体大字的蒙古文对联，大致意思是：圣主成吉思汗威名普世传扬，天赐萨冈神笔光耀大地文化。

我目不转睛地盯着挂图和挂图两边的对联，心里一时充满了说不出的感觉。当我站在那里努力梳理画面里的人物形象与对联的关系时，拉格森布林先生指着画面左下方的画像说：

“这个人就是那则故事的主人公萨冈彻辰，我们哈日嘎坦人几百年来一直将他与成吉思汗一同奉祀在这里！画面中间火焰里的那个人是成吉思汗。”

我顿感不解，心想：在这个世界上谁人能与成吉思汗享受一样的奉祀待遇？也许，拉格森布林先生感觉出了我的疑虑，急忙解释说：

“在鄂尔多斯，在乌审旗，在我们哈日嘎坦人的心目中，萨冈彻辰的地位就是这么高。那副对联就是我们对祖先萨冈彻辰的评价和认识！”

很坦诚的表白，但是这位萨冈彻辰先生究竟以怎样的功德赢得了后人如此高度的评价和奉祀呢？我没有反问，但心里不停地翻滚着这样一个问号。

第二章 敬仰与渴望

一

疑虑是我们人类的一只翅膀，它来自我们猴祖先丛林生活的太古时代。那时候，我们遥远的祖先栖息在茂密林木的枝杈上，在他们的头顶与脚下充满着野兽与猛禽猎杀的危险与陷阱。所以，他们每一次的举手投足都必须小心谨慎，对每一次的风吹草动都满怀疑虑。否则，生命不知在何时就成了愉悦对方的一顿美餐。疑虑或疑心从那时起就扎根于人类的心里，逐步变成了我们对已有结论进行审视和反思的思维习惯，并与想象一同成了我们人类创新发展、飞向未来的一双翅膀。

我的疑惑继续着。那则故事的主人公，这位名叫萨冈彻辰的人，究竟因何受到如此至高的崇拜？究竟以怎样的惊世业绩与成吉思汗一同被人们画在一张奉祀图上？难道我们遗忘了不该遗忘的功业堪比成吉思汗的历史伟人，而如今恰巧被我突然发现？

或许，这些莫名其妙的想法使我有了片刻的愣神和发呆，拉格森布林先生用胳膊轻轻碰一下我，示意往一旁走。这时我才发现有一拨人正从外面进来。这些人有的穿着传统的蒙古袍，有的虽然没有穿蒙古袍但戴着具有标签作用的蒙古礼帽，表情虔诚，手上捧着蓝色的哈达。他们径直走到画像前，将哈达举过头顶后慢慢放到画像下方的桌台上，然后在一个管理人员的引领下每人点燃一盏长明灯，接着齐整地跪下静听那位管理者的诵经。管理者的声音很为洪亮，他大声吟诵的内容大致是这样：首先是向画像中的成吉思汗、萨冈彻辰等呈报了祭奉者的身世姓名，然后用较长的段落赞美成吉思汗的不朽伟业和萨冈彻辰的功德智慧，再后是祈求他们护佑奉祀者的平安健康、吉祥如意。待我听毕，拉格森布林先生一边引我走，一边向我介绍说：

“平常就这样，一拨一群前来祭拜的人总是络绎不绝，其中，有我们鄂尔多斯乌审旗的，也有来自其他地方的，有时也有来自陕西榆林地区的汉族老乡。固定的祭祀日人就更多了，老少妇孺四方会聚，场面可壮观了。临近高考日还有一个小高潮，很多家长领着孩子来祭拜一下萨冈彻辰，祈求这位文圣保佑孩子考出好成绩，考上好大学……”

“那不是把他当成文殊菩萨了吗？”

“谁知呢，以前没有这种讲究，不知怎么的近年来就这样了。”

话语间，拉格森布林先生把我领到了奉祀物品及纪念文物展示区。这个区域在主祭坛的一旁，所占面积不大，设施设备也较为简陋，但摆放的物件很多、很密集。其中除本殿圣主萨冈彻辰的塑像外，还有很多规格不同、长短不一、颜色发黄了的手写页片。尤其显眼的是，在萨冈彻辰塑像的下方，在一个精致的玻璃盒里摆放着用黄布包裹着的经文形状的神秘物品。拉格森布林先生告诉我，那些摆满柜台的发了黄的手写页片是几百年来人们在祭祀活动中吟诵的经文和祭文。有些是萨冈彻辰去世后一些喇嘛和高僧为其祭祀编写的，还有一些是哈日嘎坦部落的后人们因各自的祭祀之需请高人写就的。那个用黄布包裹的就是萨冈彻辰老人留给世界的，让后人崇敬不已的不朽功德——传奇史书《蒙古源流》。

我的手不知不觉地伸了过去，可是包裹上的玻璃罩无声地阻止了我的不礼貌。拉格森布林先生朝我笑一笑：

“我家也收藏一部，一会儿我给你打开看！”

“是吗？那太好了！”

简单的探访结束了，我们与祭祀馆的工作人员行毕礼节后启程返回旗里，准确地说，赶往拉格森布林先生的家。天气很好，太阳从早上的庄严和朝气已到中午的热情与奔放。不知是阳光的灼热还是所见所闻的出乎意料，我对萨冈彻辰，对那则神奇故事主人公的感觉也从好奇变得虔敬起来。原来，这位曾经生活在清朝初年的蒙古哈日嘎坦部落的老人因写下了名叫《蒙古源流》的不朽史书而博得了后人的崇敬和祭拜。从画像两旁的对联看，人们已将他的文章功德摆到了罕见的高度，认为成吉思汗之后的蒙古人中值得去炫耀的就是他了。这是一个何等高的评价呀，不用说古代作家的经典著作，就是获得诺贝尔奖的名著大作也未能给它的作者带来被神化和奉祀的荣耀。那么，让一个部落人群心甘情愿地守护和奉祀作者其灵魂的这部《蒙古源流》应该是怎样一部神奇非凡的作品呢？犹如破土而出的禾苗，一睹为快的欲望突然掀开了我那曾经充满疑惑的心灵土壤。

拉格森布林先生对我的心态变化毫无感觉，以对萨冈彻辰情况的热情介绍完成着家乡老哥交给他的任务。据拉格森布林先生介绍，这幢叫汇众圣熙宝殿的建筑有着较为曲折坎坷的迁移经历。它最早的原型不在现在的这个地方，而是在远在百余公里之外的陕西省榆林市榆阳区金鸡滩镇大坟滩村。萨冈彻辰被清朝凌迟处死时，这个地方属于乌审旗管辖。萨冈彻辰的尸骸当时就被安葬在那里。由于他在世时功德极高，深受部落内外人民的敬仰与爱戴，更是因他留下了珍宝般的《蒙古源流》，哈日嘎坦部落的长老们就以他坟座为中心，划出方圆十里的禁地，并从部落里派出四户人家专门从事护陵与祭祀等工作。还有一个未被确证的神秘说法，说萨冈彻辰是蒙古王朝最后一个没有登基的秘密可汗，所以哈日嘎坦部落派出四户人家从事护陵与奉祀。这个说法是真是假目前难以确证。拉格森布林先生说，目前他正在研究这一说法的真假。直到一八一二年，护陵工作基本在祖先崇拜的层面上进行。在一八一二年之前的几年里，鄂尔多斯及乌审地区发生了严重的灾荒，连年的干旱不仅使草原寸草不生，尘暴滚滚，使牲畜大批饥饿死亡，进而使牧人们陷入了生计难为的境地。真可谓祸不单行，就在这时又发生了盗匪猖獗的现象。对于此，当时主政该旗事务的托兑协理很为着急，但又拿不出应对的好办法。于是，深信佛法无边的他找到当地一座寺庙里的活佛，讨教消除灾祸的好办法。活佛告诉他，萨冈彻辰墓地所在的那块地方是个风水宝地，具有光大祖先神灵之威猛的气力，如能很好地利用，就定能消除灾祸。托兑协理心领神会，马上找人将蒙古人敬崇的祖先——成吉思汗、萨冈彻辰等人画在一张画布上，称其为《赤面圣主像》。之后，托兑协理带上《赤面圣主像》，亲赴七世班禅坐床的地方，为画像诵经开光。回来后，在萨冈彻辰墓地后面的高地上建起汇众圣熙宝殿，供奉起了这幅《赤面圣主像》，并选定四时祭祀的日期，写就祭祀仪式上诵读的祭文、经文等。至此，萨冈彻辰祭祀从祖先崇拜上升到了神化祭拜的层面。

当地老人们津津乐道地流传说，这种对祖先魂灵的神化祭拜很为灵验，不仅困扰众生的连年旱情很快结束，乌审旗的草原大地还迎来了风调雨顺、水草丰美的好光景。由于牧草好了，牧畜产品增多了，人们的生存物资丰足了，盗匪现象随即也就匿迹了。还说，神化奉祀《赤面圣主像》后，汇众圣熙宝殿便有了令人敬畏的神奇之力。骑马者从前面走过时如不下马，马腿就颤抖得迈不开步，飞禽也不敢从其上空飞越。这一说法的真实性虽然有待进一步的分析和解读，但也表明着当地人们对成吉思汗、萨冈彻辰威猛魂灵的虔诚与敬畏，也表明着人们对神力的极大期待。

虽然尽快看到《蒙古源流》是我急切的目的，但耐心听取拉格森布林先生关于萨冈彻辰祭祀及汇众圣熙宝殿变迁情况的介绍，也是我这一行程中必须保持的姿态。而且，就在这个时候能够了解一下萨冈彻辰祭祀形成、变迁的大致情况，也对我萨冈彻辰探寻之旅是不可或缺的。拉格森布林先生的蒙古语是典型的鄂尔多斯方言，而我的蒙古语是内蒙古东部科尔沁方言，所以稍有疏忽有些话就听不确切。于是我只好以默默的聆听和频频的点头延续拉格森布林先生很为投入的变迁介绍。

说是，将萨冈彻辰与成吉思汗一同神化奉祀后，不仅天灾消解了，人祸匿迹了，而且大大提振了哈日嘎坦部落在世俗生活中的吉祥运气。自兴办神化祭祀后不到半个世纪的时间里，在哈日嘎坦部落中就有了很多土豪富人、功臣名家、达官贵人，一时间在鄂尔多斯和乌审旗的衙府、团兵、商号、召庙里都有了哈日嘎坦部落权贵的身影。对此，觊觎乌审旗执掌之官——扎萨克之位已久的协理贡古尔很为焦虑和深感不安。于是，他亲自出马，找到一位法力高深的道人，探问哈日嘎坦部落萨冈彻辰后人仕途走运的奥秘和提振自家运气的良策。道人告诉他，那是因为汇众圣熙宝殿和那里奉祀的《赤面圣主像》。贡古尔协理进而打探破除之道，那道人又告诉他，若在汇众圣熙宝殿四角上放置一个叫“萨萨”的，用四恶制成的咒物便可破除。于是，贡古尔协理就假借大举祭祀《赤面圣主像》的名义，召集众喇嘛诵读经文、祭文，进行祭祀。在此过程中，贡古尔协理雇用的喇嘛便神不知鬼不觉地将咒物放到了汇众圣熙宝殿的四角上方。不久人们就发现祖庙好像少了一些什么，进而又发现飞禽敢从宝殿上空飞过了，骑者不下马也能从其前面从容走过了。可是，贡古尔协理损人不利己，不仅没能当上旗扎萨克，最后还因惧怕阴谋败露自杀身亡了。

光绪二十六年（1900）时，清朝政府决定放地开垦乌审旗南部的大片草原，很多农人从内地涌入长城以北、大布统草地周围的广大地区，开始垦地种田。牧人们因不会种地养田，且没有了放牧的草场，所以含着热泪，唱着悲情的《六十棵榆树》，赶着畜群离开世代居住的地方，退居到该旗北部的沙漠深处。离开时，萨冈彻辰祭祀禁地的守护者们将萨冈彻辰陵墓和汇众圣熙宝殿交由李姓、王姓等四户人家看护，然后将《赤面圣主像》随身带到新的落脚处，并在住家右侧盖上厢房，与佛像一起在里面供奉起来。接手看护萨冈彻辰陵墓及汇众圣熙宝殿的李、王等四户人家非常尊重原护陵人的托付，不仅没有开垦大禁地，也很好地看护了陵墓和祭庙，而且还以与自身习惯相结合的方式加以奉祀下来。

而北迁沙漠腹地的哈日嘎坦部落后人每到四季祭日则带上《赤面圣主像》，从百里之外赶到陵墓和祭庙所在地举办隆重的祭祀活动。这一形式的祭祀活动一直延续到中国改革开放后的二十世纪九十年代。就是在“文化大革命”那轰轰烈烈的非常日子里，人们也冒着被抓、被批判的危险，日息夜行偷偷去进行祭拜。其间，曾有人险些丢了性命。

随着国家改革开放和思想解放的深入，人们的传统文化意识逐渐复苏，为了解决人们每到祭祀日长途跋涉赶去祭拜的种种不便，就是给我热情介绍祭庙变迁情况的这位拉格森布林先生，根据乡亲们的要求，筹集资金、申请土地、报批项目，经几番周折，终于在一九九七年八月建成了被赐名为汇众圣熙宝殿的这座萨冈彻辰纪念馆。之后，于二〇〇四年在这里隆重举办了萨冈彻辰诞辰四百周年纪念大会，有国内外专家、学者和当地百姓万余人参加了此次纪念和祭祀活动。至此，这座新建的汇众圣熙宝殿就成功替代了已被划入神木县管辖的原有祭庙，成了远近人们祭拜萨冈彻辰神灵的新场所。

也许，涉及了自己的事迹，拉格森布林先生有点不好意思地朝我笑了笑。不知是因为感动，还是由于钦佩，我不由得说道：

“你办了一件积德的事情啊！”

“我是在辞掉医院院长职务的情况下才把这件事干成的。这个社会啥样人都有，你想做事，有人就出来捣乱。如若没有行医时的人情基础，有些刁难也许就克服不了……”拉格森布林先生没有明说遇到过怎样的刁难，只是表达了对社会复杂性的无奈和很深很深的伤心……

二

说了一路，听了一路，我们的车也已经快到旗所在地——嘎鲁图镇了。

大路两旁的沙漠都被长得密密麻麻的油蒿、红柳、杜松和其他一些不知名的花草植物严严实实地覆盖着，一眼望去真还有点绿浪滚滚的感觉。有的浪头很高，有的浪头很低，浪头与浪头之间的距离有时很窄，有时很宽，在窄的地方水位较高，风吹水面时露出一些斑斑的白点，那是牧户散放的羔羊。而浪间距离宽的地方水平面则低一些，如有船只漂泊其间一样，在一些沙丘下方宽敞的草地上都有几户百姓住家。这些住家的外形构造基本一样，从外面很难看出哪个是汉族住户，哪个是蒙古族住户。但生活在这里的人或了解这里文化的人，则一眼就能区分出住户的族别。他们知道，在门前或庭院里立有风马旗的人家就是蒙古族。鄂尔多斯这边的蒙古人和东部蒙古人不同的一点是家家户户都立有召唤吉祥运气的风马旗和苏力德。这可能和鄂尔多斯人的护陵身份有关，由于他们近八百年来一直守护着成吉思汗的英灵，随着历史风潮的起起落落，分享过荣耀，经受过磨难，经历过艰辛坎坷的漂泊。在这个过程中，他们一直将苏力德等成吉思汗的灵物带在身上，没有遗失或落入他人之手。在整个明朝年间，为躲避不断的战乱，他们带着成吉思汗灵物辗转河套至鄂尔多斯的广大地区，有时公开有时隐秘地进行着奉祀活动。这种祭礼年复一年地重复，使原本属于官方的礼制逐渐转化为民间的信仰与习俗，使鄂尔多斯蒙古人都有了飘扬风马旗和祭拜苏力德的习惯。

如果说，风马旗和苏力德是鄂尔多斯独特的文化景观，那么一棵棵“烫发树”就是它的植物景观。它原本是普通的柳树，理应顺着树干往高生长，然后与同类柳树一样在离地较高的空中长成一个伞状的绿阴。可是，鄂尔多斯随处可见的这些柳树没能获得往高生长的自由，却在长到离地两米左右时树干被人为地砍掉了。于是，生命力顽强的这些柳树不愿就此死去，而是从被砍断的脖子周围再长出若干的嫩枝。这些孩童手臂般向上伸出的嫩枝过些时候又被人为地砍去。年轻时听说，这叫“空中草场”，那些被砍去的枝叶是用来喂牛羊的。由此也可以看出，在曾经沙进人退、牧草难觅的那个年代人们的无奈与尴尬。如此下来，几年过后那些不断长出又不断被砍去的枝杈在树脖子的位置上不断堆积，最后形成人头形状的大疙瘩。如今，在这个球形疙瘩上长出的枝杈不再被刀砍，而是自由生长着，就像烫直了的绿色头发装点着鄂尔多斯大地……

拉格森布林珍藏的这部《蒙古源流》的形体与寺庙里常见的经文的形状一模一样，整体是长条形的，没有什么胶订、骑马订、线装等的装订，书页就像经文一样可以一页页地分开，也可叫作“叶片式图书”。纸张是克度较高的深黄色经文纸，纸面粗糙干涩，封面是一块薄薄的木板，上面用金色粉墨写着《诸汗源流宝史纲》的蒙古文书名。

“这就是《蒙古源流》？”

“是呀！”拉格森布林先生点了点头。

我有些疑惑，便问：“那书名为什么会是这样几个蒙文字？”

拉格森布林先生一边用手轻轻地抚摸着那几个蒙文字，一边眯起眼睛对我介绍说：“该书的蒙古语原名就叫《诸汗源流宝史纲》，是萨冈彻辰自己为其著作起的书名。后来，在清朝时期被译成满文，再被译成汉文并被收入《四库全书》时就被改成《蒙古源流》了。其实，自清朝年间到民国时期，它在国内外以三十多种版本形式出版。其间，书名几经流变，最后被以《蒙古源流》统一下来，成了享誉世界的神奇著作。”

“原来，满文是它第一个被外译的文字啊！”

“是的，是在清朝乾隆皇帝时期。那个时候，清朝统治者大力宣扬满蒙一家理念，目的是笼络住蒙古人的心，以消除蒙古人起来造反的隐患。可是，推行这一政策的乾隆皇帝怎么也不明白，在元朝时被称作‘乞牙惕’的成吉思汗族系，后来怎么就被“孛儿只几特”的称呼代替了呢？他很想弄清其中的原委，以掌握蒙古人历史变迁的规律。于是，他向现今的蒙古国，当时的外喀尔喀蒙古亲王、定边左副将军成衮扎布下发诏书，叫他查明上奏。成衮扎布接到诏令后，赶紧查阅了家藏的一本《蒙古源流》抄本，并依据其叙述说明了‘乞牙惕’与‘孛儿只几特’的关系与演化情况，解除了乾隆皇帝的疑惑。乾隆皇帝得知成衮扎布是根据《蒙古源流》的记述说清了事情原委的情况后，令成衮扎布将《蒙古源流》，乾隆皇帝称它是‘成吉思汗世系记载档案’抄录一份进呈。成衮扎布赶忙组织抄手，在很短的时间里抄出一份后呈献给了皇帝。因皇帝读不懂蒙古文，又很想御览一下使他尽消疑惑的这本著作，便又下令译成满文和汉文。译完后，乾隆皇帝颇有兴趣地御览一遍后，给予这部著作很高的评价，并以钦定的形式刊行满、汉两种版本的同时，又将其汉译本收录到《四库全书》之中。在蒙古千余年来的历史文献中，《蒙古源流》是唯一被收入《四库全书》的历史著作。”

这句话似乎触动了我的某根神经，心想：这是因为当时的清朝和朝廷的文臣们对蒙古的历史文献不甚了解所致，而不是蒙古没有好的文献记录，比如《蒙古秘史》……

拉格森布林先生完全没有感觉出我的情绪变化，喝上一口茶后继续对我介绍道：

“乾隆皇帝非常欣赏《蒙古源流》，认为满族也应该有这样一部记载祖先渊源、讲述后世流变的史书。于是，下令满族文臣仿照《蒙古源流》的体例写出一部满族人的源流记述。圣命难违，文臣们费九牛二虎之力写出了一个类似《蒙古源流》的著作，后来因伪书之嫌未能得到传播和留存……”

听着拉格森布林先生明细有致的介绍，我开始对他的热情、认真和博学另眼相看起来。他对萨冈彻辰的那份敬重，对重建祭祀场所的那份执着，对《蒙古源流》这部著作的那份虔诚，都让我感知到他责任自觉的高尚与无私。

大概是必要的情况已经介绍完了，拉格森布林先生有意识地将布巾上的《蒙古源流》往我身边推了推，示意我翻看。受拉格森布林先生谨慎讲究的影响，我下意识地在衣服上擦了擦手后，才小心地去翻开了人家视如珍宝的《蒙古源流》。

该书虽然形同经文，但它还是一个正式的出版物，是内蒙古人民出版社于上世纪五十年代初出版的。也许是为了保持古籍的原貌吧，并没有用现代蒙古文字排版印刷，而是对原手抄本进行了影印出版。所以，页片上的文字是明末清初手写体蒙文字，充满着岁月深处的风韵。明末清初的年代虽然离我们并不遥远，但那时候使用的蒙文字从形体构造的书写、标点符号的使用到句式段章的处理，都与我们现今使用的蒙文字有着很大的区别，即便是像我这样的大学蒙语系毕业生也很难进行流畅的阅读。我一页一页地翻动着书的页片，连蒙带猜地读了一段，好像读懂了什么，也好像什么也没有读懂。

“您是文化人，可能容易读懂它。”

“哪里呀，就像在看天书！”我实话实说。

“这样吧！”拉格森布林先生从我手上接过那几张页片，并放到原位后说，“这个版本不适合阅读。有新近出版的版本，不仅版式规范，读起来也容易多了。”

“那太好了，快给我看看。”

拉格森布林先生看着我心急的样子，“噗嗤”一下笑出了声，说：

“您看这样好吗？我那新版的《蒙古源流》正好被另一个萨冈彻辰迷借走了。您呢，辛苦地跑了一天，如看不到那个本子就很遗憾了。我们这里，除了我还有几个萨冈彻辰本地专家，晚上我们一起吃个饭，我叫他们把书带过来，顺便再给您介绍一些其他情况。”

三

吃饭的地方离我住的大酒店不远，步行十来分钟便可到达。其间有一个广场，拉格森布林先生介绍说，这是该旗原有的老广场，在曾经的岁月里，他和来自各行各业的群众列队站在这里，不知多少次地喊过热血沸腾的口号。受此影响，这个广场在他们一代人的心中有很浓很浓的政治气味。随着国家改革开放的深入，广场政治少了，笼罩在上空的政治气味也慢慢淡了，之后逐渐被打造成了该旗的文化广场，在中间还立起了萨冈彻辰的塑像。

言语间，拉格森布林先生把我带到了一排塑像中的中间一个之前。塑像并不很高，底座上用蒙古文和汉文写着“萨冈彻辰”几个字。其形象与《赤面圣主像》的形象有所不同。眉骨凸出而眉毛浓密，一双深邃的眼睛以眺望远方的姿势被定格在那里，头发蓬松而自然卷曲，与扎有清朝辫子的其他塑像俨然有别。这可能是在突出他在那则故事中与清朝抗争的风骨。让我惊奇的是，这尊萨冈彻辰塑像的脖子上系了好多条蓝色的和白色的哈达。

“这是什么意思？”我不解地问拉格森布林先生。

“有崇拜者敬献的，有祈求智慧的学子们敬献的，也有祈求平安、吉祥的人们敬献的。每天都有人来祈求和祷告什么，听说还很灵呢！”

“是吗？”我惊讶地看了看面前的这尊塑像。虽然，我不大相信一个普通的现代雕塑会有那样的灵气，但在人们这些有意无意地表现中还是感受到了弥漫在鄂尔多斯大地的萨冈彻辰气味。这种气味不仅在于外在的物体与设施，更在于他们崇敬萨冈彻辰的内心。

到饭馆时，拉格森布林先生邀请的几位客人都已到齐了。经介绍得知，他们都是哈日嘎坦部落萨冈彻辰后人，现在旗政协、民委、史志办等部门工作。得知我对萨冈彻辰及其《蒙古源流》很感兴趣后都非常高兴，希望我好好写一写蒙古民族历史上的这位大文人。其中，一位叫明老师的人将一个用哈达裹着的东西双手递给了拉格森布林先生。拉格森布林先生转身将它放到我手上，说：“这是现代蒙古文版的《蒙古源流》，现在我把它借给您，愿它带给您吉祥好运！”

我起身接书，双手微微有些抖，像是在接过一个重大的托付。

拉格森布林先生对伙伴们介绍我说：“这位老师在参观绿化成果的途中听到了萨冈彻辰祖爷墓葬上的故事。他觉得很神奇，认为背后肯定有更多精彩的东西。为深入了解咱祖爷的非同一般，今天我陪老师走了一圈，看了看汇众圣熙宝殿、仿古版《蒙古源流》和广场上的塑像，老师明后天就回去，所以我们一起欢送一下，顺便也介绍一下咱祖爷的一些传奇故事。”

那个叫明老师的人举起酒杯和我碰一下后蛮有滋味地喝一口，说："不知老师听说的是哪个版本的故事？"

我大致重复了一下听到的那个故事。

"噢，是简化版的。这个版本的信息量少，也有些人为的改变。还是美国传教士田清波记录的那个版本更为珍贵，更有原貌特点。"

"说说呗！"拉格森布林先生鼓励道。我也表示愿意听。

"好的，"明老师眨巴几下眼睛后，说道，"田清波版本的这个记录曾刊登在《鄂尔多斯研究文集》第一辑。这个版本中萨冈彻辰为额尔克·彻辰·洪台吉。说，在北京坐镇的满清皇帝召见额尔克·彻辰·洪台吉。但后者派人回敬皇帝道：'我不向你们各种人混合居住的满清帝国屈服。'额尔克·彻辰·洪台吉是勇武善战的勇士，无法用武力使他屈服。于是，满清皇帝派了一名代表，他指示代表要使用诡计：这位代表欺骗了他的六个儿子，让他们接受了官衔、地位，封他们为贝勒、贝子、公和王。六个儿子背着他们的父亲出发投奔满清，亲手接回官职与官品后回到自己家中。他们的父亲得知此事后。非常恼怒。一天，他问他的六个孩子：'你们去哪儿了？'孩子们不能再向他们的老父亲隐瞒真实情况了，便向他回答道：'我们归顺了满清。''你们干了什么了？'他们的父亲反问道。他们回答道：'我们当了公、王、贝勒或贝子。''啊，我明白了，你们都变成了虱子、臭虫与跳蚤。'他回答道。老父亲说完他的看法后，恼怒不已。满清皇帝再次召见额尔克·彻辰·洪台吉。'我不投降，我不向你们满清帝国投降，你们满清帝国只不过是各色人混杂的地方。'他这样回答信使。'那你想干什么？'信使问道。'我们蒙古人有自己的天朝，那是成吉思汗给我们开创的，我们不接受你们满清人的统治。'他回答道。满清帝国的人听完信使带来的这一回答后，互相议论道：'有这么多民族都已投降了满清帝国，这位额尔克·彻辰·洪台吉委实顽固不化，竟敢拒绝向我们投降！我们派一位钦差大臣去他那里，带上圣旨，把他肢解处死。'来见额尔克·彻辰·洪台吉的钦差大臣对他说：'你最好是归顺我们的满清帝国，我们会给你一个要职，你不答应，我们有圣旨要拿你处死。’‘我不怕死，我不向你们帝国投降。’他这样回答。于是大臣说：‘我毫无办法了，我亲耳受旨，我只好执行了。’‘好吧，’额尔克·彻辰·洪台吉回答道，‘既然有旨，那你就快点把我杀了吧。’额尔克·彻辰·洪台吉死前先叫来六个儿子对他们说道：‘没什么办法了，我得死了，用芦苇根裹我的尸体把我埋于地下，你们如能按我的话安葬我，终有一天我会为蒙古人办事的。’说完这些话以后，他又补充道：‘现在各自去办你们的事吧。’说完打发走这六个儿子。然后对钦差大臣说：‘现在杀我吧！’钦差大臣对他说：‘多么可惜，这样一个人要死！您既然这么正直，那就归顺我们满清吧！’他开始央求起来。‘不，’额尔克·彻辰·洪台吉回答道：‘我宁愿死，也不愿归顺你们乱七八糟的清政府。’于是钦差大臣不能违抗圣旨，抽出利剑，在肩关节处砍下右臂。右臂被砍后，额尔克·彻辰·洪台吉喊道：‘啊，天父呀！’‘什么？’钦差问道。‘如果是这样（如果你也出身于苍天），我们满清皇帝也是天的儿子，你早该把这说了出来！’额尔克·彻辰·洪台吉答道：‘我是叫我长生天父的，不是向你们乱七八糟的政府头子说的。’于是钦差大臣一件一件地砍去他的胳膊、腿，最后结果了他的生命。六个儿子，按照他们父亲的遗愿，用芦苇根裹了他们父亲的尸体，挖了个大大的坑埋葬了。满清帝国的人嘲笑他们道：‘这些愚蠢的蒙古人，由于爱钱，图谋官品爵位才听任别人杀死自己的父亲。’人们说，他们就是用这样的字眼辱骂他们的。此时，京城出现了一个了不起的占卜者，他预料到鄂尔多斯将来会出事。他向朝廷就他的发现打了报告，皇帝从大臣那里听到这一消息，问该怎么办。这时有一位很有头脑的喇嘛来见，说道：‘我能消除这一威胁。’聪明的喇嘛立即上路，背上背一捆破布，化装为乞丐，来到鄂尔多斯，去找见公、王、贝勒和贝子以后对他们道：‘那么聪明的公、王、贝勒和贝子，你们用芦苇根包了你们老父亲的身体，你们把他稀里糊涂地埋掉。你们都是了不起的王爷，你们本该把你们老父亲的尸体用那金粉写好的《甘珠尔》经页裹起再埋。可是，你们没那么办，你们随便用草把他裹了起来。毫无疑问，这要给你们带来不幸的。你们如果用一部《甘珠尔》经页裹你们的父亲，然后再埋，这就会给你们的先人与后裔带来幸福。'喇嘛用这番话成功地把他们骗了。这些孩子打开墓穴，拉出尸体，裹在尸体上的草根变活了，草根的每个节上流出血来，长出多杈的树枝来，仿佛是龙爪。他们把这些全扔掉，打扫了墓穴与周围地方，用那由金粉写成的《甘珠尔》经页把尸体裹了起来，重新埋了进去。埋葬完父亲后，额尔克·彻辰·洪台吉的六个儿子向满清政府做了汇报，又把鄂尔多斯分成几旗，分享了全境。他们各自获得了官职，在各自的旗内平安无事地生活着。人们说，这就是伊克昭（即鄂尔多斯）的六位旗长，他们听任别人把他们的父亲杀掉。人们说，鄂尔多斯的蒙古人没有幸福，他们都愚蠢的原因就是额尔克·彻辰·洪台吉的尸体是用由金粉写成的《甘珠尔》经页裹起来的……"

"噢，与我听的那个版本还是有较大的区别，这个版本的叙述特点更有蒙古人过去的言语模式。"我颇有收获地点头致谢。

"仅供参考，仅供参考。"明老师憨厚地笑了笑，向大家举了举酒杯。

我们都很默契地配合，痛快地喝下了各自的一杯酒。拉格森布林先生不停地往我碗里夹着肉，让我吃一吃这个，吃一吃那个。他又把一盘沙葱炒肉往我面前推一推：

"您尝尝这个。这个沙葱就是我们沙地里的特产，是地道的土特菜肴。我们内蒙古牛羊肉为什么好吃，就是因为我们的牛羊常年能够吃到它。吃过沙葱的牛羊肉不仅没有膻味、异味，而且会变得香而不腻。"

"是的，我知道。锡林郭勒、巴彦淖尔等地的牛羊肉不都因此而扬名吗？"我吃一口说。

"这个菜只有在草原和沙地里生长，换个地方它就不行了。"那个在史志办工作的朋友开始说话了。他向我举举杯："虽然才见到您，但我和您已是老朋友了。我特喜欢您的作品，您曾说自己的眼睛是一点五聚光小眼，而且也昏花，但我觉得您那小眼睛很犀利。得知您对咱祖爷这个题材很感兴趣，我很高兴。现在的问题是，几百年来人们奉祀着萨冈彻辰，多名国内外学者研究着萨冈彻辰和他的《蒙古源流》，但至今没有一部系统呈现萨冈彻辰的作品问世。我们这些人心有余而力不足，希望您替我们好好写写他。”

虽然说我对萨冈彻辰现象正在产生浓厚的兴趣，尤其是对阅读他的著作已有迫不及待的渴望，但还没有形成具体而明确的书写计划，或者说还没有把这个选题确定为写作的目标，面对这位朋友的真诚邀约，我不知怎么回答才好。于是，我只好用表示领会地点头和充满诚意的微笑来回应着他。

“哎，对了！”他扭头朝正在吃一块牛排的拉格森布林先生说，“拉兄，咱萨冈彻辰祖爷为传播《蒙古源流》而采取的那个措施不是挺绝的吗，你给老师说了吗？”

拉格森布林先生便朝着我说：“真还没有来得及跟您说呢，这个事和《蒙古源流》的能够流传有着直接的关系，否则《蒙古源流》绝不会传到我们手上。”他端起茶碗，喝上一口奶茶，开始讲述起来：

“事情是这样的。在明末清初的那个年代，蒙古地区的印刷业是极其滞后的，尤其是在民间和下层是没有的。在写《蒙古源流》时，萨冈彻辰被挤出利益集团，变成了一个隐居家乡的闲人。所以，既不拥有印刷著书的设备，更没有给他刊印作品的官府支持。这样，写完《蒙古源流》后萨冈彻辰遇到了一个很大的难题：那就是如何将它广而告之？如果把写完的书存放在家里，那就不知道什么时候就丢了，没了，那样的话还不如不把它写出来。他用二十九年的时间辛辛苦苦把它写出来，目的就是向万世后代流传的。于是，我们智慧绝顶的萨冈彻辰祖爷就想到了自家的寺庙。因为，萨冈彻辰的曾祖父是协助阿拉坦汗（《明史》写俺答汗）将佛教引入蒙古的第一大功臣，所以，他们建有自家的寺庙。萨冈彻辰隐居乡野后也曾扩建过寺庙，增加过喇嘛的数量。这时，他就想到了他们。他把书稿背到庙里，就在庙里和喇嘛们一起住着，组织他们夜以继日地抄写。经过一段时间的抄写，他和喇嘛们共抄出了一百零八部。之后，他把这一百零八部抄写本分给了鄂尔多斯的各大台吉和贵族，并于鄂尔多斯历五月二日召集庙会，将贵族、台吉们请到庙里与众喇嘛一起诵读《蒙古源流》。众人诵读，声势大，气势强，不仅将贵族、台吉和喇嘛们的身心吸引到了《蒙古源流》的内容之中，更吸引了很多来赶庙会的牧民百姓的围观和聆听。这样的庙会一直延续到萨冈彻辰离世。由此，该著作就像每个蒙古人必读的圣书广泛而长久地流传下来了。说不定，成衮扎布呈给乾隆皇帝的也许就是这些抄本的一个。”

第三章 质疑与拷问

一

据说，现属陕西省榆林市神木县管辖的大布统一地是萨冈彻辰撰写《蒙古源流》的地方。约在一八四〇年之前的一二年，在清朝政府的压力下，乌审旗的王、公、老爷们将大片土地放租给内地农民垦种，放垦面积从长城脚下一直绵延到了大布统地区。租垦的农家为标明地界请官府在大布统之背的山头上立了一个很大很大的岩石，上面写上了地界两个字。哈日嘎坦部落人对此非常痛心，尤其是在旗里做梅林的一个叫查克都尔的人对此更是痛心疾首。他们觉得萨冈彻辰生活过的地方是神圣的，应该加以保护的，不应该用种田的铁器伤害它。但他们一时也没有什么办法，只好唱着依恋家乡的民歌——《六十棵榆树》，向北迁徙而去。就在这个时候，查克都尔梅林家来了一个奇怪的乞讨者。这个乞讨者一进查克都尔梅林家就向管家讨吃一斗米饭和一整条羊肉。管家说，一顿饭哪能吃得了那么多。讨吃者说，少了一点就会吃不饱。

两个人就那样僵持着，戗戗着。莫非有人专来挑事？查克都尔梅林心生疑惑，赶紧出来探问究竟。一看主人模样的人走了出来，乞讨者便跨步向前先告管家一状。

“掌管这么大一户人家，讨一顿饱饭都不给吃。”

“哪有一顿吃一斗米、一条整羊的？这明明不是在挑事吗？”管家也毫不客气。

哪方神仙如此能吃？查克都尔梅林仔细端详面前这位奇特的吃客。他衣衫褴褛，大夏天穿着一双厚厚的蒙古靴，个高体壮，一张黝黑的脸，看上去像一部天书很难读得懂。查克都尔上前一步，对这位乞丐说：“好汉，你既然这么能吃，有什么特殊的本事？”

那乞丐很有礼貌地说：“真是不好意思。我饥饿多日，一直碰不上您这样的大户人家。说到本事，您只要给我吃顿饱饭，什么活儿我都能做！”

“生小孩也会？”

“除外的一切。”

“那好，我再加一个牛排。然后你给我做一件事。”

“我得先吃饱！”

“好，咱都是男人！”

这个乞丐的确太能吃，不仅把一斗米、一条羊和一个牛排吃个精光，还把锅里的肉汤也全给喝下了。

“这下好了，请吩咐吧！”那乞丐吃力地站起身。

“请跟我来！”查克都尔梅林跨步上马，领着那乞丐往大布统北端的山头驰去。走到山头地界大碑石下，当查克都尔梅林纵身下马时，步行的乞丐也同步到达了。查克都尔梅林用马鞭指着那块绝非一人所能搬动的大碑石说：

“把这讨厌的小石头搬到大布统南端的那座山上。”

乞丐拍了拍比蒙古包还大的石碑说：“就这块小石头？”

“是！”查克都尔梅林点点头。

“到那个山头上等着我！”乞丐用一根细绳缠绑碑石的同时对查克都尔梅林说。

查克都尔梅林没再说什么，掉转马头径直向大布统南端的小山头驰去。没有随从跟随，独自一人驰骋在碧绿的草原上，查克都尔梅林感到无比的自在。当他哼着小调走近那个山头时，乞丐已把石碑立在那里，用破烂的衣袖擦着满头的大汗。见此，查克都尔梅林急忙跳下马，跪到乞丐面前：

“我料您不是凡生，所以您让我离开时，我头也没回地走开了。您说，我该怎样报答您？”

“区区小事不必谢，不必谢……”乞丐站起身，说着说着就没有了踪影。

查克都尔梅林瞪大眼睛望着那乞丐消失的方向。

“原来是我家乡的守护神啊！为报答您替我们守护了祖先的这片热土，我在这里垒起敖包永远地祭奉您！”说毕，恭敬地磕了三个响头。

后来，承租一方和查克都尔梅林等当地牧人因地属问题打起了官司。官府根据地界碑石的位置判令这片土地不属于放垦范围。于是，北迁的牧人们又回到萨冈彻辰生活过的这个家乡，一直幸福生活到光绪二十七年（1901）……

为什么一定要在阅读《蒙古源流》之前回味和记录这个传说呢？一如前面所说怕把它忘了；二是传说透露着早年鄂尔多斯人对萨冈彻辰的虔诚态度和文化意识，这一点对认识萨冈彻辰很重要；三是它引发了我对文化差异的小思考。我们暂且不说那块巨大的碑石是如何被搬走的，或者是否有过这样的事。我们就当那块巨大的碑石立在那个山头上，而且需要把它搬走，我们看看不同的民族会怎样去对待它。我们知道汉民族有个叫“愚公移山”的传说，一个被称为愚公的老人竟决定把挡在门前的两座大山，一锹一石地担到别处去。《古兰经》里说，有位大师几十年练就了一身移山大法，有人找到这位大师，央其当众表演一下。大师在一座山的对面坐了一会儿，就起身跑到山的另一面，然后说表演完毕。日本人则更有意思，他们干脆就是“山不过来我就过去”。我才疏学浅阅历有限，不知道更多民族人群的搬山传说。但从以上几例我们也足以看出不同民族人群对待“山”的不同态度。这种对待“山”的不同态度，在某种意义上就是不同民族人群长久形成的文化精神。而这种文化精神的不同可能影响了不同民族人群的历史进程，也许还影响他们未来岁月的成败得失……

一个叫查克都尔梅林的人用英雄主义的幻想搬走了困扰他们的那块巨大的界碑石。它对我的触动不在于搬石头，而是在于鄂尔多斯人对萨冈彻辰一直以来的虔诚崇拜。这种虔诚的意识也体现在昨晚明老师借给我的那本《蒙古源流》的包裹上。最外面的一层是昨晚递给我的蓝色哈达，打开哈达后是一块头巾大小的白缎包布，再里面是手工做的牛皮纸护封。鄂尔多斯人对该书的态度似乎也影响了我，我把书轻轻地放到宾馆那张小写字桌上，一层一层小心翼翼地打开了那些包布。于是，我终于与这部神奇之作的现代蒙古文版赤面相见了。

书是大三十二开精装本，由辽宁民族出版社二〇〇五年出版，从书的品相看，与我们常能见到的带有护封的精装图书相比，没有什么特别之处。看到这一点，我的小心和紧张缓解了许多，因为是新近出版的，如果弄脏了完全可以买一本新的还给他。我面朝图书缓缓坐下，充满期待地翻开了这部曾经惊动天子，轰动朝野，使作者从一个凡人升华为神人，让一个部族民众顶礼膜拜了几百年，使我的好奇从一则传说被一步步吸引到身前的神奇著作。是啊，这部被种种神秘色彩所包裹着的著作将向我们讲述怎样一个蒙古的源流历史，展示蒙古民族怎样一幅豪迈悲壮而坎坷多舛的生存画卷呢？

著作是以几段诗开篇的，主要是开宗明义，不见语言暴力和文字陷阱，可以感觉到作者的从容和淡定。接下来是一段关于世界与人类初始形成的叙述，读起来别有味道。

现在就总所依外部器世界的定成、总能依内部有情的生成二者之中，首先叙述外部器世界的定成。它由三坛定成。这三坛为造化风坛、涌浪水坛、依存土坛。第一种风坛，乃因最初虚空中自十面刮起大旋风，来回冲荡，形成了名为“温和”的碧色、不可摧毁的风坛。第二种水坛，乃因前述那风的温暖，聚成宝蕴巨云，继而连降暴雨，汇成名为“咸海”的无边大海，而水坛形成第三种土坛，乃于那海水的上面，金藏尘埃定如乳上凝脂，然后依次七七倍增，由微尘、铁尘、水尘、兔毛尘、羊毛尘、牛毛尘、日光尘、虮、虱，至麦粒般大小，七颗麦粒为一指节，二十四指节为一肘，四肘为一庹，五百庹可听到一海螺声，八海螺声为一由旬。广厚达众多由旬的土坛“大自在金界”，位于其中心的山之王妙高须弥山，以及七金山、七游戏海、四大部洲和八小部洲共十二部洲于一时定成。

其次叙述内部有情的生成，第一禅中一位天神降生到人间后越发繁衍，色界之十七域，无色界之四域，欲界之二十域，凡三界之六种有情生灵一同生成。尤其在那些有情生灵中的四大部洲的人生灵，曾为天神而寿命无算。栖居于地后也行不触地而翔飞天空，食不吃地上秽食而专吃“三摩地”之净食；无生育之男女区别且不胎生，而由神变而生；无视物之日月之明光，而由已光照视。是时无人之称谓，故总被称为生灵。

后来的某个时候，一个贪馋的生灵吃了一个叫“地油”的食物。因众生灵也跟着吃了，于是从前的“三摩地”之净食随之绝迹。因吃了“地油”，他们失去了飞翔的本领而掉落地上，失掉了身上的亮光，坠入了混沌的黑暗，由此愚痴罪业从源头开始了。后因众生灵之劳苦积德，升起了日月星辰等光照了他们。之后的又一个时候，一个好欲的生灵又吃了叫“青苗”的食物，众生灵也都跟着去吃了。因为日常地食用了秽污的食物，开始出现了男女之别，于是互生情欲，生儿育女，贪欲罪业由此始开头了。之后的又一个时候，好欲的生灵找到自然生长的叫作萨鲁的稻米，心想：“这是什么食物呢？管它是啥，先尝尝看！”这样他吃下了那个叫作萨鲁的稻米，众生灵也都跟着吃了。于是从前的那个食物绝迹了，他们只好吃那个叫作萨鲁的稻米了。当生灵们随需取食时，一个奸猾的生灵预先摘取了次日的食用而从前的那种稻米又绝迹了，于是嫉妒罪业从此开始了。而且开始种食那种稻米后，生灵们终生只吃那种食物了。于是，多吃者的容貌丑陋起来，少吃者的容颜俊秀起来。由此开始“我美貌，你丑陋”地相互鄙视，又为争抢种植稻子之地而大肆争斗，相互杀戮，愤怒罪业便从此开始了。又因多取稻米的背着少取者食用，悭吝罪业也由此开始了。

后来来了一英俊、正直、明智的生灵，对从前摘取过稻子的那些人，爱抚端正，惩戒不轨，均分耕地，公平地照管了一切。于是生灵们商量说:“大家不违背你的旨令，奉你为主。”便将他拥立为主。这样，他的印度语称谓是“摩柯·三摩多·曷罗阇”，吐蕃语称谓是“莽卜思·古尔·赞普”，蒙古语译名为“大众推举的可汗”。在三曼陀跋陀罗佛的教义中，则以“转金轮者斫迦罗伐剌底王”闻名四大部洲。那个时期的名称是“初劫全备之时”，因众生灵之福缘，天空升起日月星辰，照亮了四大部洲。

那个王的儿子叫妙光王。妙光王的儿子叫善王。善王的儿子叫胜善王。胜善王的儿子叫顶生慈护王。顶生慈护王的儿子叫自乳王。他们共以“最初六转轮王”名传后世。自那时之后直到现在，才有了“人”这个称谓。

人的寿命开始缩短，以至到了可以数算的程度。一般时间最小的单位为一瞬，一百瞬为一息，六十息为一间，三十间为一刻，六十刻为一时，十二时为一天，三十天为一月，十二月为一年，按年的增减来计算则为劫。劫有六种：成劫、续成劫、中劫、坏劫、空劫、大劫。六劫中的首劫为成劫，是从最初造化风坛的形成到无间地狱生灵的繁育为止；第二劫为续成劫，是从赡部洲的人寿命无算到享寿十岁为止；第三劫为中劫，是从寿长十岁之后，杀生之男女二人寿长二十岁至又增八万岁为止；第四劫为坏劫，是从刃毁至水毁为止；第五劫为空劫，是从水毁之后再至造化风坛形成之初为止；第六劫为大劫，是从最初的造化风坛形成至空劫之终为止……

真是大气、磅礴、深邃而大学问的叙述啊！我自言自语着站起身，打算细细品味一下这段眼花缭乱的起始之说。说实话，我对《蒙古源流》这个开篇内容非常陌生，在我所阅读的蒙古文图书中从未出现过。其内容的奇特、信息的密集和头绪的繁多，不用心去回味和梳理的话就很难去捋出其头绪的。很显然，这是从源头开始的叙述。暂且不说萨冈彻辰先生关于宇宙的认识是对还是错，仅就这段文字的内容构成来看，还是能够自圆其说的。这里不仅有风云世界的定成，也有万象生命的出现、善恶美丑的开始、寿岁长短的由来，还有人类进入社会化生活等方方面面的渊源由来。我不知道，这是流传在那个年代人们对宇宙、世界与万物的认识，还是萨冈彻辰老先生自己的杜撰，或是来自其他途径的说教。如果是老先生自己对宇宙世界的认识，那么尽管不符合宇宙大爆炸的当今理论，但也是足以让我们拍手叫绝了。如果按照这样的程序，能够从人的社会化，再到矛盾冲突的产生，再到人群成员的分化，再到人种民族的出现——追寻下来的话，我们也许能够看到"蒙古"这个民族最初的源头。由此，也可以使这个国内外几代专家争论不休的话题再也无须讨论了。

二

接着，萨冈彻辰老先生再用百十来字的篇幅把时间从六劫的概念拖拽到了四时佛的年代。老先生确定地指出，赡部洲的人寿长四万岁时为拘留孙佛的时代；寿长三万岁时为拘那含佛的时代；寿长二万岁时为迦叶佛的时代；寿长一百岁时为如今这位释迦牟尼佛的时代。这段文字虽然不多，也不知道时间的佛属划分是否正确，但可喜的一点是他把时间从虚无缥缈中拽到了如今这个佛时，并明确地告诉我们，寿长百岁左右的当今世界人类是属于释迦牟尼佛时的管辖。天啊，如果真是这样，愿释迦牟尼佛保佑天下苍生平安吧！

将时间的线头拽到现世佛的脚下之后，萨冈彻辰老先生不紧不慢地说："现在讲述最初印度国王统的繁衍。"读到这里，我暗自想：老先生开始讲起王朝更迭的历史了，有了王朝的更迭，民族形成的历史很快就会开始，蒙古民族族源的出现应该也不会太远了。因为，王朝的出现和更迭会逐步把人种缓慢而逐步地分化并再聚集成不同的部落派系和民族人群。这是一个极富风云的历史过程，需要耐心地去品味一下。

现在我们就听一听萨冈彻辰老先生关于印度王统繁衍情况的讲述吧。他说："自前文所述那位大众推举的可汗之释迦种姓一族中的自乳王以来，经过一阿僧祇七万四千五百零六代，狮子颊王在印度摩揭陀国金刚台降生。狮子颊王生有四儿四女，四个儿子是净饭王、白饭王、斛饭王、甘露饭王，四个女儿是净女、白女、斛女、阿弥多质多逻。狮子颊王的诸孙分别为：净饭王的儿子一切义成王子、妙难陀二人；白饭王的儿子胜室达、贤善二人；斛饭王的儿子大名、不灭二人；甘露饭王的儿子阿难、提婆达多二人。诸外孙为：净女的儿子善悟、白女的儿子有鬘、斛女的儿子拔底罗、阿弥多质多逻的儿子毗舍离。

"净饭王那个名叫一切义成的圣王子，于丙寅年娄月二十二日化为丹巴·多噶，以阿罗阇伐剌阗大象之身从兜率天降生到赡部洲的摩揭陀地方，至丁卯年箕月十五日夜里，在曷逻阇姞利呬城化为五色之光进入摩诃·摩耶夫人腹中，在戊辰年翼月十五日太阳升起的时候，在蓝毗尼园出生。从甲戌年七岁时起，专心修炼男子技艺，在癸未年十六时于迦毗罗城娶执杖王之女孛米噶为妻，并辅佐王政；于丙申年二十九岁时，在清净塔前自愿出家，沿尼连禅江苦行六年；于壬寅年三十五岁时，自氐月初八日夜里在菩提树下静心坐禅七日，十四日夜间在曷逻阇姞利呬城镇服众妖魔，于第二天即十五日太阳升起时，在摩揭陀国金刚台获能者自在释迦牟尼佛之道；于癸卯年三十六岁，从星月初一至十五日，在祇陀园等处显示大神法，又从同年氐月初四日之夜起，转动三乘法轮，度化引导普遍三界众生；丁亥年八十三岁，于氐月十五日夜里，为向众生演示所讲法义无常，以人间之肉身涅槃……”

就这样，萨冈彻辰老先生关于最初印度王统形成、发展、演化情况的讲述十分详细，如不仔细揣摩就捋不清王统血脉的曲折接续。由于阅历有限，我对印度古代史基本不了解，如果萨冈彻辰老先生所讲准确的话，可以认为古印度的历史，尤其是它的王统是与诸佛的家世重叠在一起的。由于这样，王统的发展促进着佛教的兴盛，佛教的兴盛又促进着宗教文化的繁荣，继而使古印度这个东方古国成为了八方仰慕的佛法乐土。中国唐朝的玄奘和尚就是被它发达的佛法学问所吸引历经千辛前去取经的。不仅如此，因繁荣和发达，这里的佛法学说不断外溢到版图以外的地区，尤其是中国这样的东方大国，千余年以来深深影响着这个古老大地上上至帝王下至百姓等无数人对万象世界的思想认识，也使无数虔诚者从凡俗生活迈步踏入了无边的佛门。直到科学认知大为深入的今天，佛光仍在照亮着不少人认识世界的目光。不知这是宗教对生命现象的关怀所致，还是生命对宗教理念的赏识使然。由此，我们可以看出，关怀对生命的重要，哪怕它是虚幻的！

人的思维像是一匹野马，走着走着突然跑起来毫无方向可言。就像我现在，突然被萨冈彻辰老先生印度王统说惊起，拔腿离开了既定话题的方向，不由得产生了这样一些不着边际的想法。这是不应该的。所以，我必须套住我的这匹野马，并骑着它沿萨冈彻辰老先生画出的路径探寻我蒙古的源流。接着，萨冈彻辰老先生又讲起了吐蕃，也就是西藏地区的王统繁衍。虽然急于读到有关蒙古源流的讲述，但还是被老先生略显奇特的写法所吸引，戴起眼镜接着读了下去。“现在讲述大雪山之麓王统的繁衍。”还是老先生神态从容的那句老话。

他说：“据智铠大师所撰《殊胜赞广释》记载，大释迦、释迦·梨车·斡利、释迦·山行者三支之中，第三支的后裔日升王之子怙狮王有五个儿子，他们与仇敌的十八万军队交战，被击败，幼子鲁巴底逃到雪山脚下，成了吐蕃的雅隆氏。”

那时，跋蹉国能贤王生了一个儿子，这个儿子天生卷发，牙如白螺，手指脚趾像鹅掌一样有蹼相连，眼睛像鸟眼一样眨眼时下眼皮上合，妙相俱足。能贤王令占卜者们来占相。占卜者们说：“这孩子克父，应当杀掉。”能贤王于是令大臣杀死这个儿子。大臣遵令去杀，无奈什么刀剑也伤害不了他，于是把他装入铜匣丢进了恒河。

却说毗舍离城附近有一位老农正在河边种地，看见河中有一个闪闪发光的箱子，捞上来打开一看，里面有一个俊秀的小男孩儿。老人无儿无女，便想养养看。于是，背着国王将小孩藏在大树底下养了起来，立刻有各种飞鸟给他衔来鲜果，各种动物给他叼来净肉，哺养起了他。长大成人之后，孩子问老人：“我是什么人的儿子？我是谁？”老人就把事情的经过都讲给他听，那孩子大吃一惊，只身跑到东方雪山之地。来到围有高墙的天山之后，从乐福天山的顶峰沿九级福阶而下，来到雅隆一地平川上的四门塔旁，遇见天安教士、地灵教士等道人。道人们问：“你是哪里人？叫什么名字？”那孩子默不作声，只用右手食指向天空指了指。于是，那些道人说：“哎，你原来是上天之子啊，相貌故与凡人不同。”那孩子说：“我是上天的儿子，我的祖先是古时候众推可汗的黄金后裔。”接着给大家讲述了事情的缘由。大家听完议论道：“这就是从前那个未被河水淹死，由各种鸟兽用鲜果净肉喂养大的孩子，他必定就是上天之子。”于是，大家用木头做成座椅让他坐上，架在肩上登上尚布雪山后，众人一起商议将他推举为首领。这样，他自从前那个戊子年一千八百二十一年后的戊申年登上王位，以“颈座王共主”之誉闻名四方。之后，他战胜四方外域，成为八十八万吐蕃国之君主。

他的儿子是木弃·赞普·普世之王·人座王，人座王的儿子是达弃·赞普·乞牙·八布·鸟座王，鸟座王的儿子是花毛骏马火水晶座王，水晶座王的儿子是亦弃·赞普·巨灶麦座王，麦座王的儿子是悉立弃·赞普·深穴马座王，马座王的儿子是吉里公·赞普·海穴后侧金座王，他们共被称为天座七王。那七个王去世时，从脚部往上收缩，沿着头顶上放射出的得道之光线，在空中化作彩虹而去，其尸体都被葬于天神所在的地方。

却说一个名叫隆南的大臣阴谋杀死了那位海穴后侧金座王，篡夺了他的王位。金座王的三个儿子中的叫失宝出的长子逃到宁布一地，次子孛喇出逃到了叫保布的地方，幼子孛儿帖·赤那则逃到了一个叫公布的地方。篡权大臣隆南登位一年半后，携王后逃出的金座王的另几名大臣，又设法拉拢众多外藩人群倒向自己一边，诛杀了那个隆南。之后，大家商议："现在应该请回三位王子中的一位。"听后王后说："从前在生孛喇出的时候，一天夜里我梦见与一个白色人共寝，后来生下了一只蛋，那只蛋孵化出了我儿孛喇出。照此看来，他可能是有此命运的孩子，就迎他回来吧！"于是，大家遵照王后的指令，从保布地方迎回孛喇出，扶他登上王位。由此，他以不谛·公监王闻名于世。

……

东里·东赞的儿子是乞里南赞，乞里南赞的儿子是陀里·陀赞，陀里·陀赞的儿子生于从前那个戊子年两千四百八十一年后的戊申年，取名剌陀·土里。他于丁卯年即王位，时年二十岁。一天，他正在温布剌冈殿里闲坐，有《百拜忏悔经》、高有一尺的金塔、六字真言如意宝匣、《宝箧经》等四物品一齐从空中落到了大元妙殿的金幔上。当时，因不知是本教还是佛教之物，便暂且藏进了库中。由于那些物品被埋入了地下，王的福分受到损坏，大国之中，孩子生来眼瞎，庄稼不收，灾害瘟疫频发，水深火热蔓延了大地。过了四十年后的丁未年，那位王岁至六十时，有一天夜里他梦见有五位陌生吏人来到他跟前说："唉，大王！你怎么把那些大自在的宝物压放在库里了呢？"说完立刻就不见了。于是，大王与大臣们商议，从库里取出那四件灵物，固定到纛顶之上，大行叩拜虔诚敬奉。从此，为王者福寿大增，生来儿女相貌俊秀，地中庄稼年年丰收，灾祸瘟疫绝迹而去，幸福吉祥溢满了大地……

萨冈彻辰老先生关于吐蕃王统的繁衍历史就这样讲完了。很古老，很离奇，也不乏让人眼前一亮的神话故事。可是读到这里，我对萨冈彻辰老先生这样一个开头写法有了些兴趣疲劳的感觉。开始时，我对老先生的大千世界定成之说颇感兴趣，觉得这样的写法可以展现出一个民族最初的那个源头。因此也认为这是一个可以拍手叫绝的好开头。但读了印度王统的繁衍，再读过吐蕃王统的繁衍后，不仅让那些复杂难记的人名、地名、年名大伤脑筋，尤其对这样一个云游四海式的大展开开始有些担心。如果老先生就这样将古代世界的各处王统、世界民族的分别由来逐一进行讲述和介绍的话，我何时才能读到自己蒙古族的起源和王统繁衍的内容呢？再是，仅就一部作品的开头而言，这样一个写法是不是有些绕得远了。就我的理解，一部作品的开头应与所要表述的内容相匹配，在保证主题线条流畅的前提下，才可适当考虑其他，要最大限度地避免带给读者兴趣疲劳。否则容易将作品写成拖沓冗长的大部头，致使读者没有耐心，更没有时间去读它。

萨冈彻辰老先生的这部大作会不会成为这样一个作品，我这时还不能做出任何的评价，只是想名为《蒙古源流》的著作有没有必要这样去开头。

三

翻过书来正好是第一卷结束。第二卷就要开始了，萨冈彻辰老先生接下来将会给我们讲述哪个民族的最初王统呢？我故意没有往下翻书，想让自己猜一猜接下来的内容，以测试一下自己的判断力。我想，该著作虽然以物质世界的定成开篇，但写到人的时候就把时间划归了各时佛，进而以佛法的发展与延伸为线条，讲述了印度王统的繁衍，然后又跟随印度王统后裔败逃到吐蕃地区的足迹，讲述起了现在被我们叫作西藏的那个吐蕃地区的王统。按照这样一个线条，接下来被讲述的应该是佛法最早传入的那些地区的王统，比如尼泊尔呀、泰国呀、中国等与古印度临近的地区。认为自己的判断八九不离十了，便蛮有把握地伸手翻开了书页。谁想，我的判断根本就没着边际，萨冈彻辰老先生好像与我玩起了捉迷藏，根本就没去讲那些地方的任何一个王统，而又不动声色地继续讲述了吐蕃王统接下来的传奇性发展和与其他地区王统发生关系的演进历史。按我的理解，人类的史前经历因不可能有任何记录，我们对它进行传说化的想象是可以的，而对有了文字痕迹的历史，就应该以其政治、经济、文化的发展来进行客观的记述。可有趣的是萨冈彻辰老先生根本不理会这一套，而是仍然进行着传说化的讲述。第二卷由好儿组内容相连的传说组成，其中一个是松赞干布迎娶文成公主的传说。对熟悉唐朝时期中原地区与西藏的关系和文成公主与松赞干布联姻之历史的人来说，这则传说具有别样的风趣。

萨冈彻辰老先生说："国王心想：'如今普济这雪域众生，需要一部胜法。'当时，只见那尊自现本尊佛像的两眼之间射出两道光束，一道光束射中尼八剌国光铠王的女儿乞利孙公主，另一道光束射中汉地唐太宗的女儿文成公主……"

却说求聘文成公主，国王派出以必里些鲁·公思端、巧辩、通密·三布喇三大臣为首的三百名使臣，事先交给他们三种匣装的信。那时，为求聘文成公主，相继有印度法王、大食宝王、蒙古聚会之主汗、格萨尔军王等四方面的使臣来到汉地。父皇唐太宗喜好佛法，说要把女儿嫁给宝王；皇兄心仪勇士，说要把妹妹嫁给聚会之主汗；公主爱慕俊生，想要嫁给军王，无人提及吐蕃。不过太宗皇帝非常英明，心想："听说这个吐蕃王不同凡人，暂且先听听吐蕃王的使臣怎么说，看他有什么深意。"他问吐蕃的使臣："你们的王有佛之三尊吗？如果有，我就把女儿嫁给他；如果没有，就不嫁。"巧臣呈上第一封匣装的信，这封信与此前吐蕃王呈给尼八剌王的信一样，也是用金泥写在蓝纸上，皇帝打开一看，上面用汉字写着："太宗皇帝，你有佛像，而我没有。将来有一天，我将派遣自己的化身一百零八个巧匠建造一百零八座佛寺，寺门朝向汉地，那岂不是我创造的奇迹吗？如果我那样做了你还不把女儿嫁给我，我就派众神兵击杀你，夺走你的女儿，毁坏你的国土！”太宗皇帝看后心想：“这话是真还是假？倘若是真，可就麻烦了。”他说：“你们的王有佛法之政吗？如果有，我就把女儿嫁给他，如果没有，就不嫁。”巧臣手持第二封信回答说：“我们要得到国王的指令，路途太远，请您先过目这封信。”说完呈上第二封信。太宗皇帝打开一看，格式也与前一封信一样，上面写着：“太宗皇帝，你有佛法之政，而我没有。将来有一天，我会变出与自己一样的一千个转轮王，施行十善法政，那岂不是我创造的奇迹吗？如果我那样做了你还不把女儿嫁给我，我就派出众神兵击杀你，夺走你的女儿，毁坏你的国土！”太宗皇帝心想：“唉，如今这话或许当真。”于是他又说：“你们的王有五欲乐吗？如果有，我就把女儿嫁给他，如果没有，就不嫁。”巧臣呈上第三封信，又禀奏了一遍刚才说过的话。太宗皇帝打开一看，格式又是同前，上面写着：“太宗皇帝，你有五欲乐，而我没有。如果你有欲乐之心，肯把女儿嫁给我，我就从自己体内变出五百个化身，造出供眼睛观赏的千种美丽的色彩，供耳朵欣赏的千种和谐的音乐，供鼻子吸闻的各种完美的香气，供舌头品尝的千种各异的美味，供身体享受的千种柔软的服装，那岂不是我创造的奇迹吗？如果我那样做了你还不把女儿嫁给我，我就派出无数神兵杀掉你，夺走你的女儿，毁灭你的整个国家！”太宗皇帝心想：“这话看来的确当真。”他虽然心中恐惧，但仍装出无所谓的样子说：“明天我要宴请五百位使臣，你们可以早来。”第二天，那些使臣都赶来了，唐朝太宗设宴款待。席间给每人面前放了一大瓶白酒，说：“你们哪一方的每个人能把各自的这瓶酒喝完，我就把女儿嫁给那一方。”却说其他方的使臣们没能喝完各自的那一瓶酒，纷纷醉倒，找不到自己的下榻之处，睡进了别人的房子里。巧臣早晨来赴宴时，把来路沿途用颜料做了记号，事先让每个人胸前藏了一个瓶子，靠着瓶子他们每个人都喝完了各自的一瓶酒，晚上回去时顺着来路沿途的记号回到了下榻之处。巧臣他们第二天来说：“我们把酒都喝完了，请把女儿嫁给我们吐蕃王！”

太宗皇帝为了探试，又给了每人一只羊，说："明天哪一方能吃光羊肉，鞣好羊皮，我就把女儿嫁给那一方。"其他方的使臣倒是吃光了每个人的一只羊，可是未能鞣好皮子。巧臣先杀了一只羊，津津有味地吃光了羊肉，又从头到尾一遍就鞣好了皮子。然后说："我们成功了，请把女儿嫁给我们吐蕃之王！"太宗皇帝又令人牵来一百匹带驹的骒马，分开母马和马驹，交给每个使臣说："明天你们哪一方能分辨出每对母马和马驹，我就把女儿嫁给那一方。"其他方的使臣们随便把一匹马驹和一匹母马强往一块儿拽，可怎么也拢不住。巧臣晚上把母马和马驹分圈过夜，第二天一合群，马驹就各自奔向自己的母亲，因此一下子就分清楚了。巧臣说："我们已经分辨出来了，请把女儿嫁给我们吐蕃之王！"太宗皇帝又交给使臣们五百只带雏的母鸡，说："明天你们哪一方能从中分辨出每对母鸡和鸡雏，我就把女儿嫁给那一方。"其他方的使臣们捉住一只母鸡、一只小鸡便往一块儿放，可怎么也拢不住，鸡一个个跑掉了。巧臣在一块平滩上撒上粮食，放那些鸡进去，小鸡立刻各自钻入母亲的脖颈下啄食，因此一下子就分清楚了。巧臣说："我们已经分辨出来了，请把女儿嫁给我们吐蕃之王！"太宗皇帝又令人把五百株乌木齐整地砍去两头，剥掉树皮，说："你们哪一方能识出这些木头的梢和根，我就把女儿嫁给那一方。"其他方的使臣们试尽各种办法也没能认出来。巧臣把木头放进一大片水中，于是树梢一端上浮，树根一端下沉，因此一下子就认出了。巧臣说："我们已经认出了，请把女儿嫁给我们吐蕃之王！"太宗皇帝又说："明天让公主和与她容貌相近的五百个姑娘并排坐在一起，你们哪一方能从中认出公主来，我就把女儿嫁给那一方。"却说第二天五邦使臣相约来到皇宫。公主等五百个姑娘穿戴着同样的服饰，坐在皇帝的身旁。有人宣布："使臣兄弟们，现在请起身辨认吧！"其他方的使臣们非常傲慢，争先一个接一个地站起，以为非此即彼，各挑中两个美女出去了。巧臣一直与公主的一个侍女相好，事先对她说："皇帝说明天你们哪一方从五百个姑娘中认出公主，公主就归那一方。从那么相似的五百个姑娘中，我们哪里能认出公主来呢？

你把她的相貌穿戴详细地告诉我，我会娶你为妻。”姑娘说：“皇帝的法律非常严，一旦得知是我透露的，肯定要杀了我。”巧臣说：“他怎么会知道是你说的呢？没关系，说吧！”姑娘说：“我们汉地的卜算者能掐会算，可以凭卜算得知。”巧臣说：“他的办法我明白。”于是巧臣连夜采取了措施：挖地九庹，里面支上一个三条腿的锅架，上面架上一口锅，锅里装满水，水上撒满各种鸟羽，锅上扣了一个大木盖子，然后让那个姑娘坐在上面，用铁网把她罩住，从网眼伸给姑娘九庹长铜管的一端，让她含在口中，通过那根铜管说话。却说那位姑娘通过管子对着巧臣的耳朵低声说：“那位公主将变成容貌并不比其他姑娘更美丽、服饰并不比其他姑娘更华丽的样子，因此与其他姑娘别无二样。要说她与其他姑娘的不同之处，就是她面色红润，看上去无比光彩照人，牙齿如水晶般洁净，眼睛如宝蝶花般乌黑，头发如黛玉般黑亮，脖子上戴有小项圈，两眼之间有麦粒般大小的吉祥痣，口中散发出诃利旃檀香气。她坐在最后六个姑娘的前面。”第二天，巧臣手握系着五色彩绸的鹫羽箭起身说：“这坐在最后的是织绸匠之女吧？身上有绸缎织物。她前面的是木匠之女吧？长衫灰白。她前面的是瓷器匠之女吧？双手皱裂。她前面的是铁匠之女吧？长衫褴褛。她前面的是画匠之女吧？指甲染色。她前面的是金匠之女吧？手戴金戒。她前面的这位，当是神变公主。”说着，用箭尾一指公主的衣边，神变公主哭着起身离去，五百个姑娘也跟着一下子跑开了。太宗很舍不得女儿，但还是如数送给爱女佛本尊释迦牟尼像、所有精深卜算之书、《如意珍宝史》等十三种史册，以及其他所需各色宝贝、绸缎等财物，均按万数准备，送公主启程嫁往吐蕃……”

这就是文成公主嫁松赞干布之传说的核心部分，传说还有较长的后续内容，主要讲述了那个叫巧臣的人又从留居唐朝，到设巧计再回吐蕃的故事。据我所知，文成公主与松赞干布的婚姻完全是一桩政治婚姻，是唐王朝与吐蕃王庭在历史的深处以保全各种利益为目的的一次握手，其背后有着复杂而具体的政治、经济、军事原因和朝政议事程序，绝不会是传说所讲这般的轻松和风趣。可想而知，这肯定不是萨冈彻辰老先生编造出来的传说，而应该是从别的什么文献资料中引用的。但可以肯定的一点是，在接触不到官修正史的前提下，老先生以为这也能描摹出吐蕃王统与唐朝关系发展的一些印迹，所以津津有味地引用在文中，从而把时间的线头拽回到了公元八世纪。

四

第二卷一开始，萨冈彻辰老先生既没有讲述别的什么王统由来，也没有讲述吐蕃王统在本土上的盛衰延续，而是说起了吐蕃王统在一个叫巴塔的蒙古地方繁衍的情况。

萨冈彻辰老先生还是那个老样子，还是那样神态从容地说："现在要叙述的是王统在巴塔蒙古地方的繁衍。"不知是旧认知对新说法的排斥，还是我对史学书籍的挑剔所致，读到这句话我就不由自主地警觉了起来。心想，雪域高原的吐蕃地区和辽阔草原的蒙古地区相隔遥远，在古代社会的条件下那个王统怎能到蒙古地区繁衍呢？如果硬说有，那该是在后来的年代里被蒙古人请去传教的那些活佛和高僧了。因为他们的师祖就是从王统世家中走出来的。可是谁能知道萨冈彻辰老先生从哪个角度去叙述呢？

紧接着上面那句话，老先生讲道："古代吐蕃诸王，从颈座王共主下传七代时，名叫隆南的大臣弑杀海穴后侧金座王，篡夺了王位，王的三个儿子孛喇出、失宝出、孛儿贴·赤那逃往异地。其中幼子孛儿帖·赤那去了公布地方。他同那些人过不惯，于是携带妻子豁埃·马阑勒渡过腾吉思海，向东行，来到拜合勒江流域不儿罕·合勒敦山下，与巴塔人众相遇，他们向他询问来由，孛儿帖·赤那就从古时候印度的众恭王以及吐蕃的共主颈座王开始从头至尾讲述了一遍。那些巴塔人认为讲得有理，就说："这是个有根脚人家的子嗣，我们没有首领，可以奉他为那颜。"就这样，奉戴他做了那颜，一切遵照他的旨令行事。"

天啊，我该说什么好呢？一直为读到关于祖先的文字而心急，如今终于读到了，可读到的又是这样一段难以接受的文字。

起初，在读到万象世界定成的开头时，我曾为这一写法拍手叫绝，认为这样能够说清很多问题的源头由来；之后在读到印度王统由来的时候，我也曾感到过新奇、别致，并也注意到了王统家世与佛祖家世重叠的现象，再读到吐蕃王统的繁衍时，我虽被内容的神奇吸引着，但也明确地感觉到“有些绕远了”。可谁知，这并不是绕得远了，也不是为了展示各个民族最初的由来，而是从印度王统的由来入手，再顺着佛祖从王统分离出来的足迹，讲述了后世佛祖们在吐蕃地区形成王统，再由他们的后人游走到蒙古地区，被奉戴为首领为线索，讲述起了蒙古王统的由来。仅就这些文字而言，的确是一个天衣无缝的由来线条，照此我们应该毫不迟疑地认为，蒙古人的王统，包括成吉思汗在内的黄金大家族就是古印度、吐蕃王统在蒙古地区的延伸了。

可事情绝对不是这样的，蒙古王统的祖先绝对不是从古印度和吐蕃地区延伸而来的佛根家族。他们本来就是原原本本的北方大地的原住民，是一千多年前从一个叫室韦的古老民族群落中繁衍出来的新族群，他们的发祥地就在蒙古高原的东部地带。现在有人甚至认为呼伦贝尔大地的某个地方就是蒙古人的发祥地。被萨冈彻辰老先生当作金座王三子，后游走到叫巴塔的蒙古地方被奉戴为君主的孛儿帖·赤那的人其实就是从室韦分离出来，并再经繁衍之后，被记入《蒙古秘史》的第一个蒙古人。

对一个民族人群来说，根的问题极其重要，它不仅是人们身份认同的依据，也是存放心灵的故乡。所以，在本民族已有清晰记忆的前提下，不该以其他需要去改变它，更不该编创一个新的由来传说。否则会让一个民族的后续子孙永远地奔跑在迷途的路上。自载有蒙古民族族源信息的《额尔古纳·昆》的传说，再到十三世纪中后期《蒙古秘史》和《史集》的相关记载，蒙古人的族源与王统形成的大致线条，在本民族的上层和知识界是有着明确的认识的。可是，就这样一个带有整体意义的认知在这里被篡改了，而篡改得远在我们想象力所及之外。

因为突然产生了不满和愤怒的情绪，心跳明显地快了起来。我努力地控制着抖动得有点不听指挥了的手，在这段文字的下方狠狠地画了两条线。由于用力较大，再加上 1.0 的中性笔墨迹较粗，我画下的两条线又黑又粗，也划破了一点页面，定睛一看像是一道堤坝，好像我要用这道堤坝截断这段荒唐内容的往下流传。然后，我又用力地折上书页，合上书本，木然地起身离开了阅读的桌子。我想，当时在自己的脸上肯定刻满了不屑一顾的表情！

一下子，萨冈彻辰老先生和《蒙古源流》对我的吸引力荡然无存了！

离开是个不错的办法。吃午饭，睡午觉，下午两点半睡到自然醒。起来后，我突然感到问题来了。首先一个问题是：原定计划下午是看书，但书我再也不想去翻了。书不看了，我继续待在这里的理由也没有了，该张罗回去了。所以第二个问题就是：如何回去为好？原定本来是今天全天看书，明天搭拉格森布林先生车回呼和浩特。可现在书不想看了，对他所无限推崇的萨冈彻辰老先生也产生了较大的不满，我怎能还搭这个车？于是，第三个问题又出来了，就算不搭拉格森布林先生的车了，但借阅的书总不能不还就走了吧。这时我突然发现自己干了一件很大的傻事：我在人家几近供奉的书上不仅画了又黑又粗的两条线不说，又划破了书的页面，还把人家的书页野蛮地折了起来。这样的书该怎样还回去，人家又会有怎样的想法？接下来出现的第四个问题就是：我该怎么办？

我木然地站在窗前，不由得责怪起自己来。如果没去偷听那则传说，我怎么会对它背后的事情产生兴趣？如果没有产生那个多余的兴趣，怎么会向我那老哥去打探？如果没有去打探，怎么会认识这位热情得难以拒绝的拉格森布林先生？如果没有认识拉格森布林先生，我又怎么会对萨冈彻辰老先生和《蒙古源流》产生那样大的向往？如果控制住了自己那烦人的执着，没去细读《蒙古源流》这本书，怎么会把自己推入进退两难的尴尬境地？对自己的责怪就这样继续着，忽然它绕个弯，带着满腔的不满向他人延伸而去。虽然说祭拜祖先是无可厚非的事情，但哈日嘎坦部落的后人们为何如此过度地推崇和渲染这样一位对民族没有负起应有责任的老人和一部不该推广和流传的《蒙古源流》呢？更为不可理解的是，他们怎能把这样一个人与成吉思汗等同起来加以奉祀呢？尤其是清朝年间的那个叫成衮扎布的王爷，在完全能够说清楚蒙古民族起源、形成乃至发展壮大之历史的《蒙古秘史》一书已问世几百年之久的前提下，还把这样一部带有严重谬误的史书呈给乾隆皇帝呢？难道他对自己祖先的历史一无所知，或者对任何一种说法都持有无所谓的态度？难道他就不担心由此可能将一个民族的记忆引向错误的方向？还有那个被誉为盛世之帝的乾隆皇帝，作为钦正天下的帝王为何不加甄别而草率地下令刊行这样一部史书，使它的谬误在皇上有旨的开路下广泛流传？更有清朝那些编修史志的官吏，为何不去找一下明朝初年就已经翻译了的《蒙古秘史》，以其正确的说法修正一下书中的谬误而不负责任地将它收入《四库全书》，以皇家典籍的身份加大它的误导性和欺骗性？身为皇家史官的他们为何那样草率和浅薄，为何面对皇令就会失去良心的方向？……

我越想越多，越想越远，越想越生气。这时，我突然觉得自己的想法是徒劳无益的，因为只去埋怨和责怪是改变不了什么的。其实摆在我面前的选择只有两个：一是勇敢地站起来，明确地指出这一内容的谬误，并通过各种渠道的发声消除它的影响，把萨冈彻辰老先生和《蒙古源流》从神坛请回到凡夫俗子的世界。可是这可能吗？我一个势单力薄的小作家怎能和历史掰手腕，怎能抗衡过成千上万个高人辈出的哈日嘎坦部落的后人，怎能抗衡过虔诚奉祀萨冈彻辰老先生的鄂尔多斯及其各地的当今蒙古族大众？可以说，那简直就是找死！所以，另一个选择就是：沉默着悄悄地离开。任由他们怎样去折腾，作为局外人的我权当什么也没发生，什么也没看见，收起行囊一走了之。回去后，给拉格森布林先生打个电话，找个理由搪塞一下，然后再买上一本新书寄给他，以与这个自找的麻烦彻底了断。

我没有再去想什么，也没有去权衡什么，轻松地弹了一下手指说：“走为上计！”

第四章 转折一百八十度

一

我是用打的方式悄悄离开乌审旗嘎鲁图镇的。

在离开嘎鲁图镇之前，在把几天来的兴奋与激动、几天来的辛苦与思索和顿时生成的责怪与埋怨一并放下，跨步上车离去之前，我做了一件必须做的事情。那就是，我收拾好行囊，结完多住一天的住宿费之后径直走到了离酒店不远的那个中心广场。尽管已到下午四点，但太阳还是那样的炙热，大街上仍然有很多彩色的伞在缓慢地移动着。伞的下面是穿着高跟鞋的美丽线条，像是一个个舞动的乐谱弹奏在周日的大街，装点着这里多彩的生活。广场的地面很湿润，显然是洒过水了。广场上也支着许多颜色不同的大伞，是不是也叫遮阳伞我不太清楚，伞的下面则是一个个敦实的柱子，上面是饭桌大小的或方或圆的大理石平面。有的平面上画着中国象棋的棋盘，有的平面上画着蒙古象棋的棋盘，有的平面上则画着我所不知道的一些线条。人们十个八个地聚集在一个桌台上，说着笑着下着象棋。这些人大多是中年以上的人，其中多数是退休了的人，他们在烈阳下的大伞下享受着轻松和快乐。从他们旁边走过时，我清楚地看到了洋溢在每个人脸上的轻闲和自在。看上去，这种表情显得特别地舒服，然而这是只有退出紧张和压力之后才可以拥有的福分啊。

可我没有时间在他们旁边多逗留一会儿，便拉着自己不大不小的拉杆箱向广场上的萨冈彻辰塑像走去。这时，我看见正有几个人围在那里，有的在塑像上系哈达，有的在鞠躬行礼，也有的好像在抄基石上的介绍文字。我猛然一下站在了那里，心想：可别是拉格森布林先生和他的几个朋友。如果这时碰见他们，那该是多么的尴尬和狼狈呀。我愣在那里，瞪大眼睛去看那些只顾忙乎着的人，最终确认这帮人里没有拉格森布林先生和他的那几个朋友。于是，我放心地拉着拉杆箱继续向塑像走去，等我走近时那些人已与塑像合完影走了。我走到塑像前，放下手里的拉杆箱，毕恭毕敬地给萨冈彻辰老先生行了个鞠躬礼，然后默默地看着老先生的塑像，心里说道："老先生，请您理解我，我就这样走了。我没有办法向您的后人拉格森布林先生打个招呼，也没有办法把您的那本书还给他们。他们是您忠孝可嘉的子孙，他们要让我好好地写一下您，为此他们辛苦奔波，倾尽所能，并热情招待我。可我满足不了他们的要求，其中的原因无法向他们解释，我怕伤了他们的心，也怕伤了您在他们心目中的尊贵形象。所以，我只能像小偷一样悄悄地溜走。他们会怪我，骂我，但我没有别的办法了，这都是我自找的！

我不埋怨您，在无尽的时间长河里，我们相差三百五十多年，作为后世之人我只有敬重的份儿。问题是，您的后人们，您那从未理睬过的清朝那些草率的官吏，还有一些懵懂不清、附和随行的人们，把您抬高到了神的高度，抬高到了与成吉思汗比肩的程度。这个事情和您是没关系的，我不能怪您。但是，他们做的这一切不知不觉地引诱着我的好奇，使我陷进了今天的尴尬狼狈之中，让我左右不是，难堪至极。

虽然，我不同意您对祖先的那样记述，但我同样不能责怪您，更不想冒犯您。那时可能有很多的原因，使您不得不去那样写，或许您有更多其他考虑。如果是这样，我尽管不能写关于您的详尽文字，但我会找机会去了解，找出其原因，消除对您的误解……”

说毕，我轻松了很多，像走出了一个不大不小的埋伏，拉着箱迈着有力的步伐，走到路边叫停一辆出租车，走了。

开车的是一位蒙古族小伙子，车上播放着新编的蒙古民歌，他听到我去呼和浩特市有点为难，我再用蒙古语劝他一下后，他就点点头，加快了车速。

不知是出租车司机们的技术高，还是胆子大，车开得都比较猛。我所租乘的这辆车的蒙古族师傅也不例外，不仅开得猛，也显得很老练。由于车速较快，我们很快走出以沙漠地貌为主的乌审旗旗境，经伊金霍洛旗进入了准格尔旗丘陵沟壑地带。一年前，因 3D 电影《长城 · 1571》的开机仪式在这里举行，作为撰稿人我应中央电视台、新影集团邀请来过这里一次。那时，我就发现这里的地貌与我们心目中鄂尔多斯沙地的概念大相径庭。这里除了有一些零星的小流沙之外，其他都是高低不一的丘陵和丘陵下面深浅不同的沟壑。那时我曾意识到，自己对鄂尔多斯的理解是片面的，鄂尔多斯不是只有沙漠，也有波澜起伏的丘陵和大地皱纹般的沟壑。如今重又走进这里，不仅感受到与沙漠不一样的一种气场，更是看到了与沙漠不同的另一种壮观。在八月的斜阳下，这里的丘陵沟壑显得较为柔和，由灌木、乔木和杂草组成的植被严严实实地覆盖在上面，使这里变成了一望无际的绿色大拼图。为了消除仍还隐隐作痛的坏心情，消除反复涌上心头的尴尬记忆，我有意识地将注意力集中在路边绿葱葱的树木上，强迫自己的眼睛目不转睛地看着随风摇曳的树枝和树叶，迫使自己产生一些愉快的想象。开始时，我的想象在目光停留的那片绿色上发呆一会儿，然后开始像蹒跚学步的小孩儿动起手脚，接着就杂乱地拼接起动态或静态的一些画面，最后则在那些树木的枝杈上嫁接起了各样品种的农作物，一时间那些满山满川的树木在我的眼里变成了绿波荡漾的玉米、高粱、谷子、燕麦、油麦、稻子等各种农作物的海洋。咯噔一下，我突从想象中转过神儿来，立刻觉得这一想法很有意义，便开始顺着它进行理性思考。如果我们真的能把种在田里的庄稼嫁接到树木之上，让满山满川的森林为我们生产粮食，那该是多么伟大的创举呀！如能那样，我们不仅能把一年生的农作物转变成多年生的植物，省去年复一年反复耕种的劳动；还可以充分利用树木扎根深，能够从大地深处吸取养分的强大能力，使我们的庄稼在能大获丰收的前提下又能免除化肥、农药的人为污染；也可以把森林的面积拓展到现有的农田，不仅能够极大地扩大我们农田的面积，同时又极大地扩大森林的覆盖，使我们的人类转身成为生活在空中农田下的幸福居民。如果，我们果真能够那样，那么现有的某一种农作物会因嫁接在不同种类的树木而衍生出多个不同的品种来，大大丰富人们的餐桌，为人类增添更多的口福。我越想越兴奋，越想越觉得有趣，越想越感到这是一篇科幻小说的不错题材。尽管自己不会写科幻作品，但我可以把自己的想法讲给会写科幻作品的朋友，让他们好好去写一下。这不仅有必要，还可以使自己为人类奉献一个想法，一种可能，以不枉在这个世界上做过一次人的那份意义。

我想着，兴奋着，心情好多了，路赶得也有趣多了……

二

可是谁能想到，离开简单，而摆脱却没有那么容易。

就在我们车驶入呼和浩特地界不久，手机响了。掏出手机一看，便是我最怕打来的那个电话。在电话的那一头，拉格森布林热情地叫着我“老师”，关切地问着我：“您不在房间，去了哪里？”并告诉我：他们已经过来请我吃送行的饭了！

天啊，真是怕啥来啥，我一下子被这难以应对的热情打蒙了。我张着嘴愣在那里，好一会儿支支吾吾地不知怎么说才是。这时，电话那头的拉格森布林先生还紧追不舍地问：“老师，能听得到我的话吗？是不是信号不好？”

我斟酌片刻后艰难地开口说：“拉老师，真是不好意思。因为单位打来电话叫我马上回来，所以没来得及给你打招呼就急忙出来了。非常感谢你的热情招待，日后来呼和浩特一定给我打个招呼，咱们好好坐一坐。因为急着出来，没来得及还回你的书，我会很快寄快递给你。真是不好意思了，请你多多谅解。”

“怎么这样突然？再着急您也应该打个招呼，我们也能派个车送您回去呀！老师呀，这可是您的不对了！”被蒙在鼓里的拉格森布林先生在电话的那一头仍然一心一意地热情着。

“出来得匆忙，没好意思麻烦你们，请别介意，多联系！”我急着要结束通话。

“咳，真是的。我们几个都过来了，想要好好给您送个行。可倒好，您却走了，为了给您提供更多些信息，我还特意带来了尚未写完的《萨冈彻辰年谱》呢！”

“是吗，谢谢你了。实在是不好意思了，咱们见面再说……”

……

一场热情追逐与冷意逃跑的通话就这样结束了。我稍有好转的心情又开始阴霾起来，一连好几天不肯散去。

为了尽快还清亏欠，周六也就是回来后的第三天，我到呼和浩特最大的图书商场买一本同样版本的《蒙古源流》，准备快递给拉格森布林先生。当我正找到书，在和老板砍价时，有人用力拍了一下我的肩膀。“可别是拉格森布林先生呀！”我心里“咯噔”一下回头一看，原来是我在内蒙古大学蒙古学学院历史所任所长的大学同学。我这个同学一直是寡言少语，不善交际，一心扑在学问上，现在已经是颇有成果的史学家了。他看见我买了一本《蒙古源流》，便说：“大哥不搞写作，要研究《蒙古源流》了？”上学时，因年龄较大，同学们都叫我大哥，直到现在他们都这样叫我。

我惊奇地叫了一下同学的名字，又狠狠地握了握他的手，说：“哪敢呀，有你们这么多的史学家，我哪敢去研究它呀！”

“那，大哥要研读研读？”学者就是学者，言谈中也不乏学术的温情。

“也不是。”我苦笑着，把在乌审旗惹下的傻故事给他讲了一遍。

“是这样，逃出来得很仓皇？”同学笑得别样地开心。

“那种狼狈劲儿呀，别提了。”我也笑着说，但心里还是很别扭。

同学看出我的确很难受，便认真而关切地说道：“其实，大哥遇到的是事关萨冈彻辰的第一个大难题，也是最大的一个大难题，这个问题也困扰过史学界很长时间。不过经过较长时间的研究，这个问题不仅得到了破解，其本身也成了萨冈彻辰非凡伟大的一个光环。这样吧大哥，下午我们研究所正好有一个事关萨冈彻辰的学术活动。您去听一听那些史家、学者的发言，对您了解萨冈彻辰肯定大有帮助。”

“我一个搞写作的，参加你们学术界的活动不合适吧？”我表达了自己想去而又有一点怯场的矛盾心态。

同学知道我对文化的大众化主张。在一个很随意的场合我和他讨论过这个问题。记得当时因一个在基层工作的同学来呼和浩特办事，我们几个同学便请他吃顿饭。因为高兴，大家都喝了几杯酒，话题自然就没了可循的规律。其间，基层来的同学给我们讲了一个故事，笑得我们肚皮肌肉都酸疼起来。他说，有一年他到一个村里扶贫。那一年风调雨顺，庄稼长势良好，老乡们都巴望有个好收成。其间有户人家发现，有一头猪经常到他家地里祸害。他们先是把猪赶走，然后放一些阻拦的树墩、树干等。可是猪的记忆力特好，也懂一点战术，当这户人家的人很警惕或有人看守的时候，从不进去，即便从地头走过也不斜视一下。每当这样，地的主人就认为这下好了，可以放心了。可是就在这时猪就又进去吃害一番。地的主人很是气愤，下工夫蹲守很长时间，当那头猪认为没事了，大摇大摆地向地里走来，并将要迈进地里的一瞬间一枪射杀了它。因为受惊，猪后跳一步，就倒在离地一两步的地头旁。猪一被杀，两家人开始吵架，两家都找他，他也做过调解。但都不接受，最后告到了法庭。便民法庭来到村上，猪的主人要求索赔，而对方坚持那头猪死有余辜。到辩论环节，猪的主人说：“我的猪如果进了你的地里，你可以杀它十次，可我的猪没进你地里，你为何杀掉它呢？”地的主人很是生气，历数那头猪的多次祸害后说：“你的猪都走到我地头，这还不是到我地里祸害呀？”猪的主人说：“尽管到了地头，也没进你地里呀！”地的主人接上话茬儿就说：“你还不知道自家猪是怎么想的呀？”听到这里，我们都大笑起来，谁也没去探究最后的结果。不知话题是如何转过来的，有同学开始说起了中央电视台《百家讲坛》的话题来。于是同学们这一句，那一句，从栏目的设置、体现的理念、受众的定位到主讲人的表现、选题的安排以及人们的褒贬等激情地评价了一番。这时，我这位寡言少语的史学家同学说：“我不怎么看《百家讲坛》这个栏目，所以没有形成具体的看法。不过，一些权威的史家、学者对这个栏目并不看好。他们觉得历史是个严肃的话题，不该这样添油加醋地演绎。他们担心，这样下去学术的严肃性可能受到亵渎。”

同学传达的这个信息正好与我平时的思考对茬儿，于是我接过话题就说：“我也不赞同对历史的扁平化讲述，更不看好现代化的演绎。但我欣赏《百家讲坛》所体现的一个理念，我觉得这个理念就是文化大众化理念。文化是人类文明成果的总和，让人智慧起来的最高营养。所以，我们应该通过各种可能的形式和渠道，把文化交给我们的民族大众。如果，我们的民族大众都变得很智慧了，中华民族还愁不能崛起吗？而且，整体性的智慧化崛起是国家崛起的最高境界。从前先人们没有条件，也很少那样去做，而把文化圈养在很小的一个圈子里，使其变成了部分人的专利和资财。这是不合理的。现在我们有了条件，也有了可能，所以应该推进文化的大众化传播。”

也许我的话有点高调了，同学们没有说话，史学家同学也没有置评。当饭局结束，握手散去时，史学家同学握着我的手说：“大哥的想法很有意思，找个空再探讨探讨。”

我说:“好的，好的。”便各自回家了。

之后，我们各忙各事，别说是探讨，就连电话也很少打过。今天在这里见面，真可谓是冥冥中的安排。

也许，同学还记着我的那些话，也许突然就想起来了:“您参加一下我们史学界的活动没有什么不合适之处，我反倒觉得很有必要。近百十年来，我们蒙古史研究取得了一系列的重大成果，破译了蒙古历史上几乎所有的谜题、难题。但这些成果基本被存放在学术的专柜里，几乎没有向社会大众进行过大众化的宣传和介绍，所以，就像萨冈彻辰这样，尽管史学界公认了他的非凡和伟大，但像您这样做文字工作的人都不甚了解，更何况是百姓大众呢？所以，我们很有必要向大众说清楚萨冈彻辰因何伟大，因何非凡，他为蒙古族的历史文化究竟做出了怎样的贡献等等。”

我赞许地点着头，也领略着同学从一个寡言少语的学生到一位满腹经纶的学者的巨大变化。

“真有这个必要？”我一语双关，主要是想知道值不值得继续与萨冈彻辰纠缠。

“不仅必要，而且很值！”不知同学是怎么想的，回答得很干脆。

看来，我真有点自投罗网的样子了。因为好奇，走进萨冈彻辰这个气场;因为热心，被鄂尔多斯及乌审人的萨冈彻辰情结感染得心潮澎湃;因为乐于探根问底，执意找来《蒙古源流》翻开了它;因为不能接受萨冈彻辰老先生的祖先之说，狼狈不堪地逃离了乌审旗。今天想要了断它，却偏偏遇见了史学家同学，而史学家同学的几句点拨，不仅道明了我的浅薄，又把我狠狠地向萨冈彻辰气场拽了一把。与其不明不白地辜负拉格森布林他们的真诚托付，不明不白地放下一个可能的好题材，还不如花点时间深入地了解一下。如果是值得，就好好去写一下，如果不值，给拉格森布林他们做个解释，也好有个无憾的结果。回家的路上我如此掂量着，决定去参加一下下午的史学活动。

三

这个会议的名称叫“《蒙古源流》成书三百五十周年学术研讨会”，是由中国蒙古史学会、内蒙古大学蒙古史研究所、乌审旗人民政府共同主办。一看到乌审旗几个字我又无意地紧张了一下，但马上觉得现在没有什么可躲闪的了，而且瞟了一眼也没看见熟悉的身影。会议一开始，主持人一口气介绍了来自蒙古国、日本以及国内大学及研究机构的三十余名史学专家。听着介绍我心想：研究者还真不少，只因忽略了成果的大众化传播，大家对这些人的名字都很陌生，即便成就都很大。接着，主持人邀请主办方代表，中国蒙古史学会会长乌云毕力格先生做“《蒙古源流》研究及现状分析”为题的致辞。乌云毕力格先生的致辞很简短，也很精彩。其精彩在于没有与主题无关的客套话，更没有把活动时尚化的投机词语，而是直奔主题，开门见山地讲述了《蒙古源流》成书以后，在乾隆年间被译成满文、汉文，再经国外学者带出国门用德文、俄文、日文等出版后，逐渐变成多国学者参与研究的热门学科的基本脉络。之后，用非常虔诚的言辞向远在三百五十多年之前的萨冈彻辰老先生表达了敬意，再后用极具概括力的语句评价了《蒙古源流》在蒙古历史研究、文化语言研究、风俗及古代文学研究领域的重要地位，最后又简要介绍了现今研究情况及重要成果。在成果介绍中，他特意点到了一个叫乌兰的博士，说她在《蒙古源流》的研究中取得了突破性的成就。最后就祝研讨会成功。整个致辞不到八分钟，充分显示出严谨治学的干练和精当。

让我感到意外的是宣读论文的学者们都对《蒙古源流》给予了极高的评价，认为《蒙古源流》是蒙古民族的《史记》，萨冈彻辰就是蒙古民族的司马迁。

我瞧准宣读者更换的小空当悄悄地溜了出来，到走廊后给同学发了一条短信，希望他把会上的论文收集一下给我，如果可以的话。

晚上我特意泡上浓浓的红绿混合茶，准备好好地读一下史家、学者们的论文，以便找到就此止步或进一步走进萨冈彻辰的最后理由。同学给我的资料很丰富，不仅有本次研讨会的三十余篇论文，还有国外蒙古史学家的十余篇论文和一本叫《纪念萨冈彻辰诞辰四百周年论文集》。这些论文涉及史学、社会学、风俗学、语言学、人类文化学、文学等各个方面。如果一篇一篇地仔细研读，别说是一个晚上，甚至三五天都看不完。于是，我就选择了带着问题去研读的办法。

我首先要搞清楚的问题就是萨冈彻辰老先生关于蒙古人的祖先与王统的错误记述，也就是说早在十三世纪成书的《蒙古秘史》对这些已有明确交代的前提下，老先生为什么把它嫁接到印度与吐蕃王统的血脉上呢？在同学提供的资料中，有五六篇论文在评价该书时都谈到了这个问题。看来，我同学所说不假，史学家们的确早就注意到了这一点，而且这个问题的确也影响过他们对《蒙古源流》的认识。一九五七年，蒙古国一位叫什・纳察克道尔吉的学者在为乌兰巴托版《蒙古源流》写前言时用“一八二九年，雅・阿・施密特用德文翻译了《蒙古源流》全文，并予以发表，西方学者才开始知道有这部重要的蒙古史籍，从此，《蒙古源流》便被视为蒙古历史的原始文献，一直被各国学者所研究”的简单文字说明其重要性之后，马上又指出：“由于《蒙古源流》成书于喇嘛教传播在蒙古的时代，这部书受到了宗教的巨大影响。应该注意到，由于萨冈彻辰是蒙古大封建主之一，他在写《蒙古源流》时是根据自己阶级的利益来评述和解释历史事件的，所以，重要的是要批判地利用这部著作。”很显然，这是对萨冈彻辰老先生关于祖源、王统的说法以及其他类此说法的左右为难的表态，也是以阶级的视角审视历史与文化遗产的结果。应该说，这是史学界《蒙古源流》曾经的纠结。

不知这种纠结延续了多长时间，但肯定的是学者们在这期间进行过多方面的研究和对比。后来，一位叫色道尔基的学者在一篇叫《历史文学名著〈蒙古源流〉》的论文中对学者们前期的研究进行过梳理。他发现有学者从版本学角度进行了深入研究，并引学者语道："《蒙古源流》有几种不同版本，一是萨冈彻辰的原著，为《蒙古通史》性质的著作；二是后来喇嘛们增补编纂的本子；三是弘历的《钦定蒙古源流》。"之后，该学者归纳道："……言外之意，《蒙古源流》中有关佛教发展史的大量内容是后人所加，与萨冈彻辰的原著无关。"很明显，这是进一步的研究成果，与之前那些左右为难的评说相比拓宽了研究的角度，更新了研究的方法，得出的结论也越来越具体和明确了起来。如果这个结论符合历史的事实，那么我对萨冈彻辰老先生的指责和埋怨是错误的，尤其是从乌审旗偷跑出来的做法则充分说明了我的浅薄与无知。但我并没有就此心甘，觉得这一说法还不足以让我完全释怀。

我继续翻阅学者们的论文。因为自己在寻找史学意义的解答，所以我开始把论及民俗、语言、社会、宗教等的论文一一地挑出来放到一边，专去细读有关历史方面的论述。尽管有点缺乏学术精神，但这个办法倒还挺灵，我很快在那些论文中读到了能够回答我疑虑的一篇论文。这篇论文是一位叫王德恩的先生撰写的，原发表在内蒙古社科院一九八三年的《论文集》中。文中写道："……随着后金的崛起和清朝统治的确立，为了模糊蒙古族群众的民族意识，满族统治者'利用风俗习惯上的接近'而唱起'满蒙同源论'，俨然以成吉思汗的正统继承人自居。但在民族的起源问题上仍是'长白山的鸟图腾'。著者反满抗清的政治立场和民族意识十分明显，这在其著作的结尾诗中表现甚明，无可置疑。从这样的政治立场出发，促使著者必然从对满清统治者的政治否定进到对'满蒙同源论'的理论否定。……"

有研究和没有研究不一样，一般研究和深入研究更是不一样，只因做了深入细致的研究，才会有了这样一个道破天机的结论。这个结论对我来说是颠覆性的，它不仅能够说服我，而且使我偷偷地脸红。可不是吗，论文的这个结论与民间传说中萨冈彻辰那反清精神是多么的一致和吻合呀！如果拉格森布林先生和他的朋友们在领着我参观，在讲给我故事，在借给我拜读《蒙古源流》时提示我一下这个情况的话，我怎么会产生那样的质疑，怎么会走得那样的狼狈不堪？现在终于明白了，萨冈彻辰老先生之所以那样写是为了否定满清统治者炮制的“满蒙同源论”，以让当时和后代蒙古大众不受其欺骗。面对强大的朝廷攻势，这是一个柔弱的文人能够做出的最大努力。可是，谁能料到，强大的清朝灭亡了，而柔弱文人的作品却留下来了！

第一个问题得到了解答，接着我有必要了解的是这本书的历史地位和史学价值。我想这是我避免重蹈覆辙的必要动作。如果，学者们认为这部著作的历史地位并不很高，或者只是一部蒙古史学方面的锦上添花之作，那我就没有必要花费精力、花费时间、花费感情去研读它，以避免再将自己推入无意义的工作之中。于是，我把同学提供的论文重新叠放在一起，想再用分类阅读的方式去找出答案。我开始一篇一篇地翻阅起来，要把它们按我想当然的类别区分出来。可是，我很快发现这一招不灵了。因为，无论从历史，还是从哲学，或是从社会学、民俗学、语言学等各方面进行的研究都无一例外地在论文的开头部分对这部著作的历史地位、史学价值和文献价值做出了评价。令我意外的是，学者们对这部著作的评价出奇的高，甚至容不得有质疑的声音。一位叫田清波的美国学者在一篇名为《蒙古源流导论》的文章中这样写道：“关于萨冈彻辰编年史的四种手抄本，学者扎木萨拉诺评价说：‘该编年史是蒙古封建时期经典著作中极其伟大的遗产。’谁人如果不认为该著作是历史之著作，而以为‘没有该史料也无有大损失’（博仁金）的话，他应该纠正这种言过其实而绝对的说法。事实上，学者们也是不接受这种绝对的意见的。至少，我们应该感谢该著作提供给我们从大元帝国垮台到清朝建立期间诸多历史事件的巨大贡献。”“哈哈，看来史学界也曾有过如我片面、浅薄的学者呀。”我心想。

可以看出，田清波先生的这句话不仅有明确的指向，而且是专门用来进行反驳的。那么，仅就该著作的历史地位和史学价值，学者们的评价是怎样的呢？我有意识地先关注了一下日本学者的研究情况，因为日本是蒙古学研究较为发达的国家之一。有位叫佐口透的学者在其《库伦本〈蒙古源流〉一斑》的文章中写道：

距今二百八十余年前，即十七世纪中叶，鄂尔多斯蒙古一王公萨冈彻辰洪台吉所著蒙古编年史，所谓《蒙古源流》，乃研究中世纪蒙古史（主要是十四至十七世纪，明清两代）方面的贵重纪念作品，已毋庸繁叙。以蒙古语所写的历史著作、民族文学的《蒙古源流》，以规模宏大，民族性强烈，叙述综覆且确切，获得与《蒙古秘史》并称的地位。尔后在蒙古人中间即不再有此类性质的历史、文学作品出现。十七世纪时代，蒙古人除《蒙古源流》外，尚有《黄金史》《大黄册》《白史》《简明黄金史》等历史文学著作。《蒙古源流》无疑是其中最出类拔萃、价值最高的著作之一。能够给予与《蒙古秘史》等同的评价，这可能是学界对《蒙古源流》的最后共识。所以，色道尔基先生在他的论文中写道："学界认为《蒙古源流》的历史价值与《蒙古秘史》不分上下，在蒙古古文献中占有重要地位，同时也认为它有相当高的文学价值。"

能够与《蒙古秘史》比肩！这个评价大大出乎我的意料。那么，这部著作究竟怎样的内容获得了如此至高的评价呢？我最后看了看被中国蒙古史学会会长评价为"取得了突破性成就"的乌兰博士的论文。博士的论文很长，在谈到《蒙古源流》的史学价值时她写道：

《蒙古源流》作为一部史书，其史学价值无疑是最为人看重的。这部书的内容虽然时间跨度很大，从开天辟地讲到作者自己生活的年代，但由于元末以前的历史已有年代更接近、内容更准确的史书做了记载，《蒙古源流》的这部分内容又大都经过了几道手（有些素材间接源自早期史书，有些间接或直接源自后世的民间传说），所以史实方面的参考、使用价值不大。

元末至清初的蒙古历史约占《源流》全书篇幅的一半，可见作者是作为重点部分来撰写的。事实上它也是全书内容最为丰富、叙述最为详细的一个部分，因此史学价值也最高。《源流》以明代蒙古史为叙述重点，离不开作者主观愿望的支配，更与作者所处的时代以及家庭环境、个人身份等客观条件有着直接联系。萨冈彻辰对元末至清初的蒙古史做一完整的归纳、叙述，并突出自己所属阿尔秃斯（鄂尔多斯）万户的历史。他能够产生并实现这一愿望，一是因为他恰好生活在明代蒙古这一历史阶段的末期，目睹了蒙古汗统的终结，有条件从时代上对刚刚过去的这一历史阶段做完整的总结；二是他本身是黄金家族后裔，祖辈几代都在部落内担任要职，知晓高层的情况，在文化氛围较重的家庭内又能很便利地听到有关的历史掌故，读到有关的贵族系谱等，使他的头脑里积累了大量有关这部分内容的素材。

过去相当长的一段时期内，明代蒙古史的研究一直很薄弱，主要原因就是缺少记载蒙古内部情况的史料。人们的研究只能依靠明代汉籍中的一些零散、主要反映明朝与蒙古关系的记载，因而研究往往不是难以深入，就是得出的结论难免片面。自《源流》被介绍到学界后，明代蒙古史的研究有了新的生机，出现了和田清、符拉基米尔佐夫等人的传世杰作。《源流》的史学价值就在于它提供了有关明代蒙古史，尤其是蒙古内部情况的宝贵资料，可补汉籍和其他文种史籍的缺欠，并与之互证。

……

四

读完乌兰博士的论文时，时间已经是深夜两点多了，这是我和这些论文苦苦纠缠的第三个夜晚。翻过论文的最后一页，并把它放到书桌的一旁后，我突然感到了前所未有的轻松。我想，这个轻松感可能来自以下两个方面：一是终于走出了深奥枯燥的论文堆；与学术论文的三晚纠缠，我深深体会到学术世界与大众文化的巨大距离。被称作论文的这个文体，似乎有一个固定的模式，那就是：严肃、刻板、深奥。若是没有解决问题之需，没有了解事理之需，我是不会去接近它的，就像人们不愿接近没有表情的脸庞。应该说，这就是学术成果没有做到大众共享的原因所在。二是我终于找到了对待《蒙古源流》的史学态度。原来，《蒙古源流》是一部试图记述从祖源到清朝年间蒙古民族盛衰成败之历史的通史性著作。但是，从远古到成吉思汗，再到人元王朝的全盛时期，因为有了《蒙古秘史》和《元史》几近在场写作般的记录，所以，《蒙古源流》关于这段历史的记述并无重大意义，自不可一世的大元王朝从大都北京退回草原，再到终结于清朝初年的历史记述，是《蒙古源流》真正的奇珍所在，这也是它获得与《蒙古秘史》比肩之赞誉的价值所在。我很奇怪学者们对文字的吝啬小气，要是我早就把它说成是北元时期的《蒙古秘史》了。

不知是命运之神的安排，还是心向往之的结果，我根据《蒙古秘史》等的相关记录，撰写了品味蒙古民族从起源到崛起之历程的《蒙古密码》之后，曾盘算过再写一部考察这个民族从强盛再到衰败之过程的作品。只因琐事繁多，无暇顾及而搁置至今。现在，我阴差阳错地又把自己带到了这段历史的内容之中。看来，不论从哪个角度，我都得好好读一下《蒙古源流》的这部分内容了。这样，既能对拉格森布林他们有个交代，也可以观察一下一个强大王朝败落而去的内在原因，为可能的创作做一些储备。正好，学者们不是说《蒙古源流》提供的是最内部的消息吗？

就这么定了！我心里说着，轻轻弹了一下手指，便刷牙，熄灯，上床睡觉。

可是谁知，这一夜睡觉却成了我最难的差事。无论是闭上眼睛，还是睁着眼睛，脑子里不是《蒙古源流》，就是萨冈彻辰。因为已是后半夜，外面早已没有了车马的喧嚣，只有路边树丛里的蝈蝈声和一些昆虫的鸣叫声时而轻、时而缓地传到我的耳朵里。我好像要与这些虫鸣呼应合奏，爱人也在旁边轻轻打着呼噜。我专心地听着窗外的虫鸣与耳边的呼噜声，让意识渐渐地走向模糊。不知过了多长时间，耳边的呼噜声渐渐地、渐渐地变成了远在天边的马蹄声。马蹄声一会儿急，一会儿缓，我站在一处高地想看看谁在纵马驰骋。但如何纵目眺望，就是看不到马的踪影，而蹄声却越来越近，越来越纷杂。我站到一处更高的地方，放眼望去，不仅能看到地平线外面的天际，还能看见草丛里穿行的豆鼠和纷飞在花瓣上的蝴蝶，但奇怪的是偏偏看不见马的踪影。然而，越是看不见马的踪影，其蹄声却越来越密集，越来越浩荡，越有万马奔腾的声势。不一会儿，在马蹄震响处的上方升腾起了一块很大很大的云团，云团不断地翻滚着，扩展着，很快变成了覆天盖地的大云海。不知风是怎么起的，由小变大，呜呜地呼啸着，瞬间把那个云海搅动成了巨大的风暴场。风暴翻滚着，雷电交加着，瓢泼着倾盆大雨和咚咚作响的冰雹，从一个天边走向另一个天边。大地在颤抖，星辰在飞旋，山川与河流交换着位置。我仍站在那处高地，仍能听见急骤的马蹄声，好像这个风暴在靠马蹄运动。不知为什么，我站的那处高地好像与这个风暴隔着时间的距离，只看见而摸不着。不知过了多长时间，马蹄声没了，风暴也没了，天空一片晴朗，草原也宁静得能够听见小草的耳语。突然，在远处出现了一个骑马的人，他信马由缰，不慌不忙地朝我走来，我想认出他，但打量半天也没能认出。那个人离我越来越近了，他骑的那匹马开始小跑起来。我发现，他骑的那匹马踏地有力，节奏感也强，按道理我应该能够听见它击鼓一般踏地的蹄声，可奇怪的是没有蹄声，只有由远及近的苍凉古老的呼麦声。我有些纳闷儿，就在这时他和他的坐骑飘到了我眼前。这时，我发现他是一位老者，长着白白长长的胡须，那胡须和马尾连在一起，在风中像思想般在飘动。

“你不认识我吗？”老人问我。

我摇了摇头。

“你看见过一场风暴吗？”

“嗯。”我点了点头。

“想知道它的故事吗？”

“嗯。”我又点了点头。

老人不紧不慢地把手伸进他那宽大的衣襟里，又不紧不慢地掏出了用哈达包裹的一件东西。老人用眼睛示意我上前接下，我照老人的意图木然地伸出双手接过了那件东西。也许就在这个过程中我眨了一下眼，当眼睛再睁开时那件物品在我手上，而老人已经不见了。

我缓缓地蹲了下去，把那物品轻轻放到地上，然后小心地打开了它。原来，那是一部经文形状的书，和乌审旗萨冈彻辰纪念馆汇众圣熙宝殿里收藏的那部经文形状的书一模一样，上面也写着《蒙古源流》几个大字……

第五章 变形的记忆

一

如不醒来，多美的一个梦啊！我被爱人起床的动静弄醒后仍还走不出梦中的那个情景。那个带有马蹄声响的风暴好像被刻录在了我的脑海里，依然在我惺忪的眼睛里翻滚飞旋。尤其是那个击鼓般的马蹄声似乎留在了我的胸腔里，还在我渐渐失聪的耳朵里隆隆作响。特别是那个白胡子与马尾巴连在了一起的老者，好像定格在了那里，仍然可以看见他相貌轮廓的大概。我闭着眼睛静静地坐在那里，想看清楚，确切地说想回味清楚那老者的长相。他好像没戴帽子，白白的头发和那长长的胡子连在一起，在野外的风中像一条白色哈达一样飘动着。前额很宽，但不平整，粗糙的皮肤上有几条很深的皱纹，好像在表明着这个人心思很重。宽宽的额下是几近方形的眼睛，目光深邃，但带有莫名的伤感。颧骨很高，蒙古人的特征极其明显，鼻子较为夸张，就像将一个长茄子贴到了那里。让我感到很奇特的是他那一副肩膀，很宽，宽得远远超出了人体的合适比例，好像专为肩负特殊的重量而准备的。而那份特殊的重量就在肩上，所以他的双脚踩地很深，以至看不清他穿的是什么样的靴子。

这位老者应该是谁呢？我揣摩着。他有可能是某个神吗？是来点拨我，或是来暗示我做些什么吗？可是，我这个平常得不能再平常了的凡人百姓怎会有那样的福分呢？不然是我的某个祖先吗？在长生天上始终关注和保佑着子孙后代的某个祖先，得知我正在与萨冈彻辰和《蒙古源流》纠缠的情况后，专门来给我提示和鼓励的吗？可是，从那个体态相貌和能够感知的暗示中，无法联想到我任何一位可知的祖先。

如此看来，他很有可能就是《蒙古源流》的著者萨冈彻辰老先生本人，是他的在天之灵得知了我对他和他所著《蒙古源流》曾经的好奇、曾经的疑惑、曾经的为难和如今终于定下心来阅读学习的决定后，从那被人尊崇有加的高处来到我的梦里，给我一个只可意会不可言传的暗示与鼓励。我想，这个梦只能有这样一个解析，因为梦境中的所有暗示都指向了这个方向，尤其是那位老者从衣襟里掏出经文状《蒙古源流》的那个情节……

有了对梦的这般领悟之后，我突然觉得这个梦如果没有被打断，如果能够继续，我可能会得到那位被我领悟为萨冈彻辰老先生的老人的更多的提示和解释。比如，他为什么要写《蒙古源流》这样的著作，他想承担和完成的使命是什么？比如，他为什么要写那样一个蒙古祖先的由来历史？是如实记录了当时关于祖先的说法，或者是正如学者们所说，是为了否定满清统治者用来迷惑蒙古大众的“满蒙同源论”？再比如，在记述明朝之前的蒙古历史时，为什么写下了那些被学者们视为“并无重大意义”的信息？当初究竟有怎样的考量？还比如，对明朝以后蒙古史的记录为什么会是那样的珍贵和重要？我想要了解和彻知的很多很多……

可遗憾的是，梦未能延续，我被爱人起床的动静弄醒了。尽管如何去回味和想象，我都不可能得到想要知道的这些内容。只有那个梦过的情景和那位老者满面复杂的形象留在了我的脑海里。不过，这也可以说很是幸运了。虽然，我梦中老者的相貌与乌审旗萨冈彻辰纪念馆汇众圣熙宝殿里“赤面圣主”画像上的相貌有所不同，但我毕竟梦到了他。而且，我愿意相信在我梦中的那个满面复杂的形象与萨冈彻辰老人有一定的神秘关系，不然，我为什么做那样一个美妙奇特的梦呢?

我越这样想，越觉得与萨冈彻辰老先生有某种神秘的缘分，进而越觉得他满腹经纶的伟大灵魂从某一高处正注视着我对他和《蒙古源流》的内心态度。于是，一种莫名的敬畏向我席卷而来，使我一下子对《蒙古源流》这部神奇的著作宗教般地虔诚起来……

二

虽然，学者们的研究给我分清了《蒙古源流》内容章节的轻重分量，我也做过精心研读明代部分内容的计划，但拿起书后就不想一下子翻过去了，总觉得在将要翻过去的文字中隐藏着什么，就像背着一袋东西却不知里面装的是什么一样不能释怀。不知这是我们人类好奇之心所致，还是与那个奇特的梦和延伸的联想有关，总是不忍心一字不读地翻过那么多的页码，直接跑到明朝时期的记述里进行阅读。万一在被我忽略的章节里有未被发现的珍贵信息，有学者们没有注意到的一些东西，那我不是白白地和《蒙古源流》打一回交道了吗?于是我一不做，二不休，索性从自己画下的那两条线的下方开始虔诚地阅读起了这部注满风云的著作。

萨冈彻辰老先生怀着对“满蒙同源论”的满腔怒气，将蒙古祖先的由来从北方大地切割到西南方向遥远的印度和吐蕃地区之后，将笔锋又拉回到了蒙古古代史充满坎坷与风雨的历史现场。从蒙古已知的最早祖先孛儿帖・赤那和他的妻子豁埃・马阑勒到大元王朝的建立，蒙古人大约经历了六百余年的风雨历史。其间，第一个具有路标意义的事情是这个民族调整自己与大地自然的关系，即调整自己的生存身份。据《蒙古秘史》等的记述，这个调整大约发生在孛儿帖·赤那之后九、十代子孙的身上。与《蒙古秘史》《史集》一样，萨冈彻辰老先生也注意到了这个事情，也和上述著作的作者一样详尽地记述了蕴含变化内情的一个故事。

书中写道：

一次，兄弟二人正走在不儿罕·合勒敦山上，哥哥都蛙·锁豁儿说："从都亦连·噶噜迪地方正有一群移牧的人向统格黎克小溪走来，其中一辆车里有一位美貌的姑娘。我们去看看她，说给你做媳妇吧。"两人去到跟前一打听，对方回答说："是火里·秃麻的豁里剌儿台·篾儿干之妻巴儿忽真·豁阿在阿里黑·兀孙之地生下的女儿，名叫阿阑·豁阿，正在寻选婆家。"于是都蛙·锁豁儿把她说给弟弟朵奔蔑儿干做了妻子。

她生下别勒古讷台、不古讷台两个儿子。朵奔蔑儿干去世了。后来，阿阑·豁阿哈屯每天夜里都梦见一个漂亮的男孩子模样的人来与她共寝，第二天天一亮便出门而去。她把这个梦讲给妯娌们听。久而久之，寡居着生下了不忽合塔吉、不合秃撒勒只和孛端察儿·蒙合黑三个儿子。

这些孩子长大后，一些心怀不良的人挑拨说："岂有妇人寡居生子之理？你们家中有个姓伯牙吾，名叫马阿里的人往来，该是他的孩子们吧。"别勒古讷台、不古讷台二人由此对母亲产生了怀疑。于是他们的母亲阿阑·豁阿分给五个儿子每人一支箭，说："折断它！"儿子们一折而断，扔在地上。母亲又把五支箭握成一束，说："把这个也折断一下！"五个儿子挨个儿去折，可谁也没能折断它。母亲这才说："我的两个大孩子，你们不该听信他人之言，对我产生怀疑。"接着把先前那个梦的缘由整个讲了一遍，然后说道："由此看来，你们那三个弟弟很像是天神之子。现在，如果你们五个人不和睦，各行其是，就会像前面那些单支箭一样，独自一个人就能把你们吃掉；如果共同行动，团结一心，就会像后面那束箭一样，即使是众人也战胜不了你们的。”从此五个儿子和睦相处。

在蒙古民族的历史记忆中，这是极其古老的一个故事。这则故事和接着发生的一些事情，是蒙古人从原来的狩猎人转为游牧人的最重要的记忆。在这个故事发生之前的历史记录中，蒙古人的猎人身份较为明显，而在这个故事发生以后的记录中，蒙古人俨然以策马扬鞭的牧人形象行走在历史舞台之上了。所以历史的记录者们都很重视这则故事，都会努力去做详尽的记述。写到此处，我屈指算了一下，这个故事发生的时间约距萨冈彻辰五百多年。自该故事被写入《蒙古秘史》也有三百余年的时间。从萨冈彻辰老先生记录的细节看，直到十七世纪中叶，蒙古的古代历史并非以文本形式流传，而是以民间记忆的形式一代代流传下来的。尽管十三世纪中叶时，蒙古人就写下了《蒙古秘史》这样的史书，但它正如史学家们所说被藏到了皇家密室，没有在民间得到广泛的流传。

于是，一个问题就不可避免地出现了，那就是民间记忆在日积月累中的变形。由于民间记忆的特点是口耳相传，所以上一代人向下一代人、这个人向那个人转传时，因记性的差异、理解的不同、表述能力的强弱和个人好恶因素的加入，都会使记忆的原型发生微妙的变化，久而久之，一些古老的记忆像被做了整容手术一样，会与原型拉开很大的距离。有的可能被添加出很多新细节，有的可能被减掉一些元素，而有的可能被转传到自己的反面。这就是民间记忆活态存在的自身规律。萨冈彻辰老先生记述的这则故事也毫无例外地被这一规律所影响，比《蒙古秘史》中的原型有了一些细微的变化。其变化就是：在《蒙古秘史》的原型中，蒙古圣母阿阑·豁阿寡居生子的原因是“每到深夜有一发光之人从天窗飞进屋内抚摸腹部，其光透入腹内”，而转传到萨冈彻辰老先生的时代时，那个“发光之人”就变成了“漂亮的男孩子模样的人”。这种变化，一方面为我们印证了民间记忆在转传中的流变规律，另一方面我们也看到了蒙古人原有的“祖先天生”的认识向人间认同的心灵变化。

也许吧，萨冈彻辰老先生正因为记录了这样一些正在流变中的民间记忆，与历史的文本记录产生了一些差距，所以学者们就给出了元末之前的内容“使用价值不大”的结论，也导致我险些忽略了这些内容。

学者们认为，《蒙古源流》所记录的元末之前的内容之所以“使用的价值不大”，原因是“间接或直接源自后世的民间传说”。学者们令人钦佩之处，就是他们目光的犀利。的确，在知道了民间记忆流变性规律之后，我们很难用后代的记忆绘制出古代历史的本来脚印。但我们也应该看到，流变的脚步未被制止的民间记忆也不是全无意义，而在有原型记录的前提下，它可以向我们揭示人类在时代变迁中的价值趋向选择的倾斜度。

真是有趣至极，在《蒙古源流》被认为“使用价值不大”的部分里，我幸运地找到了一个潜伏多时的价值角度，找到了深入阅读这部分内容的兴趣和动力。于是，我就像行走在雪地里的一个猎人紧盯猎物在地上留下的脚印一样，开始从那些“使用价值不大”的文字中寻找民间记忆变形发展的有趣案例……

三

正确的选择是通向收获的捷径。我寻找变形记忆的选择看来是对了，很快我从《蒙古源流》那些“被赋闲”的文字中发现了一个接一个变形了的历史记忆。有的让人哭笑不得，有的让人引发深思，有的则让人体会到世代民心用力的方向。

我很快找到的又一个变形记忆是关于铁木真，也就是关于成吉思汗少年时期一件事情的记述。《蒙古源流》以上述文字记述蒙古圣母阿阑·豁阿寡居生子的故事，并呈现出蒙古人生成团结理念的发源地之后，按着蒙古史的发展脉络进行顶层化的记录，也就是说，紧紧抓住由阿阑·豁阿感光所生的儿子及其后代生成的黄金家族这一长期主导过蒙古民族发展方向的权力家族这个主线，专门记录了他们每代人身上发生的重大事情。当记录到失去父亲的铁木真在母亲的呵护下在艰辛中成长的情况时写下了这样一些文字：

> ……后来，泰赤兀的军队来了，突然包围起来。说到“不伤害你们其他人，把铁木真交出来！”铁木真听见这话，正要搭箭往出走，被母亲拽住悄悄送出去，钻进了斡难河的密林中。泰赤兀人发现后，把守了铁木真走进密林的道口。过了三夜，铁木真正要出去，只见马的肚带和后鞧仍还系着，但鞍子却脱落了。他想：“这个肚带松开也就松开了，可是这后鞧怎么也脱掉了？看来是父亲在从天上劝阻我。”又过了三天，再次准备出去时，又见一块大石头堵住了出去的路。他想：“先前并没有这块石头，想必又是我的天父在劝阻吧？”又住了三天。这样过了九天之后，铁木真心想：“现在听天由命吧！”就从密林中走了出来。原来泰赤兀人仍在那里把守着。他们立即抓走了他，给他戴上铁链、铁镣，轮流在各家看管。
>
> 在仲夏月十五日那天，泰赤兀人举行盛宴欢饮。夜幕降临时，铁木真挣断脚镣，用铁链击倒看守，逃了出去。当泰赤兀人四处搜寻时，他藏进斡难河的溜道中仰面躺着。逊都思的锁儿罕·失剌看见了，心想：“他从前曾对我的赤老温、沉白两个儿子很好。”就说：“好男儿，你躺在这儿是对的，我到林子中去搜。”然后走开了。
>
> 到了深夜，铁木真心想：“他是一个好心肠的人。”便来到锁儿罕·失剌家中，锁儿罕·失剌的两个儿子赤剌温和沉白说：
>
> 草丛尚能遮护钻来的雀儿
> 对来求援的上天后裔孛儿只斤
> 若不真心照料，好生怜悯

我们虽有黄金又有何用！

说着，用斧子砸开他的铁链，把他藏进了装羊毛的车里坐着。

第二天，泰赤兀人挨家搜寻，来到锁儿罕·失剌家搜查。正要搜查那羊毛车，铁儿罕·失刺的女儿温良的合答安哭着说："为什么为了外人，大热天折腾自己子弟？"他的妻子也气冲冲地说："这么热的夏天，羊毛车里怎么能藏人？你们为什么怀疑自己人？"她上前阻止，那些人就撤回去了。

事后，锁儿罕·失刺说："铁木真这孩子，你差一点把我们一家断送了。"然后解下白骒马的右镫，送给他骑，杀了一只吃两只羊奶的羊羔给他做干粮，让他返回家去。铁木真回到家中，与母亲、弟弟们团聚，全家欢喜。

故事读到这里，我突然想到了十四世纪波斯史学家反复提醒我们的一件事。他在所著通史著作《史集》中明确地告诉过我们，在创制文字之前，蒙古人是以一代传一代的方式把历史流传下来的。根据这一提醒，我从这则故事的讲述特点中又窥见了一个秘密。那就是：即便有了文字，也有了官方编修的史书，但因官方编修的史书深藏于皇家密室，所以蒙古的历史仍是按两条河的形式向后代流传下来的。萨冈彻辰老先生在《蒙古源流》中记录的这个故事应该就是以民间记忆的那个河道流传下来的。就像我前面所分析，民间记忆是有流变性的。这则故事从发生时的原型，流传了四百多年后，已经有了明显的整容痕迹。被整容的第一个痕迹就是故事的过程被简单化了；第二个痕迹是铁木真对不明原因的认知，从原型中的"上天"流变成了"父亲在天之灵"与"上天"融合成的一体；第三个痕迹是时间等一些元素发生了变化。也许，这就是民间记忆所特有的局限和魅力。

为看清民间记忆流变的幅度，我特意翻开《蒙古秘史》看了看这则故事的历史原型。原来事情是这样的：

泰赤兀人歹念又起，认为诃额仑的孩子们已经长大，该去打击了，便组织人马奔袭而来。惊恐有余的诃额仑带着孩子们躲进了山林。别勒古台折来树木做成了栅栏，合撒儿与泰赤兀人对射着，将合赤温、帖木格、帖木仑隐藏到了山谷中。泰赤兀人边追边喊:“交出铁木真来，别的人都不要。”听到此话，他们便让铁木真向密林深处逃去。泰赤兀人紧追不舍，铁木真急忙钻进了高山密林。泰赤兀人未能穿入林中，无奈之下包围了密林，在四周看守着。

铁木真在密林里匿避了三昼夜。当他欲要走出密林，牵马前行时马鞍突然脱落了。回头一看，攀胸、肚带依然系着，鞍子却落到了地上。

“虽然肚带可以脱落，但系着攀胸的鞍子怎么会脱落呢?莫非上天阻止我出去?！”铁木真又匿避了三天。当他再度要出去时，一块大如帐房的巨石挡住了去路。“莫非是上天的暗示?”铁木真回到原处又待了三天。连续九天粒米未进的铁木真再也无力坚持，心想:如此默默地死去，还不如出去的好!便用刀子砍出一条绕过巨石的路，牵着马儿走了出去。他一走出密林即被泰赤兀人抓去了。

塔儿忽台将抓去的铁木真惩治一番后交给属下百姓轮流看管。入夏首月十六日，晴空灿烂，这天泰赤兀人欢宴于斡难河之岸，直到落日时才散去。宴间，他们把铁木真交给一个弱童看守。宴散人去后，铁木真用手上的枷锁击倒看守，跑进斡难河边的树林里藏了起来。后又怕被发现，便跳进一处水潭躺了下去，只把脸露出了水面。

“被抓的人跑了！”看守苏醒后惊叫起来。闻声，散去的泰赤兀人又聚拢了过来，在明亮的月光下向斡难河边树林搜去。此间，速勒都孙的锁儿罕·失剌正要过水潭时看见了仰面而卧的铁木真，便说:“水不留痕，天不留迹，你这般躺着很对。正因为你有这样的智谋，且又目光炯炯，灵光满面，所以，泰赤兀人才如此妒害你呀！就这样躺着吧，我不会告发你。”说完便走了过去。泰赤兀人商量接下来搜寻的办法，锁儿罕·失剌说:“咱回头循着各自的来路及周围再搜查一遍吧！”众人听罢，齐声同意，便循着各自的来路寻查而去。原路返回的锁儿罕·失剌从铁木真身边经过时勉励道:“泰赤兀兄弟正咬牙切齿地找你，你就这样躺着，一定要坚持住！”

没有找到铁木真，泰赤兀人又商议再行搜查的办法。锁儿罕·失剌说:“咱这些泰赤兀后人，光天化日之下都没能把人看住，在这黑灯瞎火的夜里还能找得到吗？我们还是循着原路再搜一遍，然后回家，明日集中再搜寻吧，他一个戴着枷锁的人能跑到哪里去？”众人觉得有理，便纷纷返回原路去寻找。

锁儿罕·失剌又到铁木真跟前，提醒道:“搜过这遍后，我们就回家了，决定明天再来搜查。待我们散去后，赶紧去找你的母亲和弟弟们。如果遇到别人，不要说我见过你。”待他们散去后，铁木真心想：前几日他们让我轮帐住宿。轮到锁儿罕·失剌帐房时，他的两个儿子沉白、赤剌温不仅同情我，睡觉时还给我卸去了手上的枷锁。现在锁儿罕·失剌又发现我而未去告发。由此看来，他们也许会救我！于是，铁木真朝着斡难河边向锁儿罕·失剌家里直奔而去。

锁儿罕·失剌家与众不同的特点是彻夜不停地调制奶食。铁木真根据这一记忆，循着捣奶时发出的声响，找到了锁儿罕·失剌家。“不是让你去找你的母亲和弟弟们吗？怎么到这里来了！”锁儿罕·失剌很是惊怵。可沉白、赤剌温却不以为然，“被老鹰追袭的小鸟如果躲进树丛，树丛会护救小鸟的。如今人家投奔我们来了，怎能说这样的话呢！”他们一边埋怨父亲，一边砸下铁木真手上的枷锁。然后把他推进装羊毛的小推车里。并派他们的妹妹合答安收拾好羊毛车，还跟她说：“不得告诉他人。”

一个戴着枷锁的人能跑到哪里去呢？第三天时，泰赤兀人疑惑起来：“莫非我们的人把他藏起来了？搜查一下营内各户人家！”于是，开始搜查营内各户。搜到锁儿罕·失剌家，翻箱倒柜，床铺上下找完之后，又走到后院羊毛车旁。当掏出口子上的羊毛，铁木真的脚尖就要露出来的一刹那，锁儿罕·失剌大声说道：“天气如此酷热，活人能在羊毛堆里待得住吗？”众人听罢觉得有道理，便跳下羊毛车，搜查下一户人家去了。

待搜查者走远之后，锁儿罕·失剌对铁木真说：“你险些毁了我的家呀！这就找你的母亲和弟弟们去吧。”他让铁木真骑上自家的一匹白马，带上羔羊熟肉后，又给他带了一张弓、两支箭，便急匆匆送他上了路。

铁木真离开锁儿罕·失剌家，来到曾用篱笆围过的旧营地后，再循着草丛中的车辙，逆斡难河而上，走到了潺潺东流的乞沐儿合溪边。从乞沐儿合溪边又逆行至别迭儿山嘴的豁儿出恢小山时，遇见了母亲和弟弟们。……

看吧，这就是《蒙古源流》那则故事的原型，这个原型被记录在公元十三世纪四十年代成书的《蒙古秘史》里。而《蒙古秘史》的这个记录也距故事的发生有五十余年的时间。在事情发生的那一天或那段时间里，不论再有怎样的惊险，不论再有怎样曲折的情节，不论在事情的整个过程中少年的成吉思汗还经历过怎样的折磨和凌辱，在过了五十多年后，在写入《蒙古秘史》时，人们记忆中留存的就这么多了。可是，由于《蒙古秘史》被深藏宫廷密室，没有在民间得到广泛的刊行，所以，本来可以终止的记忆流变没有得到终止。于是，祖先的经历仍以民间记忆的形式流传，时过四百多年之后就变成了这样一个被剪辑了的简短的故事。从这里我们可以看出简单化、要素化是民间历史记忆变形发展的基本规律!

人们常说，历史是不能假设的。但是没有假设，我们也许看不清楚一些事情的重要性和价值所在。所以，我在这里必须做一个假设：假如，当年成吉思汗没有创制文字，他的儿子窝阔台没有组织人马编纂《蒙古秘史》这部史书，留存在民间的这些记忆也会为我们保留很多那个时候的重要信息。应该说，这就是民间记忆对我们的意义与价值所在。

四

很快，我又找到一个较为重要的变形记忆。萨冈彻辰老先生用民间记忆一步步记录着成吉思汗艰辛成长的经历，在记录成吉思汗于一一八九年被推举为蒙古可汗时，写道：

> 己酉年，那罕王之子铁木真在客鲁涟河畔的阔迭兀岛登上可汗位，当时他二十八岁。在即位前三天的清晨，曾有一只类似云雀的五色鸟落在帐房前一块四方石头上，“成吉思！”“成吉思！”地啼叫。由此，“速都·博格达·成吉思可汗”的英名响彻四方。
>
> 却说那块石头突然自行裂开，里面现出称为“玉宝”的一方玉印，长宽一拃见方，背面有双龙盘龟的图案，好像雕出的一般，那印不多不少可钤盖一千张纸。随后立即在斡难河源头树起了九斿白纛，派人到迭里温·孛勒答黑的地方树起了四斿黑灵旄，就此铁木真做了四十万巴塔人众的君主。主上降旨说：
>
> “当我艰辛奔波打拼的时候，
> 与我同甘共苦竭力效劳的，
> 我这些有如水晶珍宝般的巴塔人众，

历尽千辛万苦，成了天下的中坚。

应当叫作众民之首‘阔客蒙古’。

自降旨后，国名就称为‘阔客蒙古国’。……”

乍一看，这像是发生在一天里的故事。其实不然，从一一八九年，铁木真被推举为成吉思汗到一二〇六年成吉思汗在斡难河源头树起九斿白纛，宣布建立“大蒙古国”，整整经历了血雨腥风十七年多的时间。可民间记忆就将它简化成了这样一个简短的故事。而且在简化的过程中又深深打上了历史变迁的文化烙印。当初，成吉思汗被推举为蒙古可汗，一二〇六年成为毡房百姓最高君主，并宣布建立“大蒙古国”时根本没有神鸟啼叫、宝印石出的记录。而四百余年之后的民间历史记忆中这些令人感叹的神奇现象则一一地出现了。这是为什么呢？应该怎样去理解和解释呢？这是历史真实的还原吗？可以肯定地说绝对不是；那么这是毫无价值的瞎诌吗？也应该不是；确切地说，这就是那场惊天动地的历史故事在四百多年的转传下，不断被简化、不断被浓缩、不断被蒙太奇的结果。更是曾经笃信长生天与萨满教的蒙古人在元明两朝四百多年的时间里，一步步地接触、接受君权神授、天子地养等汉文化和佛教文化思想的结果。否则，那个“成吉思，成吉思”啼叫的五色神鸟和自行开裂吐出宝印的神秘方石，永远不可能跻身到历史的那些事情里。可是，民间记忆的神奇就在于此，它不仅能把驴嘴与马头对接到一起，而且在接下去的岁月中还能不断地影响人们对历史的认识。比如这段描述对“成吉思”一词来源的记录，后来就成了蒙古人向他人解答“成吉思”一词历史来源的依据。民间的历史记忆真是一个光阴一体的神奇存在呀！我们热衷于田野调查的学者们，在对待至今流传在民间的故事或传说时真该加倍地谨慎才是！

成吉思汗在人间生活的六十六年时间里，天赐所得的手足亲情是五个弟弟、一个妹妹。其中，叫别克帖儿和别勒古台的两个弟弟是同父异母所生。在五个弟弟和一个妹妹中，同父异母的别勒古台和同父同母的合撒儿对成吉思汗创就绝世伟业贡献最大。这二人各怀绝技，有成事一方的能力和各不相同的性格特点，在统一蒙古、整合北方、建立“大蒙古国”的过程中，曾因工作失误和随性办事受到过成吉思汗的批评与处罚。但作为领袖，成吉思汗在很好地维持兄弟情谊的同时，在政治权力的层面上又对他们进行了合理的管控。由于在日积月累的漫长时间里，成吉思汗的形象越来越被打造得高大无比、光辉无比、神圣无比，于是，他伴臣们的形象就一步步地被演化成了拔高成吉思汗形象的工具了。萨冈彻辰老先生为我们记录了两个这方面的典型案例。

其中，第一个案例这样写道：

却说合撒儿大王和七晃豁坛人合成一伙反出去了。主上派速不台·巴图儿率兵追赶，降旨说：

“我的大臣们，
像马额上的白星，
像冠帽上的穗缨，
像横帘一般紧密，
像磐石一般坚固。

我的士兵们，
合围时有如困城，
并列时有如芦丛。
你们听着！

在嬉笑之事中，
要像小牛那样洒脱；
在突袭之事中，
要像兔鹘那样勇猛；

在玩耍之事中，
要像蚊蝇那样摸索而进；
在征战之事上，
要像鹰鹘那样勇猛冲击！”

速不台·巴图儿禀奏说：
“我将尽力向前，
成败与否还托主上威福保佑。
我将谨慎追赶，
顺利成事还托主上威福保佑。”

随即出发。速不台·巴图儿追赶上来，向合撒儿大王禀告说：“常言道，
脱离自家骨肉，
便被他人吞食；
自家亲人反目，
便被人抓获。

众民可以收集，
骨肉不能获取；
部曲可以收集，
兄弟不能获取。”
合撒儿大王觉得有道理，于是返回来与主上相聚了。

故事简单，又枯燥。没有原因，也没有理由，人就反出去了。同样，也没有说法，没有结果，人就回来了。但夹杂着创作在内的民间记忆就是这样不讲道理，能把牵强的东西说成合理的东西。探究历史的原本，合撒儿根本没有与通天巫阔阔出为首的晃豁坛氏七兄弟同伙过，也

没有因某个原因背叛过成吉思汗。据《蒙古秘史》的记载，合撒儿曾埋怨过一次成吉思汗。那是因为，合撒儿遭晃豁坛七兄弟暴打后向成吉思汗告发。当时，成吉思汗恰好因它事生气，就没有给合撒儿好脸色，因此合撒儿很是伤心、埋怨，一连三天没来见成吉思汗。可是民间记忆就有这样的流变性，流变的结果是成吉思汗越发地神圣，而其他人就成了可随意摆布的小棋子。

同样的案例还有一个，比上述这个还要玄乎。萨冈彻辰老先生这样记录道：

> ……合撒儿和别勒古台二人相伴，傲慢地说："这主上无道而治，乱施暴虐，他靠合撒儿的射技、别勒古台的膂力，才制伏了外族，绥服了强暴。如今要征讨五色人众，除我们二人外又有谁能出力！"主上察知后，心想得把年轻人的傲气暗中压下去，于是变成一个卑贱的老翁，挨家叫卖一张长角弓。合撒儿、别勒古台两人遇上，过来一看，讥笑说："哎，老头儿！你这张弓除了当射鼹鼠的弓子用之外，还能做什么？"老翁说："你们两个年轻人怎么没试试就小看它呢？试了就会明白的。"听了这话，合撒儿、别勒古台仍然嘲笑不止。别勒古台上弓弦时却气力不支，老翁给扣上了弓弦，合撒儿接过去却拉不开弓。这时，只见那老翁变作一个身骑青线脸骡子的白发老人，在那张长角弓上搭上金哨箭，一箭射裂了一座山峰，然后说："哎，两个年轻人！常言说'越说大话就越丢人'，你们还不是败在快要死去的老翁的手中了吗?！"老翁离去后，合撒儿、别勒古台二人议论说："这不是凡人，该不是主上的一个化身？"从那以后，他们心中生畏，不敢乱来。

真是不可思议，离开人间四百多年之后，靠智慧和谋略、靠勇气和魄力成就了天下霸业的成吉思汗竟成了堪比孙悟空变身有术的魔法大师，而助他臂膀之力的合撒儿、别勒古台却成了神仙化成吉思汗必不可少的小丑。虽然，这不符合真实的历史，但带着创作前行的民间历史记忆就是这样的无情和可怕！

五

读着萨冈彻辰老先生记录下的这些珍贵的民间历史记忆，这应该就是一种口述史。有意思的是，在这种口述史中，虽然充满着个人的色彩、时代变迁中的异化和一代代人添加的创作，但在没有正史广泛传播的前提下，它就会被看成是历史，被认为是可靠的，进而会影响人们的认识和行为。比如，萨冈彻辰老先生记录下的一些民间记忆竟对蒙古人的历史认知产生过重大而长期的影响。下面例举的这个故事较为长一点，但它曾深深影响过蒙古人的两种认知和一种行为。

这个带有魔幻的故事，应该是根据成吉思汗征灭西夏的历史编创出来的，有意思的是，那样一个生死拼杀的征战竟变了这样一个有趣的故事：

> ……主上降旨说："一来，从前我曾经立过誓；二来，现在只剩唐兀惕人还没有收服。"据说唐兀惕的失都儿忽皇帝的黑鼻长毛黄狗能够晓解预兆，因此圣明主上请出九斿白纛树了起来，三年间几次试探着发兵又收兵。那条狗如果叫得安宁、平静，就意味着没有敌情；如果长嗥，就意味有敌情。那狗预感到主上将要出征，长嗥了三年。失都儿忽皇帝说："我的狗老了，预兆不灵了。"因此放松了戒备。
>
> 丁亥年三月十八日，主上出征唐兀惕国。途中，在杭海山打猎时，主上以神机降旨说："将会有一只惨白色的母鹿和一只苍灰色的狼进到这猎围中央。把它们放出去，不许杀害！还会进来一个骑灰青马的黑脸人，把他活捉来！"于是，遵令把被

围进来的苍灰色的狼和惨白色的母鹿放了出去，把黑脸人捉住后带到了主上面前。主上问:“你是谁的人？来干什么？”那黑脸人说:“我是失都儿忽皇帝的人，失都儿忽皇帝派我来做哨探。

全唐兀惕中不曾输过的，
名叫哈喇·孛东的就是我，
莫非我的黑头该要落地了？
眼睁睁地就让人捉住了。

任何走兽不曾追及的，
人称‘善驰钢蹄’的青色马，
莫非四只蹄子瘫在地上了？
动也没有就让我捉住了。”

主上降旨说:“真是条好汉！”就没有杀他。主上又问:“听说你们的皇帝很神通，会变身，他能怎样变身？”黑脸人回答说:“我们的皇帝清晨可变作黑花蛇，白天可变作斑斓大虎，晚上可变作黄白小孩儿，不会让人抓得到。”

却说，行军途中，孛斡勒·别臣向主上禀报说:“您的弟弟合撒儿在喝酒的时候摸过忽阑夫人的手。”于是，主上派孛斡勒·别臣去向合撒儿索要大皂雕的羽翎。合撒儿说:“虽然说你是全民之主，但是需要大皂雕羽翎的时候还是得我。”便交给了大皂雕的羽翎。孛斡勒·别臣说是陈年旧货，没有接受就回去了。主上又派孛斡勒·别臣前去命令合撒儿:“杀一只宾鸿鸟献来！”合撒儿看见宾鸿鸟飞着，问孛斡勒·别臣:“要射哪个位置？”孛斡勒·别臣回答说:“要射黑、黄两色之间的位置。”合撒儿于是射断宾鸿鸟的尖嘴交给他，孛斡勒·别臣却说:“本来说要献给大可汗真正的大皂雕羽翎，可这不是，这是宾鸿鸟，而且还沾上了血。”他又不肯接受，回去了。为此，主上非常生气。看到母纳山，主上说:“此地

国亡时可在这里避居
国安时可在这里放牧
饥饿的鹿可在这里吃饭
年老的人可在这里休息。”

正在这时，一只猫头鹰在树梢上叫了起来，主上心中犯疑，说：“合撒儿，射死这不祥的东西！”合撒儿一射，那猫头鹰起身飞去，空处恰好飞进来一只喜鹊，就被杀死了。主上呵斥合撒儿说：“从前吧，你要和晃豁坛七兄弟合在一起作乱；那天吧，向你索要大皂雕羽翎的时候，你又舍不得给；现在吧，让你射死那出声不祥的猫头鹰，却射死了报喜的喜鹊！”于是，令人捆起合撒儿，交给四个人看守。月儿鲁那颜禀奏说：“我的主上啊，常言说，好事常被坏事干扰，贤人的名德常被小人的罪过玷污。不祥的猫头鹰晦气，累及了报喜的喜鹊。请赦免您的弟弟合撒儿吧！”主上正要恩准，可是又想起先前他人的谗言，就没有放合撒儿。

却说，大军进到唐兀惕地界，把朵儿篾该城合围三层而攻打。人称咒者“哈喇·抗噶”的唐兀惕老妪，登上城楼，不停地挥动黑旗，口念咒语，主上的士兵和战马一片一片地倒下。速不台·巴图儿为此向主上禀奏说：“我主！大军中士兵和战马就要死光了。现在放了合撒儿，让他来射死那个老妪。”主上恩准，让合撒儿骑上主上的黑鬃黄骠快马赶来射箭，合撒儿大王一箭射裂了那个老妪的膝盖接缝处，她摔下来死了。却说，当失都儿忽皇帝变作花蛇的时候，主上就变作禽中之王大鹏；当失都儿忽皇帝变作老虎的时候，主上就变作兽中之王狮子；当失都儿忽皇帝变作小孩的时候，主上就变作天神之王上帝。失都儿忽皇帝不得已束手就擒。失都儿忽皇帝说：“如果处死我，将对你自身有害；如果赦免我，将对你的后代有害。”主上说：“对我自身倒不要紧，但愿我的后代平安！”于是，用箭射，用刀砍，用剑刺，可就是刀箭不入。失都儿忽皇帝这时说：“你用其他刀剑砍杀不了我。我这靴底里有三折的密昔儿钢刀，用那刀来砍我就行。”取出那把钢刀的时候，失都儿忽皇帝又说：“现在你就要杀死我，如果从我身上流出奶汁，就会对你自身有害；如果流出鲜血，就会对你的后代有害。还有，如果你要娶我的古儿别勒只·豁阿，应当仔细搜查她的全身！”用那把密昔儿钢刀砍断失都儿忽皇帝的脖颈时，从他的伤口处流出了奶汁。就这样杀死了失都儿忽皇帝。主上纳了他的古儿别勒只·豁阿皇后，收服了人称“米纳黑”的唐兀惕国。众臣商议说：“就在那阿勒塔哈纳山山阳、哈剌木连河岸驻夏吧。”

却说，众人都惊叹古儿别勒只·豁阿皇后的美貌，古儿别勒只·豁阿却说：“我的容颜从前比这更美丽，现在蒙上你们军队的征尘，容颜已经减色。如果在水里洗浴下，就可以恢复从前那样的光彩。”主上说：“那么，你就按自己的讲究去洗浴吧。”古儿别勒只·豁阿说：“我要到河边去入浴。”她去到河边，看见父亲喂养使唤的一只称作“家鸟”的小鸟在空中盘旋着飞来，就把它捉住了。然后说：“有你们这么多的人陪从，我感到害羞，你们大家待在这里，我要一个人去洗。”说完去到河边，写下“我将要落入这条哈剌木连河而死。不要顺流去找我的遗骨，要逆流去寻找”的字条，系在那只鸟的脖子上，放它回去。洗浴之后回来一看，她的容貌果然更加艳丽，夜里入寝之后，她加害主上的御体，主上因此身上感到不适，古儿别勒只·豁阿皇后乘机起身离去，跳进哈剌木连河身亡。从那以后直到现在，哈剌木连河就被叫作“哈屯·额客河”了。

却说，古儿别勒只·豁阿在汉地亦儿该城中的父亲，姓吴，人称“薛禅王爷”，他按着女儿的话前来寻找她的遗骨，可是没有找到，只找到她的一只珍珠镶边的袜子。由于每人在那只袜子上埋上一锹土，就形成了名叫“铁木儿·兀勒忽”的小山包。

却说，主上的病情加重，弥留之际降旨说：

“我的姻缘有素的贤明孛儿贴·兀真哈屯，
我的融为一体的忽阑、也遂、也速干三哈屯，
我的终生相伴的俊杰博斡儿出那颜，
我的鼎力相助的九月儿鲁伴当们！

我的铁石般的四个弟弟，
我的骏马般的四个儿子，
我的磐石般的众臣那颜，
我的仓廪般的泱泱大国！

我的玉宇大统，
我的哈屯子嗣，
我的纭纭臣民，
我可惜的土地！”

说完就要昏迷过去，这时苏尼特人吉鲁干·巴图儿禀奏说：

“您心爱的贤明的勃儿贴·兀真哈屯将要逝去，
您的玉宇金廷将要散乱，
您的合撒儿、别勒古台两个弟弟将要悲伤沮丧，
您的众多臣民将要四散他方。

您自小结缘的贤明的勃儿贴·兀真哈屯将要逝去，
您高崇隆盛的政权将要凋谢零落，
您的窝阔台、拖雷两个儿子将变得孤苦无恃，
您苦心收集的属众将要失去主人。

您巧结良缘的贤明的勃儿贴·兀真哈屯将要逝去，

您的斡惕赤斤、合赤温两个弟弟将要悲伤沮丧，

您广为收置、失之可惜的民众将要离散，

您出类拔萃的博尔术、木华黎两个将要凄怆悲伤。

沿着那杭海山的山阴行进，

您的众哈屯、儿孙将悲号来迎。

我们不知合罕圣主您去向何方，

我的主上，飞翔驾临。”

主上向上欠起身子，降旨说：

“对我寡孀勃儿贴·兀真聪慧的哈屯，

对我孤儿窝阔台、拖雷两人，

你们要真心诚意地始终与之相伴，

毫不动摇地永远为之效力！

玉石不生毛皮，

坚铁没有脓汁，

可惜此身不可能永生，

你们须勇往直前自强不息。

奋力做成事业的精华，

恪守诺言需坚实心地；

你们做事要谨慎寡欲，要与众合顺！

我的此身真要逝去了。

忽必烈孩儿出言不凡，

你们大家要按他的话行事!

到时候，他会像我在世那样

使百姓享福。你们不必愁。”

于是，于丁亥年七月十二日，主上在朵儿篾该城驾崩，享年六十六岁。

却说，众臣辇舆载着主上的遗体起程，全体属众挥泪随行。苏尼特人吉鲁干·巴图儿哭颂说:

“您像黄鹰一样飞去了吗?我的主上啊!

您竟成为辚辚舆车的载荷而去了吗?我的主上啊!

您果真撇下后妃子嗣而去了吗?我的主上啊!

您果真抛下属众臣民而去了吗?我的主上啊!

您像啼啼的鸦鹘消失了吗?我的主上啊!

您像颤动的嫩草飘走了吗?我的主上啊!

您为使九色人众幸福安乐，

而在六十六岁升天逝去了吗?我的主上啊!”

辇舆行进之间，来到了母纳山的松软沼地，突然舆车的车毂陷进泥中一动不动了。挽上五色人众的骏马驾车，也没能拉动。全体人众正在犯愁，苏尼特人吉鲁干·巴图儿又禀奏说:

“受命于永恒苍天而降生的

我人中之狮天赐圣主啊，

抛下您全体臣民，

回到天境去了。

您结缘的各位后妃，

您建立的升平皇庭，

您肇始地缔造的法令典章，
您的万千臣民，都在那边。

您爱恋着结缘的哈屯，
您金碧辉煌的殿帐，
您奠定的神圣皇庭，
您收聚的臣民，都在那边。

您出生之地和浴身圣水，
您繁茂生长的蒙古臣民，
您众多的官员和臣僚，
您的斡难河迭里温·盘陀故乡，都在那边。

您的枣骝马鬃制成的神纛，
您的鼓、钹、号角以及笛箫，
您的收聚了世间万物的金帐，
您在客鲁涟河阔得·阿兰勒即位的地方，都在那边。

您功成之前结成姻缘的贤明的孛儿贴·兀真哈屯，
您的不儿哈图山、吉祥辽阔的营地，
您的博尔术、木华黎两位重要的伴当，
您的完美无缺地建立的宪章制度，都在那边。

您的靠神力结成姻缘的忽阑哈屯，
您的胡琴、胡笳等各种美乐，
您美丽的也遂、也速干二哈屯，
您总揽万物的黄金殿帐，都在那边。

莫非以哈喇兀纳山更温暖，
莫非以外邦唐兀惕人多势重，
莫非以皇后古儿别勒只貌美，
果真抛弃了故国蒙古吗？我的主上啊！

虽然未能保住您的金贵生命，
但送回您美玉般的明净遗体，
与您孛儿贴·兀真哈屯相见，
让您的全体国众意愿满足。”

禀奏到此处，主上开恩，大灵车才辚辚作响动了起来。全体臣民莫不欢欣，一直护送到称为罕·也客·哈札儿的地方。

却说，各后妃、诸王子们，以及众人一齐放声痛哭。由于请不出主上的金体，绝望之中，只好修建了永久的陵墓，在那里建起了普天供奉的“八白帐”。据说，主上的金体安葬在阿勒台山山阴、肯特山山阳的“也客·斡帖克”地方。……

萨冈彻辰老先生记述的这个故事这样结束了。从《蒙古秘史》的记录看，这是自一二二六年秋到一二二七年八月间发生的成吉思汗征灭西夏并在今甘肃清水县逝世的重大历史事件。我们从《蒙古秘史》和《史集》等史书中阅读此一历史过程时，没有读到这则故事中所讲到的如此之多的魔幻神秘和不可思议。成吉思汗征灭西夏的过程是复杂的、艰苦的，尤其是成吉思汗的逝世与安葬充满着种种的神秘。但它能够变成这样一则神奇无比的寓言故事，我们不得不钦佩百姓的纵横想象力、故事编创力和文化创造力。这则寓言式的故事，肯定不是萨冈彻辰老先生的杜撰，而应该是老先生他忠实地记录了当时流传的这样一个民间历史记忆。

因为，民间记忆植根于民间，具有很强的强迫力，所以极易影响后代民间的认知和行为。这则寓言式的故事就是这样。因为，在故事中说到，成吉思汗看到母纳山后说“此地／国亡时可在这里避居／国安时可在这里放牧／饥饿的鹿可在这里吃饱／年老的人可在这里休息”的话，尤其说到了成吉思汗的灵车在母纳山下的沼泽地里深陷不动的细节，后代人就把它当成了成吉思汗陵在鄂尔多斯出现的历史依据。不仅民间深信不疑，也导致一些学者提出了成吉思汗陵就在内蒙古的论断。这是这则故事影响后代认知的一个方面。

另一个就是关于成吉思汗遗体安葬的地方。

距成吉思汗逝世几十年时间的《蒙古秘史》没有提供这方面的信息，八十多年后写成的《史集》说，成吉思汗的遗体安葬在“以前被他指定为大禁地的地方”，而四百多年后的《蒙古源流》却说：“安葬在阿勒台山山阴、肯特山山阳的‘也客·斡贴克’地方”，由此也让后代的很多人，包括一些史学研究的专家不断地向那个方向深情翘望，不断撰写成吉思汗陵墓就在那里的论文。

以上是这则故事对认知方面的影响，而故事中塑造的杜十娘般美丽的那个古儿别勒只·豁阿则长时间地影响过蒙古人的一种历史行为。也许，故事中的古儿别勒只·豁阿太美丽动人了，她那坚守气节的举动太感人了，后代蒙古人就把她当成真实的历史人物，为她设置灵位，在成吉思汗陵宫里奉祀了好长一段时间。直到蒙古史的研究深入起来，探明她为虚拟形象之后才把她从成陵中请了出去。除上述影响之外，这则故事因为写有“将会有一只惨白色的母鹿和一只苍灰色的狼进到这围猎中来。把它们放出去，不许杀害”的句子，也给狼图腾论点者提供了可喜的历史依据。可惜的是，这些学者拿它说事时，可能没有注意到该信息的民间记忆性质！

原来，我们人类一直别无选择地生活在昨天的故事之中，尽管这些故事怪异、荒诞，甚至有些不靠谱。但这是我们人类生命限度所决定的。因为未来是不可预设的，所以我们对记忆有极大的依赖性。由此而来，昨天的记忆不仅成了我们心灵的牧场，更是成了我们精神的拐杖。可是这个牧场，这个拐杖有点不靠谱，也有不断地流变性，容易使我们的认知和行为出现错乱。那么，我们应该怎样制止它的流变，怎样将它的迷惑不再扩散呢？那就是，及时将它记录下来，将它固定在历史时间的那面墙上！

如果，萨冈彻辰老先生没有把这些流变未止的民间历史记忆记录下来，真不知它们现在已流变成了怎样的模样，更不知会怎样影响当今我们的认知和行为！

第六章 倾听一个王朝

一

萨冈彻辰老先生用民间历史记忆和自己的历史感悟，将蒙古祖先的历史行程记述到了元朝的前夕。之前的历史，对他来说较为遥远，所以，在没有可靠史料的支持下，他只好用一个接一个的蒙古民间特有的历史记忆纪念远去的那些年代。而在成吉思汗大蒙古国基础上建造起来的大元王朝则是老先生亲身生活过的那个朝代。虽然，元朝之初的年月仍距老先生很远，也没有相关的史料记录流传到他手中，但作为朝代里生活过的人，他能够倾听到那个朝代或近或远、或重或轻的脚步声。因为，相隔时间不同，他所倾听到的这个脚步声会比远古祖先和成吉思汗时代的脚步声清晰一些、具体一些。而且，这个脚步声会像萨满舞场的声声击鼓，令老先生心潮澎湃、热泪盈眶。因为，他从一个接一个的民间记忆中，将蒙古人的历史从远古倾听到了成吉思汗时代的结束。接下来，他祖先们浴血奋斗的事业，就要大放异彩了，老先生那白色哈达般长长的胡须怎能不像旌旗一样招展起来呢！

萨冈彻辰老先生首先听到的是忽必烈揣着元朝之梦匆匆走来的脚步声。

忽必烈是成吉思汗嫡幼子拖雷的第四个儿子。他一步步走向历史前台的过程是成吉思汗子孙们帝位争夺斗争的一个结果。纵观蒙古人的历史，从远古直到成吉思汗没有出现过君主之位的激烈争夺。这倒不是因为有一个权力传递的好制度，也不是先前的人有高度的觉悟，而是那个时期的君主之位除了冒死征战之外，没有使人垂涎三尺的享福特权。而成吉思汗通过创建大蒙古国这样一个政权体系，使君主这个职位有了权重如山的荣耀和独尊天下的福分。所以，成吉思汗还在世时，他的儿子们就为继得大位摩拳擦掌了。因为，成吉思汗的大蒙古国可汗大位并不是继位得来，而且自己尚还康健时也没有闲暇考虑大位下传的问题。可是突然出现的西征需要和将要面对的种种难料，迫使成吉思汗着手安排大位下传事宜。就在此次安排中，获得大位继承权的嫡三子窝阔台和持有支持态度的嫡次子察合台形成了一个利益组合，而被旁落的嫡长子术赤和嫡幼子拖雷在失落感的驱使下，慢慢被组合成了另一个利益派系。

历史进入二十一世纪时，有政治家在地球的一端基于一些制度的设置，曾认为人类历史的最大收获是征服了权力。人类究竟何等程度地征服了权力，尚待观察和评估。如果人类征服权力的程度能够达到使之成为公共服务的工具，那么我们就可以标榜人类终于战胜了自己。可是，在过去，在过去不久的封建社会，权力就是一切欲望的保障，就像是握在手中的太阳，一旦拥有它，就永远不想放手。成吉思汗的接班人窝阔台大可汗也亦如此。窝阔台大可汗执政十三年，逝世后，虽然未按他遗愿，大位传递到其孙子失烈门的手中，但仍然留在了他长子贵由的掌中。于是，贵由就成了大蒙古国第三任大可汗。据史料透露的信息，这位大蒙古国第三任大可汗体弱有病，仅执政两年后突然去世了。

事发突然，就意味着事情是在没有应对安排的情况下发生的。对贵由家族来说，这个突然就是他们没有做好大位传递的安排。贵由是成吉思汗的孙子，也就是说，成吉思汗在下传大位时有接手资质的只有四个嫡子，而到孙子辈的这个时代有资质觊觎大位的人却有几十个了。这些人就是成吉思汗四个嫡子的儿子们和他们的儿子们。那么，在这样一个情况下谁能继得大位，谁能登上君临天下的宝座呢？那就是谁的人脉好、势力大，谁就有机会。按理说，成吉思汗锻造的这个大位，在窝阔台家两代人手上停留了二十年左右的时间，在这个过程中他们应该打下很好的人脉基础，并掌控绝对优势的利益集团。然而，因为他们没有对原来的政治体制进行有效的改革，未能完成封建制度的集权化改造，所以既没有巩固好自己帝王之家的地位，也没有打造出绝对优势的权势集团。于是，历史的天平开始向另一个家门倾斜。

这个家门就是，成吉思汗嫡幼子拖雷之家。当年，大位落入窝阔台家门时，嫡长子术赤和嫡幼子拖雷因失落而成为一个派系。之后，拖雷随窝阔台征金时蹊跷死去，于是这个家庭就进入了低调内敛、养精蓄锐、调教子女的生活。十几年过去后，坐拥可汗大位的贵由一家出现了人才危机，而孤寡下来的拖雷一家却为大蒙古国朝政储备了几个精英人才。于是，大家在势力较强的术赤嫡次子拔都的主持下，选定拖雷长子蒙哥为大位继承人。其间尽管有些不同意见，但就像《史集》《世纪征服者史》所记述那样，他们因为在人们“心灵中种下了感情和恩义，以致贵由汗死时，大部分人对于把汗国的权柄交给她（指拖雷夫人、蒙哥之母）的儿子蒙哥可汗，一致赞同，同心翊戴”。这样，于一二五一年，成吉思汗去世后的第二十四个年头上，可汗大位从察合台、窝阔台派系的窝阔台家门转移到了术赤、拖雷派系的拖雷家门。

应该说，这是古代草原权力生态中你争我夺的自然结果，留下的评说空间非常之大，但对后来者的我们来说，接受结果是唯一的选择。萨冈彻辰老先生就是从这个时候开始听到忽必烈脚步的。而忽必烈的脚步声，是在新任大可汗重新建构汗国权力体系的过程中逐步清晰起来的。

蒙哥登上大蒙古国可汗宝座之后，着手进行的第一个工作就是重新建构以自己为君主的权力体系。当他小心谨慎地对原有的权力体系进行调整时，反对其继位的贵由子辈失烈门、脑忽等的叛乱阴谋败露。于是，蒙哥可汗就借力进行了一次大清洗。先汗贵由夫人海迷失被投入河中溺死，贵由可汗的师傅合答、丞相镇海等七十余人被处死，主谋失烈门、脑忽等一批宗王被流放各处。

权力体系重建妥当后，蒙哥可汗便马不停蹄地开始了光大祖先开启之开疆拓土的事业。波斯史家拉施特在《史集》中明确写道："国位已经巩固，涉及敌人和朋友的事也已办完，圣虑开始移注于征服世界上东、西方的远方各城。首先，由于有许多人要求对邪教徒的不义行为加以审判，提出自己的控告听从圣裁，蒙哥可汗便于牛年（1253 年），派遣他已经看出脸上有王霸之征和帝王福分的兄弟旭烈兀汗，前往大食地区讨伐邪教徒。虎年（1254 年），他又派遣仲弟忽必烈可汗去征服和防守东方诸城，并派出札剌亦儿部落的木华黎国王同他一起去。"此事《元史》记为一二五二年，写道："命皇弟忽必烈领治蒙古、汉地民户。"《蒙古民族通史》则写："一二五一年蒙哥即大可汗位以后，继续对南宋战争，由忽必烈主持这项工作。"忽必烈受命经略中原的时间，是一二五一年，还是一二五二年，或是一二五四年，史书说法不相一致，后人研究也略不相同，但就是从这个时候起，忽必烈像冉冉升起的新星，大步踏上了历史的舞台。

雄才大略不是每个人都能有的。如果一个人有了那样的潜质，那么一旦获得施展的平台，成就大业的概率是极高的。据萨冈彻辰老先生的倾听，成吉思汗在弥留之际曾说：

> 忽必烈孩儿出言不凡，
> 你们大家要按照他的话行事！
> 到时候，他会像我在世那样
> 使百姓享福，你们不必愁。

如果成吉思汗的确说过这样的话，哪怕是类似的话，那么就说明忽必烈自幼就有不凡的表现。忽必烈的不凡和别样，在获得经略漠南的任命后便迅速地显现了出来。根据拉施特提供的信息，忽必烈被指派经略中原大地时，木华黎是作为助手被派去的。木华黎是从成吉思汗时期就经略漠南大地的老臣，不仅积累了很多治理汉地的经验，更是聚集了许多治国理政的汉族人才，这些经验和人才，正是忽必烈创业所需的社会财富。忽必烈毫不猜忌地将他们接受过来，并迅速转化成了拓展帝国利益的有生力量。

到忽必烈受命经略漠南、中原及对宋朝的战事时，成吉思汗开启的版图整合运动已经进行了五十多年。这场版图整合运动主要是以打碎原有的统治体系，强行将其土地和百姓划归自己的方式进行的。其实，隐藏在现象背后的，当事的帝王们也未曾悟出的是：版图整合的这场运动，实际上就是古代东方生存圈规律性的历史运动之一，其本质是生存资源的占有与再分配问题。可是，那时的帝王们和他们的将相们却只是以建立家天下为目标，进行攻城略地和抢夺财富的战争。据《蒙古民族通史》提供的信息，蒙古汗国在这种战争中实行了“侧重剽杀，子女玉帛悉归其家，俘虏为私奴”的做法，所以带来了“城乡荒芜，人们拒降”的后果。这种后果不仅严重抵消了财富占有的目的，更为下一步目标人为地制造了更大的障碍和更多的敌人。

不知是忽必烈敏锐，还是身边的汉臣们大智，或是众人智慧破了天机，总之，他们认为对宋朝的战争再不能这样打了。于是，在总结以往专事战争的经验教训的基础上形成了“分屯要地，寇至则战，寇去则耕，积谷高廪，边备既实”的战略思路，并报蒙哥大可汗批准实施。这样，忽必烈在河南、陕西、甘肃南部等连片地区设经略司、宣抚司等专心从事恢复生产、安抚民生、备实战需的工作。据《元史》等提供的信息，忽必烈的这一举措很快就结出硕果，在他经略中原后的一两年间就出现了“关陇大治”等发展景象。

是雄鹰，总会飞得很高，因为天空的高度是无限的。当忽必烈努力改变蒙古汗国对宋朝战争的基本策略，并开始取得成效时，蒙哥大可汗又命他出征云南。蒙哥大可汗下达的任务，给忽必烈这只智慧的雄鹰提供了更高的天空，使他能够丈量天空的翅膀高高飞展起来。

在那时，现今的云南和贵州、广西、四川的一部分以大理国的政权形态存在于中国版图的正南，与当时的南宋王朝保持着附属国的关系。在地理位置上，大理国是南宋王朝的西墙，在政治军事方面，它更是南宋王朝右肋上的肌肉，直接关系着这个王朝的战略安危。蒙哥大可汗派忽必烈攻取云南的目的就是要推倒南宋王朝的这道西墙，以打开攻取南宋的右侧通道。忽必烈对此心领神会，很快集结蒙、汉、色目兵勇参加的十万大军，以自己为统帅，传奇英雄速不台之子兀良合台为军事总督，由姚枢、刘秉忠、张文谦等治国良才为参谋，于一二五三年在六盘山度夏整军后，分兵三路经阿坝草原向大理国俯冲而去。在进击中，忽必烈充分运用招降与攻打相结合等减少抵抗力与阻力的策略，纵横驰骋在春绿永驻的大地上，到年底时攻占大理城，将建国二百余年的大理国划入了蒙古汗国的版图。

虽然，成长是人生都有的必须经历，但收获的开化却有着各不相同的量度。忽必烈不愧是幼年时就获成吉思汗赞赏的人，在每一步的成长经历中都能获得高过他人的开化。对忽必烈来说，祖父成吉思汗、伯父窝阔台、堂兄贵由、兄长蒙哥等蒙古大可汗们征战治国的实践是他人生的必修课，此外他还有个特别的爱好，那就是经常和蒙古人以外的仁人志士探讨治国、理政、平天下的大道理。其中，精通儒学的汉族才臣学者们对他的影响最大。他在同这些人的交往中不断夯实了马背天下、德仁治理的思想基础，不知不觉地为日后的帝王生涯储备了深厚的资质。在这次攻取大理国的征战中，他那德仁意识又经受了实践的考验和磨炼。一二五三年十二月，大军攻到大理国都城下，为避免激战和破坏，忽必烈两度派遣亲使招降，大理国执政者不仅未按信使来往规则对待，反而残忍地杀害了使者。对当时的蒙古君王们来说，这是极大的侮辱和挑战。想当年，花剌子模国国王摩诃末杀害成吉思汗的使者和商队，导致成吉思汗愤怒而西征；又在此次征程中，范延堡守军不仅拒绝招降，还射杀了成吉思汗的孙子木秃坚，导致成吉思汗“将人畜、禽兽全部杀绝”的惨剧。三十多年后，历史将同样的棋局摆到了忽必烈面前，等待他重蹈覆辙还是另辟他径。起初，忽必烈仍未摆脱心理惯性的控制，欲要屠杀全城。这时，深深影响着他的张文谦、刘秉忠、姚枢等倾力劝导说：“杀使拒命者高祥尔，非民之罪，请宥之。”

有时候，理念就像是粮草，有了储备才能有从容的应变。忽必烈储备多时的德仁理念，一经张文谦、刘秉忠、姚枢等人的用心点拨，立即从沉睡中苏醒过来，并与惯性的思维摔打着，终于将其他杂念踩到脚下，使忽必烈改变初衷，做出了止杀、安民的决定。此事，《元史》写为：“裂帛为旗，书止杀之令，分号街陌，由是民得相完保。”

两军对战避免伤及无辜本该是双方统帅应尽的人道责任。但是在战争的野蛮仍很盛行、屠杀现象仍还司空见惯的中世纪那个年代，忽必烈能够改变初衷，能够承担起作为一方统帅的人道责任，这本身就意味着他的胸怀、他的智慧、他的思想和他对待天下的意识正在超越历代蒙古的君主和可汗，正在向一个更新、更高的境界发展。如果我们能够心处其境加以想象的话，完全可以感知到，忽必烈的这一举措不仅能够提升他在中原的声望，也可以开始改变人们对蒙古人和他们征战行为的认识，还可以使百姓逐渐放弃排斥、恐惧和无端的拒绝，又可以使自己成为乱世年代的人们寄托期待的对象。事情果真如此，随着忽必烈帝王才气的渐渐显露，中原大地上有治国志向的汉族知识分子纷纷来到忽必烈身边，使忽必烈的声望和势力迅速雄厚起来。到一二五六年时，这种雄厚就以建筑的形式显现了出来。

内蒙古中部锡林郭勒盟有一个叫正蓝旗的地方。距旗政府所在地上都镇以东二十七点五公里处坐落着一个世界非物质文化遗产。这就是忽必烈于一二五六年下令修建的宫殿遗址，今称元上都遗址，我们不知，当初忽必烈下令修建这个府邸时有无居此争夺帝位的图谋，但后来这个地方的确成了他登上大元帝国权力巅峰的金马镫。

忽必烈的成功和势力的迅速壮大，虽然符合着中原大地上的心灵期待，但在权力生态里却引起了他长兄、当朝大可汗蒙哥的警惕。蒙哥登上大位，执掌蒙古帝国后明确地提出了“遵祖宗之法，不蹈袭他国所为”的政治方针，所以忽必烈在中原依靠汉人，用符合农耕社会的治理模式去治理中原的做法，显然违背了蒙哥大可汗的政治方向。在这样的政治前提下，忽必烈势力的迅速壮大引起蒙哥大可汗的警惕是当然的事情。于是，蒙哥大可汗就以忽必烈在远征大理国时患了脚病为由，解除其兵权，并令他在家中休息。政治方略的不同，就这样使忽必烈本该得到记功和奖赏的事情却变成了被闲置和削弱的理由。而且，麻烦并没有就此结束，蒙哥大可汗接着又派出了亲信可靠的钩考人员，前往陕西、河南等忽必烈成就过“关陇大治”的地方进行审计。前来审计的人员深谙大可汗用意，他们用放大小事、捏造事实、罗织罪名等手段，在短短几个月的时间里就酷刑致死忽必烈重用的二十余名汉人官吏，意图直指忽必烈。忽必烈如坐针毡，不知如何是好，急忙与部下谋士们商量对策。忽必烈极为器重的部下姚枢分析说：“帝，君也，兄也；大王为皇弟，臣也。事难与较，远将受祸。莫若尽王邸妃主自归朝廷，为久居谋，疑将自释。”在那个情形下，姚枢的这个计策应该是忽必烈既可自保又能谋远的唯一办法，接受与否的事情又一次成了考验忽必烈智慧的难题。

蒙哥大可汗以赋闲的方式将忽必烈吊到半空，再以钩考的手段将他推向悬崖的同时，又以更大的手笔开始了从帝国事业的发展中彻底消除忽必烈影响的行动。《史集》记录了蒙哥大可汗的这样一句话：“我们的父兄们，过去的君主们，每一个都建立了功业，攻占过某个地区，在人们中间提高了自己的名声。我也要亲自出征，去攻打南家思。”这里所说的南家思就是指当时的南宋及其统治地区。在去除忽必烈的情形下，蒙哥大可汗这番话意味深长。它一方面表明着作为英雄主义时代的一位君主，蒙哥要像祖父成吉思汗、伯父窝阔台那样建立大业功名的雄心，另一方面也表明着将原忽必烈执掌下的土地和百姓彻底收归自己掌心的意图，再一方面更是宣示着王朝之内谁也不能功高盖主的恒定法则。就这样，蒙哥大可汗于一二五六年召开忽里勒台大会，安排六弟阿里不哥和儿子玉龙答失留守漠北草原及大本营和林后，分兵三路南下而去。冬天时，蒙哥大可汗行军到河西地区，就在这时忽必烈带着全家老少前来觐见。心有戒备的蒙哥大可汗令忽必烈留下家属、随从及辎重，独自一人过来见面。

从忽必烈行帐到蒙哥营帐相隔距离并不很远，但这是一段变数难料的路，对忽必烈来说又是不得不走的一段路。从情义上讲，这是弟弟去见哥哥，只要两人相见说明原委，一切疑虑就能烟消云散，而从政治上说，这是臣下觐见君主，如蒙哥疑心不释，忽必烈就等于自投罗网。所以，忽必烈的脚步很沉重，沉重得四百多年后的萨冈彻辰老先生都能听得见。作为贴心的倾听者，萨冈彻辰老先生并没有皱起眉头，而是会心地微笑了。

忽必烈只身来到蒙哥营帐，以臣下之礼、弟弟之规，觐见蒙哥大可汗。见弟弟只身前来，蒙哥疑心消解一半，手足之情又涌上心头，蒙哥不再要求弟弟解释什么了。于是，钩考停止了，忽必烈更是顺水推舟，把河南、陕西、邢州等地的管辖权全部交给了哥哥。一场烧到眉毛的灾难就这样过去，虽然手中的权力失个精光，但忽必烈保住了自己与家人的全部生命。

蒙哥亲征南宋，指向忽必烈的目标已经实现，而攻灭南宋的军事行动却进展不顺。不顺主要来自东路大军。旨在攻取荆襄、两淮的东路军军纪差，士气散，自一二五七年九月起围攻襄阳，用去一年时间却毫无进展。对此，蒙哥大可汗大为震怒，将东路军统帅召到正在四川的行营，加以严厉斥责的同时又罢掉了兵权。这时，蒙哥大可汗又想起了已经请缨但仍闲居的忽必烈，决定由他统率东路，推倒南宋王朝的北墙。忽必烈非常珍视复出的机会，决心以胜利的战功证明自己对君上的忠诚，也为帝国事业尽一份自己的责任。忽必烈还是原来的那一套，先是严整军纪，同时广招能才，再是战治结合。由于战略安排稳妥，战术使用灵敏，忽必烈大军进展顺利，一二五九年八月时就率军渡淮河，又很快进至长江北岸，准备渡江，彻底推倒南宋王朝托以安危的江水北墙。

就在这时，忽必烈听到了一个惊天的消息：蒙哥大可汗死了。这个消息起先是从一个被俘的南宋侦察兵口中说出来的。忽必烈没有相信，认为这是谣言。他知道哥哥蒙哥大可汗率中路十万大军在四川与宋军作战。尽管艰苦，但战事还算顺利。到一二五九年初时，他已占领三分之二的蜀地，并集结军队围攻合州钓鱼城。如果是一名战士，或者是一个将帅，在冷兵器的战场上随时都有战死的可能。可身为帝国君主，手握十万蒙古勇士的统帅，怎能如此容易地发生不测呢？忽必烈怎么也无法相信。可事情就是这样。蒙哥大可汗自一二五九年初集结兵力围攻钓鱼城以来，因地理、天气和宋军顽强抵抗等原因进展一直不很顺利。进入盛夏后，因天气酷热，出现疫病，并发生霍乱，水土不服的蒙古兵士大批死亡。七月初的一天，为鼓舞士气，蒙哥大可汗亲临战场督战，不幸被流石击中，即在璧山县西北的汤峡口因伤死去。忽必烈不相信，也不敢相信这个事，他仍埋头于攻宋战事，并一路破关进击，九月初时已经做好了渡江作战的准备。这时，他一个叫木哥的异母弟弟从中路军所在地来到了忽必烈身边，告诉他蒙哥大可汗确已伤逝，并请忽必烈北还草原，参加蒙哥葬礼，继承大可汗之位。

对忽必烈来说，这是一个需要冷静的时刻，忽必烈的确也表现出了足够的冷静与沉着。他说："我前时受先皇敕命，东西并举，今已越淮南下，岂可无功退还？况兀良合台已平交趾，正好约他夹击，即使不能灭宋，也要让他丧胆！"忽必烈的冷静不仅表现在言语上，而且体现在行动上。他没有因听到蒙哥伤故的消息而产生迟疑，而是一面派人接应在云南征战北上的兀良合台西路大军，一面亲自指挥突破南宋长江防线，不解甲不下马，进围当时被叫作鄂州的武昌城。鄂州攻城激战正酣时，忽必烈听到了夫人察必从后方开平府捎来的一个口信，说："大鱼小鱼之头被断，汝与阿里不哥之外，尚有谁存？汝能来归否？"

忽必烈夫人的这个口信是在时局发生突变的情况下发出来的。这个突变来自于忽必烈哥哥蒙哥大可汗南下攻宋时留守帝国大本营和林的阿里不哥。蒙哥大可汗去世，大可汗之位空缺，于是手握帝国中央军政实权的阿里不哥就开始了将自己推上汗位宝座的工作。这样，黄金家族内部新一轮的汗位争夺大戏就此开始了。开始时，阿里不哥占据着很大的优势，作为留守后方大本营的军政首长，阿里不哥自蒙哥率军南下到去世的两年多的时间里实际上扮演了代为管理后方国家及统领帝国中央部分职能的角色。所以，很多利益集团的代表与他有着关系，他的拴马桩上系着不少人的心思。蒙哥大可汗去世后，护送北归的中路大军和原大可汗号令下的一些军队自然归阿里不哥之手。所以，阿里不哥占据着军力上的优势。阿里不哥是由蒙哥大可汗安排的后方事务主持人，蒙哥遗体北归后，主持发丧、召集忽里勒台等由他统筹。所以，阿里不哥还占据着权力上的优势。对占据着这些优势的阿里不哥来说，登上大可汗宝座应该像脚踏鞍镫一跃上马般容易。

与弟弟阿里不哥相比，忽必烈除了统领的东路军和接应回来的西路军之外，在权力、军力等硬实力上均处于劣势。而且，刚从蒙哥大可汗的打压下缓过劲来的他，对从天而降的变故既无任何准备，对继位之事更是难有想法。但是，变化未经任何人同意突然就发生了，迫使笃心以战功换回大可汗信任的忽必烈不得不转过身来面对它。事发突然，大出意外，忽必烈就在鄂州城下召集属下紧急商讨应对之策。

当忽必烈和部下们如梦方醒地商讨对策时，阿里不哥却动用手中的军政权力，扩充政治版图，进行兵力布局，做好了在举行蒙哥大可汗会丧大会之际，召开忽里勒台大会，顺利登上大可汗宝座的准备。忽必烈和属下们对后方大本营的情况并无准确的了解，但事已至此，他们只能依靠夫人察必的口信和以往的耳闻与目睹，对当时的天下做个判断，对自己的下一步或后半生做个选择。

对当时的忽必烈来说有几条路可选。一是按兵不动，静观其变，待帝位争夺尘埃落定后做一个劳苦功高的大臣；二是迅速北还，在参加蒙哥大可汗会丧的同时，帮助弟弟继承大位；三也是北还，参加会丧大会的同时，参与帝位之争，如果赢了，做一个天下需要的好可汗，如果失败了，那就接受一个败者可能遭受的一切后果。忽必烈和属下们开始商议。他们分析形势，猜测后方大本营的动向，评估黄金家族各大势力的心愿倾向，判断阿里不哥在兵力部署中的潜在意图，以及探讨如何摆布眼下与南宋军队怒目相对的对峙情况等。在商议中，一位叫郝经的，忽必烈视其为重要参谋的一个人，发表了被后世称为《班师议》的长篇发言，发言中，他分析形势说："宋人方惧大敌，自救之师虽则毕集，未暇谋我。第吾国内空虚，塔察国王与李行省肱髀相依，在于背胁。西域诸胡窥觇关陇，隔绝旭烈兀大王。病民诸奸各持两端，观望所立，莫不觊觎神器，染指垂涎。一有狡焉，或启戎心，先人举事，腹背受敌，大事去矣。"郝经对形势的分析非常明确，他并没有为忽必烈考虑上述选择的任何一项，而是直接为忽必烈夺取大位进行了铺垫。郝经这番分析是在摸清忽必烈心思的前提下说出的。之前，郝经曾探问过忽必烈，忽必烈不是说："时未可也"，就是说"时之一词最当整理"，要么说"可行之时，尔自知之"，其意很明显。于是，郝经便作出了不是应该顺应的，而是该去夺定的形势分析。并提出了极具冒险，但也有成功之可能的一个建议："断然班师，亟定大计，销祸于未然。"郝经提出这个建议的同时，也勾勒出了夺取大位唯一可能的路径，那就是：先与南宋议和，然后派一支军队截住护送蒙哥大可汗灵车的队伍，并收取大可汗玉玺。之后，派使者召请在西域征战的旭烈兀，在后方大本营筹备继位的阿里不哥及各路宗王到和林参加会丧大会。同时，派遣官员到战略要地掌控局势，派忽必烈的嫡长子真金镇守当时叫燕都的北京城，以形成漠南天下尽在掌握的现象。然后，郝经认为，这样做了，不仅"大宝有归"，而且还能"社稷安矣"。

看来，忽必烈对大可汗之位确有热切向往，他并没有选择顺其自然的任何一项，而是选择了拼力一搏的冒险之路。这样，忽必烈采纳郝经建议，立即与南宋议和，确定疆界、岁币后，迅速返回北京城，以假传蒙哥遗命的手段遣散了被派来监视他的军队，做好了夺取帝位的准备工作。

与此同时，在后方大本营的阿里不哥也已将继位之事准备就绪，决定在阿尔泰山蒙哥大可汗的大斡耳朵召开会丧大会，并向忽必烈派出了邀请参加的使者。对忽必烈来说，这绝对是一个催命的邀请，也是催他采取断然措施的邀请。

于是，孤注一掷的忽必烈不顾阿里不哥在后方大本营的任何运作，于一二六〇年三月一日就在他建造于锡林郭勒草原上的开平府，也就是现今已成为人类非物质遗产的元上都召集忽里勒台会议，在蒙汉权贵及支持者的拥戴下，宣布登上蒙古帝国大可汗宝座。就在忽必烈召集忽里勒台大会之际，阿里不哥也在后方大本营召集另一场忽里勒台大会，在蒙哥大可汗遗孀、诸子及窝阔台、察合台系诸王的拥戴下，也宣布登上了蒙古帝国大可汗的宝座。这样，成吉思汗亲手缔造的叫“大蒙古国”的这个还在成长的帝国，在迎来五十四周年之际，突然进入了两大可汗同时执政的奇特岁月。

然而，幅员无论如何广阔，一国之内只能有一个君主。这样，从同一个母亲的热腹中牵手来到这个世界的兄弟二人，突然把自己推向了相互斗狠的决斗场。权力，是何等可怕的怪物啊！

面对人类历史司空见惯的这样争斗，萨冈彻辰老先生仍不动声色地将耳朵紧贴在大地上，专心倾听着忽必烈在四百年之前的脚步声。

的确，为在这场争斗中取胜，忽必烈在向阿里不哥通报继位大事的同时，立即采取了收复漠南大地军政版图的行动。他首先从所属诸部征召五万余兵马加强开平、燕京等政治中心的防卫，同时以帝国君主的身份令各路向开平府运送战马、粮草、衣物等战略物资。又派遣集文武于一身的汉臣到陕西、四川等地宣抚，很快肃清了这一地区支持阿里不哥的势力。正当忽必烈收服并巩固这些地区的掌控之权时，这年的九月，决意以武力取胜的阿里不哥派出了极力拥戴他的大臣阿兰答儿为统帅的大军，讨伐忽必烈。这时，驻营在六盘山一带的亲阿里不哥的军队也加入其中，气势汹汹地向忽必烈开了过来。已做好准备的忽必烈也毫不示弱，针锋相对地派出了合丹、汪良臣、八春等蒙汉将领统率的迎击大军。为兄弟二人的帝位之争，两军在今甘肃张掖县的耀碑谷展开了蒙古帝国史上的第一场内战。勇士们为不值得为之一死的事由而奋力拼杀着，最后阿里不哥方面的两名统帅阿兰答儿和浑都海被杀，忽必烈方面获得了大胜。

随着耀碑谷之战的胜利，阿里不哥在陇蜀地区的势力彻底被清除，漠南大地已完全进入忽必烈掌控之下。从此，彻底掌握了资源富庶之地的忽必烈，从军事上的防备转身进入了政治与军事上的全面反攻。对忽必烈和阿里不哥来说，在遥远之地主政并握有军队的钦察汗国、伊儿汗国、察合台汗国掌权者是决定这场争斗之胜败的重要因素。当阿里不哥还未伸出拉拢之手以前，忽必烈已向这些地区送去了微笑和关怀。他得知五弟，伊儿汗国首领旭烈兀支持他继位后，以蒙古帝国大可汗的名义致信说:“从质浑军河岸到密昔儿（今埃及）的大门，蒙古军队和大食人地区，应有你旭烈兀掌管。”尽管在忽必烈宣布继位之前，旭烈兀就是伊儿汗国的军政首领，但忽必烈的这一举措抢先阿里不哥一步争得了旭烈兀的人心与支持。比起伊儿汗国，察合台汗国的情况较为复杂。忽必烈宣布继位时，这个汗国由一个叫兀鲁忽乃的察合台孙媳妇掌管着。为改变这一状况，并为将其纳入自己的势力范畴，忽必烈任命当时正在其身边，且极力拥戴其继位的察合台曾孙阿必失哈为察合台汗国首领，与其弟弟一同派去。不幸的是，二人在赴任的路上被阿里不哥手下抓获，并被囚禁起来。阿里不哥被忽必烈这一举动触动，命人杀掉阿必失哈兄弟二人后，任命拥戴其继位的察合台另一孙子阿鲁忽为察合台汗国首领。阿鲁忽获得任命后，如离弦之箭立即赶往封地，做起了掌控一地的首脑。随后，阿里不哥信心十足地派人征集战略物资时，阿鲁忽吝啬之心大发，不仅没给征集，反而将前来征集的人员囚禁了起来。然后，召集手下商量怎么办。这时，有人说:“在抓起使者之前，应当商议，而如今我们既然已与阿里不哥成了敌人，出路就只能与他彻底决裂并效力于忽必烈可汗。”这样，他们杀掉使者，转身成为了忽必烈在察合台汗国的支持者。远在钦察草原的术赤汗国的执政者却认为，自己与大本营相隔千山万水，谁人继位与己相干不大，所以中立其中，遣使双方劝其和解。于是，在争取支持者的竞争中忽必烈获得大胜，为进一步的争斗赢取了无限的战略环境。

耀碑谷之战的胜利，尤其是得到伊儿汗国、察合台汗国的支持，忽必烈很快从被动转入了主动。于是，忽必烈于一二六〇年冬亲率大军向阿里不哥占据的大本营和林城进发。大军抵达和林城附近后没有立即发动进攻，而是切断了和林城来自漠南地区的物资供应。波斯史家拉施特在《史集》一书中记述说："哈剌和林城的饮食，通常是用大车从汉地运来的。"很显然，忽必烈想用非军事的断绝粮草的手段迫使阿里不哥放弃帝位的争夺，承认他为唯一的蒙古帝国之大可汗，以避免同室操戈的内战进一步扩大。据拉施特说："那里便开始了大饥荒，物价腾涨。阿里不哥陷入了绝境。"很快，忽必烈如愿收到了阿里不哥派人捎来的这样一些话："我们这些弟弟有罪，他们是出于无知而犯罪的，你是我的兄长，可以对此加以审判，无论你吩咐我到什么地方去，我都会去，绝不违背兄长的命令，我养壮了牲畜就来见你。"对弟弟阿里不哥的这番话，忽必烈既信为真，也非常之满意，说："浪子们现在回头了，清醒过来，聪明起来，回心转意了，他们承认自已的过错了。"

但是，忽必烈这位宽厚的哥哥没有想到的是，弟弟阿里不哥捎去那段好听的话后，立即打点行囊，率领人马，向遥远的谦谦州退避而去。忽必烈对弟弟的诺言坚信不疑，便将一支军队留驻在和林城附近后，自己率领大部人马回到了宣布继位的开平府。退避到谦谦州的阿里不哥在叶尼塞河沿岸的草原上用半年多的时间养壮了牲畜后，于一二六一年秋如约向和林城进发而来。他对忽必烈留驻的军队说："我是来投降的。"他的这个话成功地麻痹了镇守的军队，当镇守的将士们正准备接受他的投降时，阿里不哥发动突然袭击，打败忽必烈的军队，收复了大本营和林城。胜利使阿里不哥大为兴奋，便率军直向忽必烈所在的开平府袭来。忽必烈得知后急忙率军迎击，并于这一年的十一月，两军在一个叫昔木土湖的地方进行激战，结果阿里不哥战败，率其残余急忙逃去。忽必烈将士要去追击这个言而无信的家伙，但忽必烈说："不要去追他们，他们都是些不懂事的孩子，应当使他们明白过来，后悔自己的行为。"

这样，宽厚的哥哥忽必烈期待着弟弟的“明白过来”和“后悔”，带着胜利的队伍缓缓退去。十天后，当忽必烈的军队退回到一个叫额烈惕的地方时，突然遭到一支军队的袭击，双方战至深夜，不分胜负，各自收兵后退。这一年冬天，忽必烈军队和那支突袭的军队在那里一直对峙。发动突袭的那支军队不是别人，而正是忽必烈期待他们“明白”和“后悔”的阿里不哥军队。

两军对峙在那里，内战的扩大已不可避免。这时，储备战需物资就成了谁能够持久的一大条件。忽必烈坐拥漠南大地，自然无忧。而阿里不哥就有些乏力了，他向察合台汗国派去急使，但不仅未能征收，且急使也被无情地杀害。于是，愤怒的阿里不哥放弃对峙，转身向察合台汗国讨伐背叛了他的阿鲁忽而去。这时，忽必烈得到山东军伐李璮发动叛乱的消息，放弃追击阿里不哥，而也掉转马头回来处置叛乱大事。

时间，在人们的喜怒哀乐中到了一二六四年。这一年的七月，已将李璮之乱收拾干净的忽必烈终于迎来了“明白”和“后悔”了的阿里不哥。当年，阿里不哥气势汹汹，西去讨伐他人，但他人之心已被忽必烈占领，最后穷途末路的阿里不哥只好把自己送到忽必烈门前。

忽必烈见到弟弟泪流满面，问道：“在这场纷争中谁对了呢？”

“当时是我们，现在是你们。”阿里不哥回答。

正如阿里不哥所说，对错、胜负就这样见了分晓，忽必烈终于成为了这个帝国的唯一君主。就此，萨冈彻辰老先生也庄重地写下了这样几个字：“忽必烈薛禅皇帝生于乙亥年，庚申年即位，时年四十六岁。”

二

忽必烈与阿里不哥的帝位之争持续了四年有余，其间正在成长的帝国事业不仅受到了严重的损失，尤其是蒙古黄金家族内部原有的一些意见分歧演化成了兵戎相见的殊死拼杀，使很多栋梁之材成为这场争斗的牺牲品的同时，在蒙古贵族内部埋下了更为深远的纷争与不和的种子。但是，作为后代子孙的萨冈彻辰老先生对这一切只有默默承受之外，别无任何办法。所以，他只能皱着眉头，忍着心痛，随着忽必烈主政的脚步，倾听这个帝国下一步的发展和变化。

当忽必烈在后来被称为上都，但当时还被叫作开平府的那个地方召开忽里勒台宣布继位时，成吉思汗建造的这个帝国已经走过了五十多年的奔腾岁月。当时，成吉思汗宣布建立“大蒙古国”时，这个帝国的版图仅限于大漠南北的蒙古高原。其住民主要是逐水草游牧而生的蒙古族和北方其他民族。所以，游牧帝国这个称谓只符合大蒙古国这一阶段的历史现实。可见我们一些习惯用语是缺乏考量的。曾为真正游牧帝国的这个大蒙古国自一二一一年起就开始了开疆拓土的征战活动。到忽必烈于一二六〇年宣布继位时，这个帝国已将北至近北极圈，西至密昔儿、叙利亚，南至长江北岸的广大地区划入了自己的管辖。在这样一个横跨洲际的大地上，既有草原的游牧生活，也有定居的农耕生活，还有驼铃叮当的商旅生活和已经成形的城市生活。尤其文化方面，游牧文化、农耕文化、城镇商贸文化和萨满教、佛教、道教、伊斯兰教等宗教文化统治着各自地域的人心和风情。在这样一个庞杂多样的大地上，蒙古人究竟要创建怎样的一个国家呢？他们想要用怎样一个体制使这个国家进行正常的运转呢？当初，成吉思汗宣布成立了“大蒙古国”并为之制定了符合游牧生活规律的“大札撒”等统管制度。可是，时过五十多年后，情况发生了超乎料想的变化，那么，面对祖先都没有遇到过的这一情况，成吉思汗的后人们该怎样去应对呢？

这是一个难度极大的超级考题，恐怕当今人类的精英们也难以给出万全的答案。但是，生活在十三世纪的蒙古人已无法回避这个考题，而且现实情况需要他们必须作出自己的回答。面对这一超难考题，少年时曾被成吉思汗称赞过的忽必烈不敢怠慢地进行着思考，并且在宣布继位后就作出了自己的回答。多个世纪以来，后人们对忽必烈的答案多有不同的评判，但在当时，在成吉思汗所有子孙给出的答案中，忽必烈的答案最接近当时的历史现实和存在形态。

忽必烈的答案酝酿于他走上权力舞台之前。

《元史·本纪第四·世祖一》开篇后即写道:“帝在潜邸，思大有为于天下，延藩府旧臣及四方文学之士，问以治道。”很明显，忽必烈在年轻时，在身无官职自在无忧地成长时就有“大有为于天下”的志向，他的这个志向是从“问以治道”开始发展起来的。忽必烈当时的“问以治道”，不可能像后代专家们所理解的那样问的是治天下之道。因为那时都有可汗在执政，所以他人是不敢谈论治理天下等有野心嫌疑的话题的。所以，作为真正意义上的蒙古民族第一代知识分子，忽必烈在尚未进入官场权力时，应该是以知识分子的好学品质努力问知古今天下文化知识的。这一点是后代评说家们必须认识清楚的问题，否则大家就会成为人云亦云的廉价言语者。

忽必烈所受教育应该是在成吉思汗、窝阔台汗时期完成的。据《元史》塔塔统阿受命“教太子诸王以畏兀儿字书国言”的记述，在成吉思汗时期主要是完成用新创制的畏兀儿字拼写自己语言的学业。另据史料，一二〇九年，畏兀儿人脱离西辽统治归附蒙古帝国后，成吉思汗令许多畏兀儿知识分子担任贵族子弟的师傅。由此西域民族的文化知识被介绍到第一代蒙古知识分子中间。忽必烈等第一代蒙古知识分子的眼界由此开始被拓展。进而，据《元史》记录，一二三四年窝阔台大可汗“以冯志常为国子学总教，命侍臣子弟十八人入学”。虽然不知忽必烈在不在这十八人之列，但可以看到中原汉地的人文思想通往蒙古知识分子心田的渠道就这样被打通了。在这一渠道上，忽必烈肯定是一个接口。由此可以推定，忽必烈是从这个时候开始接触中原汉地人文思想与社会认知的。

对于一个好学者来说，一个新的文化领域就是一个充满吸引力的新世界。由于中原汉地的人文历史长，文化积累丰富，在“国子学”的几年中是能学到当时被推崇的一些内容的。于是，好学的忽必烈就以“请进来”的方式拓宽了了解中原汉地文化学思的途径。据史料提供的信息，第一个被忽必烈请进家的人就是中原文学家赵壁。赵壁是中原知名的儒家学士，于一二四二年受邀来到忽必烈府邸，学习蒙古语，并讲授儒家学说。儒家学说是对农耕社会存在形态的文化认知，是对农耕社会的制度样式、存在形态、关系结构、道德标准、伦理理念等的哲思化阐释。这个学说所贡献的思想，保证了封建统治在中原农耕地域长期稳定的运行。深不见底的这一文化，对已经掌控了中原农耕地区的蒙古帝国的统治阶层来说，是有着不可抗拒的吸引力的。因为，十三世纪蒙古人纵马越过长城，决意攻取中国全境的行为，实际上就是东方生存圈规律性历史运动的一幕。这一历史运动背后的根本目的是对富饶的生存资源进行占有与再分配。由于长城以南的广大地区，不仅处在东方生存圈的中心地带，而且因农耕经济的高度发展，变成了这个生存圈生存资源最富饶的地区。所以，生活在周边生存资源匮乏地区的民族人群，一旦积蓄足够的力量后都会进行夺取这一地域统治权的努力。尽管远在历史深处的古人们不可能有这样的历史自觉，但他们对财富占用的需求是无限的。所以，他们一旦取得这一地区的统治权力后，都会考虑足够而持久地获取财富的问题。虽然，这一切以天下大统、江山万代的名义进行着……

对此，当时的蒙古统治者们也是不会例外的。不过，就忽必烈而言，将不断加深了解的儒学与治天下结合起来的，则是于一二五一年起负责“漠南汉地军国庶事”之后的事情。从一个悠闲自在的年轻贵族，一跃成为主政一方的军政首领，对忽必烈来说，不仅意味着拥有了绚烂的权力光环，更是将经营漠南汉地，打击乃至攻灭南宋的重担扛到了肩上。使命角色的这一变化，使忽必烈对儒学文化的态度，从好奇、欣赏很快转向问道治天下了。

文人们的一大特点就是总能满怀忧国忧民的情结和不甘落寞的情怀。当成吉思汗和他的子孙们，用马蹄和战刀砸碎金王朝的统治，将土地和人民归入自己管辖时，有很多有志之士和文人学者散到了民间和社会。这些人，虽然经历了朝代更替的痛苦，但还是愿意在新统治者的体系里找到一个位置，发挥一些作用。在历史上的那天，忽必烈的问道需要与儒学人士们的出道需要相逢在了一起。这样，忽必烈在扎营开平府的金莲川草原上迎来了一拨儿接一拨儿地前来拜见他的儒学精英们。忽必烈第一个迎来的是一位叫元好问的诗人和叫张德辉的儒家学者。

大诗人元好问与忽必烈究竟说了什么，历史没有留下记录，而《元史》则给后人留下了忽必烈与张德辉的一段对话：忽必烈问："孔子殁已久，今其性安在？"很明显，这是听完有关孔子的宣传与介绍后发问的。

张德辉答："圣人与天地终始，无往不在。殿下能行圣人之道，性即在是矣。"来意极其明显。

又问："或云，辽以释废，金以儒亡，有诸？"忽必烈说出了当时人们对儒学的看法。

张德辉回答说："辽事臣未周知，金季乃所亲睹。宰执中虽用一二儒臣，余皆武弁世爵，乃论军国大事，又不使预闻，大抵以儒进者三十之一，国之存亡，自有任其责者，儒何咎焉！"这可能是让忽必烈大加心宽的一段话。

他们的话很是投机，忽必烈又问："祖宗法度俱在，而未尽设施者甚多，将如之何？"可看出，二人话题已经转向漠南汉地如何管理等问题。

张德辉指着银盘，比喻说："创业之主，如制此器，精选白金良匠，规而成之，畀付后人，传之无穷。当求谨厚者司掌，乃永为宝用。否则不惟缺坏，亦恐有窃而去之者矣。"也许，张德辉先生自认为说得很为高明，其实不仅有失贴切，比喻也并不恰当。但就这样的回答，忽必烈也很满意，并说："此正吾心所不忘也。"

忽必烈又问："农家作劳，何衣食之不赡？"

张德辉回答道："农桑，天下之本，衣食之所从出者也。男耕女织，终岁勤苦，择其精者输之官，余粗恶者将以仰事俯育。而亲民之吏复横敛以尽之，则民鲜有不冻馁者矣。"

不久，忽必烈在一个祭祀场合又问："孔子庙食之礼何如？"张德辉回答说："孔子为万代王者师，有国者尊之，则严其庙貌，修其时祀，其崇与否，于圣人无所损益，但以此见时君崇儒重道之意何如耳。”

忽必烈听完张氏回答后说：“今而后，此礼勿废。”

这段对话，应该是经典的历史细节。在此次拜见的过程中，张德辉应忽必烈要求向他推荐了二十余名儒学弟子，忽必烈应张德辉请求，接受了“儒教大宗师”的尊号。可看出，这完全是个双赢的会面，他们各自把对方向自己所需力拉一把的同时，也为一个新国体的出现动土奠基了。由此开始，中原汉地的儒家学士们络绎不绝地来到这位大宗师的门下，很快使忽必烈拥有了可用来治世、治道的智囊集团和人才队伍。其中，有商梃、李昶、宋子贞、刘秉忠、姚枢、许衡、郝经等能力超凡的优秀人物。

在忽必烈之前，蒙古帝国对中原汉地实行的是封建社会基础上的奴隶制管理模式。这样一个制度形态，并不是中原汉地社会关系自然发展的结果，而是蒙古统治者们刻意制造出的扭曲性社会形态。当蒙古人的统治未进来之前，中原汉地的社会形态早就走入了以地主阶级为利益主体的封建社会。蒙古人开始统治后，将带有奴隶制色彩的分封制推行到中原汉地，把百姓和土地置于两种制度的双重盘剥之下，使这里的农耕生产遭到了体制性的破坏。据史料说，窝阔台可汗时，将今为河北邢台的邢州一万五千户分给了成吉思汗二功臣。由于二臣“不知扶治，征求百出，民弗堪命”而纷纷出逃，十多年后只剩下五六百户。财富生产的这种荒废，不仅导致民不聊生，也会使官府无课税可收。对帝国和民众，这都是无法承受的疼痛，也是主政漠南的忽必烈必须面对的一大问题。

身为封地之主的那二位功臣对此束手无策，只好来找忽必烈，请他出手予以治理。儒士们认为，出手的机会终于来了，建议忽必烈说：“择人往治之，责其成效，使四方取法，则天下均受赐矣。”好啊，这正是忽必烈想要的和期待的。不是说儒学如何如何地好，儒士如何如何地能耐吗？这下该检验个究竟了！于是，忽必烈表示同意，并派两名儒士前往治理。虽然制度上的扭曲是儒士差官所不能捋直的，但他们到任后“洗涤蠹弊，革取贪暴”。在较短的时间内取得了“流亡复归，不期月，户增十倍”的好成绩。

在忽必烈看来，这是用汉法治理汉地的成功案例，是可尝试和推广的案例。因为，自窝阔台大可汗以来，约七成以上的中原汉地与农户均被封给了大大小小的贵族、功臣。而且，经略状况与上述事例大体相同，如不赶紧扭转，将严重影响蒙古帝国日后的事业。为进一步检验这一治理办法的成效，忽必烈又于一二五二年和一二五三年分别向河南、关中两地再次成功地复制了上述治理模式。实践不断向忽必烈证明，帝国在汉地实行的管理制度是不合适的，这个地方的土地和百姓应该用儒家的汉法来治理。这一点，忽必烈已经看得很清楚，但是他还没有来得及进一步推行，就被蒙哥大可汗收回了权力。原因之一是，忽必烈严重损害了贵族、功臣们的个人利益！

一个事关蒙古帝国国体与管理模式的探索就这样被中断了。如果，忽必烈就此被挤出了历史舞台，并且与中原事务的关系彻底被剪断，那么这种尝试与探索就会变得毫无意义，与帝国的发展变化更是不会有任何的关系了。谁能想到，在短短几年的时间里忽必烈却一跃登上了蒙古帝国大可汗的宝座。于是，那个被证实了的成功经验，被忽必烈重新捡拾起来，并决定让其在帝国体制的建构中发挥作用。

这是忽必烈从历史烟尘中一步步走过来的脚印，萨冈彻辰老先生就是倾听着这个脚步声将祖先的历史记录到了大元王朝的岁月，并且继续随着忽必烈前行的脚步，观察和记述这个帝国进一步的发展和变化……

忽必烈接手后，成吉思汗蒙古帝国的第一个变化就是国名变了。这是一个大变化，这个变化是从忽必烈对成吉思汗蒙古帝国进行总结开始的。望着北方巍巍的圣孛儿罕山，望着圣祖成吉思汗渐渐远去的历史身影，望着为父为兄的蒙古勇士们跟随着威猛苏鲁锭的铿锵之步，从东到西，从北到南，前赴后继，开疆拓土的漫天飞尘，忽必烈深深地感到这个帝国的历史应该认真地总结一下了。因为，这是一个特殊的帝国，它被宣告成立时叫“大蒙古国”，辖地范围是蒙古高原的山川大地。成立后，这个帝国没有把心力、精力和能力投入到国的建设和发展上来，而是将这个国组织成了一个具有强大无比的冲击力的国家，并不断地进行着开疆拓土的征程。到忽必烈这个时代，先后已把西夏的沃土、西辽的大地、花剌子模的国土、俄罗斯的旷野、波斯的山水和大金国所辖的中国北方统统纳入了自己的管辖，而且还进行着消灭南宋王朝，将其属地划归自己管辖的战争。也就是说，这个帝国自宣布成立的那天起一直在成长，不断地在成长，而且还在进行着成长的奋斗。其间，几任的掌国者都没有明确地设定过这个国家的体量和形态，而且让它一直成长到如今。那么，在此过程中，他们追求了什么，忽略了什么？在他们的追求中哪些是足够的，而哪些又是不足的？他们究竟想让它成长为怎样的一个国？要完成或实现怎样一个目标？在忽必烈看来，这一切都应该有一个很好的总结和明确的说法。

人最可怕的是没有想法。忽必烈不仅不是没有想法，而是一个太有想法的人。所以，忽必烈在宣布继位时，就以对这个帝国承担全部责任的帝王身份对过去做了总结，对未来又做了一些安排。在一二六〇年四月六日颁布的继位诏书中写道：“朕惟祖宗肇造区宇，奄有四方，武功迭兴，文治多缺，五十余年于此矣。盖时有先后，事有缓急，天下大业，非一圣一朝所能兼备也。……”忽必烈认为，五十多年来帝国从事的主要是打天下活动，所以武功迭兴，战果辉煌。但是，由于征战不断，整个社会都按照战事需求运转，所以文治多缺，国体未稳。同时，他又认为，武功和文治不是能够同时并施的东西，应该是打天下在先，治天下在后，所以盖时有先后，事有缓急。在他看来，这个帝国打天下征程已进行得差不多了，现在应该到了治天下的时候。所以，他还是在那份诏书中胸有成竹地表示：“爰当临御之始，宜新弘远之规，祖述变通，正在今日。务施实德，不尚虚文。虽承平未易遽臻，而饥渴所当先务。呜呼！历数攸归，钦应上天之命；勋亲斯托，敢忘烈祖之规？建极体元，与民更始。朕所不逮，更赖我远近宗族，中外文武，同心协力，献可替否之助也。诞告多方，体予至意！”

随着“武功迭兴，文治多缺”的整体性总结判断形成，忽必烈对这个帝国的转型建设也就随之开始了。

忽必烈转型建设的第一个措施是“建极体元，与民更始”，也就是说建立皇极，开设年号。用天干和地支的组合来记录时间流程是中原汉民族的一大创造。在此基础上，给每一位当朝皇帝起一个年号，以记录他的治下岁月，更是这个民族在封建制度条件下，极端装饰皇权的一种做法。这种做法，虽然有着过分夸大个人影响的嫌疑，但也体现着体制建设的规范化和精致化。与此相比，蒙古人的做法较为简单。直到忽必烈这个时候，蒙古人采用的是十二生肖纪年法。这种纪年法，虽然也能顺畅地记录时间在草原上的流程，但是尚未衍生出记录体制特征的办法来。所以，成吉思汗到忽必烈之前的几位君主都没有专属自己的年号。忽必烈觉得这是一种缺失，泱泱大国的体制也应有这样的规范与精致。于是，在宣布“宜新弘远之规，祖述变通”的一个多月之后，也就是于一二六〇年五月十九日颁布《中统建元诏》，明确宣布以“中统”为自己治下岁月的年号。

接下来，忽必烈做的就是调整帝国的存在形态。如果说，建立皇极、开设元年是忽必烈转型建设的开始，那么“中统”年号的提出则就确定了转型的方向。“中统”是什么？“中统”就是中原正统。学者们一致地这样认为。学者们的说法虽然没错，但是忽必烈当时的想法可能比这还要复杂一些。在《中统建元诏》中，忽必烈说：“……朕获缵旧服，载扩丕图，稽列圣之洪规，讲前代之定制。建元表岁，示人君万世之传；纪时书王，见天下一家之义。法《春秋》之正始，体大《易》之乾元。……”很明显，忽必烈建“中统”年号的前提或基础是“天下一家之义”。也就是说，在忽必烈当时的理解中，已经整合到一起的版图和将要整合进来的版图与在这个版图上生活的人们是一家，建立在这个版图之上的王朝政权应该是自“春秋”以来历代王朝的延续，所以就是正统的承袭。因为承袭正统，就要按春秋以来的办法表示王朝治下的岁月。于是，忽必烈当朝的第一年，即一二六〇年就成了“中统元年”。不论是学者们所说的“中原正统”，还是我所推断的忽必烈式理解，就这样诞生在草原上。一直以来在马背上打拼天下的“大蒙古国”，终于在忽必烈的手上实现了从“武功”到“文治”、从“草创”到“正统”的转身，继而成为人们习惯上所说的，兴起于草原而真正入主中原的第一个游牧民族政权。其实，成吉思汗建造的“大蒙古国”在忽必烈手上的这样一个变化，就是它自然发展的必然结果。虽然，生活在八百年前的忽必烈不可能有超越时代的历史自觉，也不会有当今人们也很少去关注的生存圈现象的认知，但他对大蒙古国的这般转型打造非常符合生存圈现象的存在之道和经营之规律。生存圈是在古代历史的条件下，以生存资源依存关系相连生成的大型地域板块。在这种地域板块的中心或某一处因天然或自然或人为的原因，有着比相邻地区或周边地带富足很多的生存资源。而生存资源相对匮乏的周边地区的人们只有分享这些资源，才能满足不断复杂的生存需求。生存资源分享的途径有三种：一是交换；二是掠夺；三是再分配。虽然，当今人类已用 WTO 的模式基本解决了资源分享与再分配的问题，但在古代的历史条件下人们通过交换来解决的少，而用掠夺来解决的多，用再分配的方法解决的更是绝无仅有的。蒙古草原地处以生存资源富足的中原地区为中心的东方生存圈的北边，曾经活跃在这里的多个民族人群，与同属周边地带的被称为“东夷”的、“西戎”的、“南蛮”的各族人群一样，为获取中原地区富足的生存资源，进行了长达一千多年的拼死争夺。自春秋以来，周边地带的民族人群虽然尝试过生存资源分享的各种途径，但从未有过像蒙古人这样将整个生存圈的土地整合到一起的民族。生存圈被整合了，资源流动的障碍就被消除了，于是这个地方将迎来对生存资源可以进行再分配的历史条件。在这样的历史条件下，掌握再分配权的政权应该以最符合发展生存资源富集地区生产力的体制和制度进行管理。这样，掌握统治权的王朝才能获得不断进行再分配的各种物产。忽必烈对大蒙古国进行转型建设的背后就是这一规律的掣肘。

帝国的存在形态被调整好了。再下来，忽必烈着手制定的就是能够体现帝国形态的权力运行模式。成吉思汗建立大蒙古国，并初创国体运行的模式以来，这个王朝一直保持着以万户、千户为组织结构的准军事化管理体制。这种体制虽然能够使社会按战事需要运转，也能对战事的进行提供及时的支持，但对社会的进步和发展却有着很大的破坏作用。经上述调整，忽必烈把帝国的形态调整到了可以“文治”的模式上，所以需要建构符合“文治”模式的权力运行体系。这种体系必须既要符合当时的社会存在形态，也要符合蒙古统治者们对“祖述变通”的接受程度。于是，一个既有别于前朝体系，但又能行使集权政府之职能的机构——中书省，就在帝国的体制中诞生了。这个中书省就是当时中央的宰相府，也叫都省。在转型建设的初期，这个中书省制并没有建构起从中央到地方的层级体系，而是实行了行中书省的管理办法。后来，随着帝国政局的稳定，这个中书省制进而延伸成了省、道、路、州的四级行政管理体系，支撑起了这个王朝的有效运行。

对一个国体的运行来说，层级完备的行政机构就像是修筑在库区与田地间的水渠。经过对“祖述”的变通，忽必烈已经修筑了从帝国中央到百姓人家的行政渠道。那么，通过这个渠道，忽必烈要输送怎样的政策之水呢？这是忽必烈转型建设能否成功的一大关键。在继位诏书中，他提出：“虽承平未易遽臻，而饥渴所当先务。”很明确，这位新皇帝在战乱仍在继续的情况下，也要实施以解决饥渴为要务的政策。时隔月余，在建元诏书中他又提出：“仍以兴利除害之事，补偏救弊之方，随诏以颁。”这个兴利除害的方法中就有通过中书省、宣抚司等各级机构的官员组织百姓恢复生产的措施和办法。这是忽必烈在主持漠南军政庶事时就与汉地儒士们一起积累过的成功经验。在没有体制保障下亦能有效的那个经验，如今则在新帝的亲自推动下就要广泛被推行了，大见成效便指日可待了。

随着忽必烈的这般转型建设，原来那个庞大的马背上的游牧帝国，逐步地变成了以东方生存圈广袤大地为国之版图、以生存资源富集地区为国之中心、以本版图最精致的文化为统治形式、以满足蒙古贵族利益所需为目标的旷世大国。这样，终于于一二七一年，这个成吉思汗钦定的“大蒙古国”国名，被忽必烈正式改成了“大元”。之后，于一二七五年，南宋朝廷的最后一扇门被关闭，这个帝国就真正被打造成了举世无双的大元帝国！

倾听着忽必烈对帝国的这般打造，萨冈彻辰老先生心花怒放，于是写下了：“……治理着泱泱大国，四大政统，不累四隅，不扰八境，使天下井然有序，使天下尽享太平”的极尽赞美之词……

三

草原上的小路，一头连着蒙古包，一头伸向大千世界的任何一方。就在这样一条像历史一样蜿蜒的小路上，一个人正进行着神圣的旅程。他把躺在路面上的身体收拢到双脚上缓缓站起，然后仰起头将双手举向天空，举到头顶后双手合十再慢慢下落到胸前，之后改变方向将手直直向前伸出，再后身体随着双手前倾而去，以身体的全部长度躺到路上，然后再慢慢站起重复再一次躺倒的动作……

他是谁？他在干什么？应该说，我们不知道他的名字，但知道他是明朝或清朝时期的蒙古人，也知道他这是正在赶往佛教圣地进行朝拜的长路上。这个路很长，也很曲折，且布满荆棘，但他一直会以同样的动作，用身体的长度丈量路的长度和心的诚度，到达佛祖常住的地方，虔诚地向佛祖叩拜着，祈祷今生的幸福平安和来世的荣华富贵。这不是传说中的人物，也不是那个时期某个个别的蒙古人，而是明清两代全体蒙古人宗教信仰的行为写照……

写着这样的文字，我不由得想起了蒙古人曾对长生天与萨满教的虔诚与崇拜，不由得想起了从前的蒙古人，也和这个人一样，将自己的一切托付给长生天与萨满神灵的情景。那么，曾经笃信长生天和萨满教的蒙古人为什么，又从什么时候改变初衷，将朝向萨满神灵的虔诚转向了慈悲的佛祖呢？是啊，不论对一个人，还是对一个民族，更换信仰是一件天大的事情。那么，曾经以长生天之子自居的蒙古人在什么时候，又因为什么原因更换了崇拜的宗教和心灵的主人呢？

据萨冈彻辰老先生的专心倾听，蒙古人的这个变化始自忽必烈。在萨冈彻辰老先生倾听到的诸多声响中，有这样一个有趣的典故：

> 萨思迦·扮底达的侄子麻底·多斡札生于乙未年，丁未年十三岁，随同叔叔一道来朝。在他三十岁甲子年，圣忽必烈·薛禅皇帝的神明的察必·豁阿皇后向皇帝禀奏说："这位麻底·多斡札，是我们的上师喇嘛的继承人，我们从他那儿接受吉祥喜金刚灌顶吧。"皇帝回答说："你这话虽然言之有理，可是我怎么能坐在那个孺童下边？你问问那个孺童，如果我坐在台桌上方，那个孺童坐在下方施与灌顶的话，我就接受；如果那样不行，怎么可以接受灌顶？"
>
> 皇后去向孺童麻底·多斡札禀报了皇帝的旨意，他降法旨说："凡以先时修行练就的灌顶而进入金刚乘之门，另一个是解脱修炼，二者具备，得菩提之福的大德喇嘛，显然是金刚持的化身。因此，我怎么可以坐在皇上的下方呢？"由于老少二人意见不一，察必皇后心灰意冷，说："如果在诵经和灌顶的时候，喇嘛坐在法坛上方，皇帝坐在坛下；处理政事的时候，喇嘛和皇帝二人一起坐在台子上方，怎么样？"忽必烈皇帝和喇嘛二人都表示同意，说："就那么办吧！"于是皇帝降旨说："明天，麻底·多斡札比丘我们两个人将要讨论本尊吉祥喜金刚的秘密经义。"第二天，当来回展开辩论时，对皇帝所提出的问题，麻底·多斡札一个也答不上来。因此，他心感忧倦，说了声："明天再接着辩论吧。"就回去了。原来，萨思迦·扮底达手中的《喜金刚本续》在皇帝的手中，麻底·多斡札还没有看过。
>
> 那天夜里，麻底·多斡札心中愁闷，没有入睡，只是稍稍打了个盹的工夫，就见一个满头白发、婆罗门样的、发髻上插

有人骨号角的那么一个老头儿来到跟前说:“哎,我的孩子!你不要发愁,赶紧好好准备一盏灯。”说完就不见了。过了一会儿,老头儿拿来一大卷书,说:“赶快把这卷书读好,记在心里!天亮之前我要取走放回原处。”说完就不见了。麻底·多斡札童子把书读过三遍,牢牢背了下来。这时,天亮了,刚才那老头儿跟着也到了,说:“如果看完了的话,我要把书拿走放起来。”又说:“孩子!你昨天是因为把上师奉想于南面的空中,在他对面开展辩论,才输了。今天如果把上师奉想在头顶上,深入辩论的话,那位皇帝就会敌不过你。你要记住:在供奉上师的时候,使上师面向里边;辩论的时候,使他面向外边!”说完消失而去。说来是这么一回事:吉祥萨思迦父子的根本护法神吉祥沙·摩诃·伽罗,以神变化身前去,从皇帝的枕头上偷来了《吉祥喜金刚本续》。

第二天,一辩论,皇帝就敌不过麻底·多斡札童子。由此,皇帝非常钦佩,受了吉祥金刚四种圆满灌顶,赐封麻底·多斡札称号:吐蕃语作“加孙·掚思吉·间卜·喇嘛·八思巴”,汉语作“三省大王国师”,蒙古语作“忽儿班·哈札·塔乞·那门·合罕·兀列木只喇嘛”。献上百两黄金做的围坛,上面放着察必皇后的父亲、篾里乞氏莎儿哈秃·马儿哈匝所献的如驼粪块大小的无孔珍珠;千两白银做的围坛,坛上有金铸的须弥山、四大部洲、太阳、月亮、七宝和八供;另外,还献上了无数金、银、琉璃等珍宝,绫绸、蟒缎等财物,以及大象、骏马、骆驼等牲畜,并赠献了失里木只城中建有功绩的百姓和土地。这样,在黑暗的蒙古地方升起了圣教的太阳。从印度迎请了佛牙、佛舍利、四大天王所献的钵盂,以及旃檀木佛像等,施行十善法政,平定天下,为广袤世界带来了和平幸福。因此,“转千金轮斫迦罗伐剌底·薛禅皇帝”之名远扬四方。

萨冈彻辰老先生听到的这个典故颇有些神秘的色彩，可以想得到，这样一个典故应该是由佛教人士编撰，并经较长时间的流传后被萨冈彻辰先生听到的。从典故表达的内容看，忽必烈是在察必皇后的点拨下放下皇帝的架子，完成接受灌顶这一大事情的。不知是典故的编撰者写下的，还是在流传过程中被加上去的，在典故结尾处以点明因果的形式说道：因为，忽必烈皇帝和察必皇后接受了灌顶，于是："在黑暗的蒙古地方升起了圣教的太阳。"这段话似乎在告诉我们，佛教就这样取代萨满教，成了蒙古人崇拜和信仰的宗教，成了照耀他们黑暗世界的太阳。

然而，我们知道更换宗教是文化转型中的重大事件。无论是一个人，还是一个团体，或是大权尽揽的皇帝可汗都不可能因一时冲动心血来潮把千百年来顶礼膜拜的神灵随手扔去，而俯首拾起一个异地他族不甚了解的宗教如获至宝地供奉到头顶上的。即便是成吉思汗，在这个事情上也是非常谨慎的。尽管当年他热情邀请道教名士丘处机到他西征行所，与他谈论天下，听他阐述教义，和他建立深厚的友情，并令他掌管全国道教事务，但并未用道教取代萨满教，而明确坚持了"同等对待各类宗教"的原则。从"同等对待各类宗教"到独尊佛教的重大转身，蒙古人应该经历了对佛教从初步认识到深度欣赏的历史过程。这个过程相对于接受灌顶这般一锤定音的大事，不仅小得多，其脚步声也弱得没有被萨冈彻辰老先生倾听到或被他忽略了。为了看清这一重大转身背后的原因，我们有必要把萨冈彻辰老先生的倾听延伸到蒙古人与佛教初次见面的那个时候，以听清蒙古人是如何一步步走近佛教，最后用其取代萨满教的历史脚步声。

于是，我们就会听到这样一些细碎而清晰的脚步声：在远古年代，蒙古草原上根本没有佛教的身影，痴迷英雄主义的蒙古人也根本不知道这个世界上还有一个叫佛教的宗教。据与佛门有关的一些史料显示，蒙古人最早在成吉思汗时代与佛教发生过接触。一本叫《显明佛教之宝灯》的书中这样写道："皇帝四十五岁之藏历第四饶迥火兔年（1207）之时，用兵于吐蕃之乌思地方，第悉觉噶与蔡巴贡噶多尔济等人闻之，遣使三百人来迎，奉献盛宴，说：‘愿归入你之治下。’将纳里苏三围、乌思藏四部、南部三岗等地全部呈献。皇帝对此大加赏赐，将吐蕃全部收归治下。此后，寄送礼品及书信给萨钦・贡噶宁布，书信中说：‘我要迎请大师你，但是还有数件国事未曾完成，一时未能迎成。我在此止于你，请你在彼处护佑我。今后我之事务完结之时，请你及你的弟子来蒙古地方弘扬佛法。’此次虽未亲自与上师相见，但已遥拜上师，向乌思藏之三所依（佛像为身所依，佛经为语所依，佛塔为意所依）及僧伽献了供养，故皇帝已成为佛法之施主，教法大王。”照此记述，蒙古人在成吉思汗时期就开始崇拜佛教了。但真实的历史并非这样，此段记述不过是只对教门负责，而对历史失责的一家之言而已。实际上，成吉思汗与佛教并非以这种形式接触，而是在征服西夏的过程中自然发生的。

历史上的西夏国是笃信喇嘛教的国家，他们把喇嘛教奉为国教，聘请吐蕃地区的喇嘛教僧人担任国师。所以，喇嘛教在西夏的地位高、影响大。成吉思汗征伐西夏的战争从一二〇五年开始，断断续续进行到一二二七年，是年西夏灭亡，成吉思汗也命归上天。在此过程中，亲临西夏带兵打仗的成吉思汗肯定会接触或碰到西夏大地上三教九流各色人等，其中肯定不乏喇嘛僧人和佛教门徒。应该说，这便是成吉思汗接触佛教的本真形式。蒙古人与佛教实质性的接触则发生在成吉思汗的儿子，大位继承者窝阔台汗时期。窝阔台继位后，学着成吉思汗的做法，把原西夏一些地区封给了次子阔端。于是阔端坐镇从前叫凉州，现今甘肃武威的地方，镇抚秦、陇和吐蕃地区。史书没有提供阔端如何镇抚秦陇大地的情况，而镇抚吐蕃地区的一些细节被相关史料记录了下来。而且蒙古人与佛教的实质性接触就是在这个过程中发生的。

约在一二三九年至一二四四年间，阔端派一个叫道尔达・达尔罕的人前往吐蕃地区。他的使命与当年成吉思汗派刘仲禄邀请丘处机一样，去请以学富五车（内明、因明、声明、医明、工巧明）闻名的萨迦派第四代祖师萨迦・班智达。在一本叫《萨迦世系史》的史料中，留存着阔端当时写给萨迦・班智达的邀请诏书。诏书全文写道：“长生天气力里，大福荫护助里，皇帝圣旨，晓谕萨迦·班智达贡噶坚赞贝桑布。朕为报答父母及天地之恩，需要一个能指示道路取舍之喇嘛，在选择之时选中汝萨班，故望汝不辞道路艰难前来。若是汝以年迈（而推辞），那么，往昔佛陀为众生舍生无数，此又如何？汝是否欲与汝而通晓之教法之誓言相违？吾今已各地大权在握，如果吾指挥大军前来，伤害众生，汝岂不惧乎？故今汝体念佛教和众生，尽快前来！吾将令汝管领四方众僧。”“赏赐之物有：白银五六升，镶缀有六千二百粒珍珠袈裟，硫磺色锦缎长坎肩、靴子、整幅花缎二匹，整幅彩缎二匹，五色锦缎二十匹等。着多尔斯衮和本觉达尔玛二人来送。”“龙年八月三十日写就。”从语气、内容看，这份诏书就是叫萨迦·班智达大师前来提供将吐蕃地区纳入治下之策的命令。

在当时的吐蕃地区，萨迦派并不是主导吐蕃事务的宗教派别。所以，接到阔端的邀请，对他们来说是迎来了天赐的一大机遇。于是，学富五车审时度势的萨迦·班智达不顾年迈的身体，带着两个侄子，经两年左右的长途跋涉，于一二四六年八月来到了阔端驻地凉州。但不巧，这时急切邀请他们的阔端因去和林参加大蒙古国第三任大可汗，也就是其长兄贵由的即位大典而未能及时见面。所以，两人在一年以后的一二四七年，阔端回到凉州后才见了面。由此可见，古时代的交通是多么熬人的跋涉呀！

不论对蒙古汗廷，还是对佛教的萨迦派，一二四七年都是历史性的、里程碑式的年份。对蒙古汗廷和上层贵族来说，这是他们推开神秘的佛法世界之大门的一年，而对萨迦派的教主们来说，则是他们敲开蒙古人心灵之大门的一年。尽管当时的萨迦派大师萨迦·班智达没有向蒙古地区广泛传播佛教信仰的急切愿望，也尽管他面对阔端的邀请没有即明天机，但一只无形的手还是让他带着两个侄子，向陌生的蒙古人之心灵世界走来了。他第一个走入的就是邀他前来的阔端的心灵世界。说来也奇巧，从贵由可汗即位大典返回的阔端患了一种病，一本叫《蒙古汗统黄史》的史料说他患的是“龙君病”，“无人能治愈”。就在这样的情况下，萨迦·班智达妙手回春，治好了阔端他人未能治愈的这个病。这个历史事例让人很容易想起蒙古人的祖先在信奉萨满教过程中的一件事情：蒙古人部落联盟时代的第一位大可汗叫合不勒，一次他妻子的兄弟患了病。为了治好他的病，合不勒汗叫人从塔塔儿部请来了一个萨满巫师。萨满巫师到来后做了一次巫术，结果病没治好，人却死了。由此，合不勒汗的宗亲和手下不仅没有以邻邦的礼仪对待他，却狠狠地打了人家一顿，后来还追到塔塔儿人的地盘上，杀掉了他。蒙古人与塔塔儿人长达一个世纪的仇恨和杀戮就从这个事情开始。与此相比，蒙古人与佛教的见面以有益于生命健康的形式开始了。接着，阔端按着信中所说，让萨迦·班智达"指示道路"，这个"指示道路"不是别的，就是与萨迦·班智达协商吐蕃地区归顺大蒙古国事宜。尽管当时，萨迦派并不统治全吐蕃，但他们知道割据吐蕃地区的宗教派系和地方势力在怎样条件下可以归顺的利弊道理，所以他们很快拟定了吐蕃归顺的条件。据《蒙古民族通史》和《内蒙古喇嘛教史》透露，协议达成后萨迦·班智达向全吐蕃僧俗领主们发出了一封公开信，这封公开信就是著名的《萨迦·班智达致吐蕃人书》。信中，萨迦·班智达诫劝吐蕃僧俗归顺蒙古。他以金国、西夏为例，说明归顺与抗争的利弊得失，并告诫切不要以地险、人雄、兵众、甲坚而拒降。同时又警告他们，如果拒降不仅引发灾难，最后还得以投降来结束。萨迦·班智达能够发出这封信的前提是已拟定好的管理吐蕃地区的制度模式。其中规定：吐蕃的宗教事务，由蒙古汗国委任的萨迦派中的金符官、银符官以达鲁花赤的身份负责掌管。负责民生的世俗官员仍用原来人员，但需要由持有金符、银符的萨迦派达鲁花赤来委任。为实施这个制度模式，吐蕃各地要编造表册，填写官员姓名、属民数字、贡物数量等。同时，还要注明归顺者和未归顺者，以防止处理未归顺者时牵连归顺者。这个协议一式三份，分别由吐蕃地方官府、萨迦·班智达和大蒙古国汗廷保存。应该看到的是，在当时情况下这种解决办法对正筹略用兵宋朝的大蒙古国汗廷和对吐蕃地区的社会形态、生命财产、生活安宁都是最好的选择。这样，蒙古人与佛教的接触又以有利于朝廷统治事业发展的形式深入了起来。当时蒙古的贵族上层都会记着成吉思汗时代的大萨满阔阔出狂妄自大，为一己之利痛打成吉思汗弟弟合撒儿，又以长生天的名义险些借成吉思汗之手杀掉他的事情，同时他们还正目睹着道教僧侣依仗成吉思汗曾对他们的厚待坐大独家势力、抢占他人寺庙等不端行为。与之相比，在与佛教的接触中蒙古统治者们开始感受到它既有利于统治事业的发展，也有益于生命健康的可贵之处。这样，对佛教的好感从阔端漫延到朝廷，进而向黄金家族各府邸传播开去。

当萨迦·班智达的那封书信还未完全到达吐蕃各处的时候，大蒙古国的朝政开始出现了动荡。即位刚到两年的贵由突然病逝，围绕帝位宝座的纷争又暗流涌动起来。于是，从朝廷到阔端，乃至黄金家族的诸王们都无暇顾及吐蕃事务而转身投入到帝位宝座的争夺之中。可是，从阔端开始的对佛教的好感和好奇并没有因此停滞，而是不断向其他门庭扩延开去。其中，较早扩延到的就是忽必烈一家。也许是因为忽必烈有脚疾而阔端向他推荐了医术高明的萨迦·班智达，于一二五一年，帝位争夺尘埃落定，其长兄蒙哥登上大位的那一年，忽必烈的邀请就到达萨迦·班智达在阔端那边的住地。不料，这时医术高明的萨迦·班智达已经快要圆寂，无法动身前往，但为了不怠慢这位大可汗的弟弟，派侄子兼高徒的八思巴前去见忽必烈。尽管历史是不能加以猜测的，但从蒙哥即位后忽必烈邀请萨迦·班智达的来龙去脉分析，他们之间应该有当紧的两件事：一是脚疾的治疗；二是了解阔端与他们先前拟定的收归吐蕃的政策措施等。史书没有记录他们二人见面的细节，《内蒙古喇嘛教史》一书说："由于八思巴年轻、谦虚、聪慧、诚实而深受忽必烈宠爱，故将八思巴留在身边。"由此可见，忽必烈对阔端与萨迦·班智达解决吐蕃问题的政策是赞赏的，也对八思巴的聪慧、诚实产生了浓郁的兴趣。这样，佛教有益于统治事业的发展，也有益于生命健康的良好表现进一步被当朝可汗的弟弟亲眼所见。就在八思巴留在忽必烈身边，忽必烈对佛教的良好印象正向两人间的友谊深入发展时，留在阔端那边的萨迦·班智达病重了。八思巴得知后，离开忽必烈赶往阔端那里见叔父兼师父的萨迦·班智达。不久，萨迦·班智达圆寂，临终时便任命八思巴继承自己的法位，当萨迦派的教主。虽然八思巴离开忽必烈前去料理师父后事，完成佛事法业等，但是因他留下的良好印象，他和他们有益于朝政的德行，还是经忽必烈介绍到了当朝可汗蒙哥的耳朵里。于是，一二五二年蒙哥召见八思巴，并让他重新向吐蕃地区宗教及地方头领们写信，安排清查户口、划定地界等事宜。很显然，蒙哥让八思巴写的这封信是对萨迦·班智达那封信内容的延伸和实化。这样，佛教有益于统治事业发展的形象直接映入了蒙古最高统治者的眼帘。

笃信萨满教，一向从萨满巫师的口中倾听长生天旨意的蒙古人就这样出于对统治事业发展和生命健康的需要，与佛教产生了越来越紧密与深入的关系。而且，随着统治事业发展的需要，蒙古的统治者们把佛教的善能作用更多地用到自己事业发展的需求上。一二五三年，忽必烈奉蒙哥之命率军征云南。因大军需要途经部分吐蕃地区，为使军队免受干扰和损失，忽必烈在南下途中邀请主导相关地区事务的噶举派教主噶玛巴希见面，向他了解青、巴、甘地区藏人和该派系的情况，并要求提供必要的帮助。据史书提供的信息，忽必烈还要求他留在自己的身边。这是一个很有意思的信息。忽必烈见到八思巴后将他留在了身边，可是因师父圆寂等佛事原因，八思巴离开了他。现在见到噶玛巴希又要求他留在自己身边。看来，事业的需要和佛教的理念已经引起了他很深的兴趣。可不知是什么原因，噶玛巴希婉言拒绝忽必烈后，北上到今甘肃、宁夏等地传教去了。因北上传教，与大可汗所在的都城哈拉和林的距离相近了，名声便渐渐传到了蒙哥的耳朵里。据史料记载，在蒙哥时期朝廷经常举办不同宗教间的辩论会。早年，成吉思汗曾告诫子孙们，要“同等对待各类宗教”。很显然，同等对待是不需要分出高低的，所以在辩论会的背后已有了蒙古统治者更多的考虑。据《内蒙古喇嘛教史》说，第一次辩论会举行于一二五四年，参加辩论的宗教有基督教士、回教士和佛教僧人，其中“受到攻击者，只有佛教”。假如这一消息可靠，那也只能是小试牛刀的探试，因为这时八思巴为寻受比丘戒离开了哈拉和林，而噶玛巴希虽然已北上传教，但还尚未到达这里，所以参加辩论会的可能是无名僧人。但这样一个结局对已经对佛教产生了好感的蒙古统治者是难以理解的。就在这时以神通密法著称的噶玛巴希应蒙哥大可汗之邀来到了哈拉和林。蒙哥大可汗给予这位高僧很高的礼遇，让他主持修建喇嘛寺庙。一部叫《红史》的史料说："他（噶玛巴希）的名声如遍布天空的星星，被汗王奉为顶饰。"由此可以看出，蒙古统治者们对佛教已有的好感并没有因佛教在辩论会上受到攻击而减弱，而随着噶玛巴希的到来越发深入和广泛了。

因需求产生的好感往往会演化成进一步的功利欲望。因在收服吐蕃问题上体会了佛教的作用，蒙古统治者们继而又看到了它在日后大业中可能的作用。于是，他们对佛教的好感逐渐演化成了让其更大程度地为统治事业服务的功利策略。要做到这一点，他们需要一个冠冕堂皇的理由，以突破成吉思汗"各类宗教同等对待"的遗训。这就是向世人证明佛教的高深和超凡。就在蒙古统治者们对佛教的好感演化成功利欲望的过程中，已被确定为吐蕃地区宗教领袖的八思巴学成教业回到了忽必烈身边。于是，蒙哥大可汗命忽必烈在上都召开了佛道两教辩论大会。一个是曾获成吉思汗礼遇的道教，而另一个是现今当朝者欲要利用的佛教，这种安排的用意已经再明显不过了。关于这场辩论大会，一位叫祥迈的元朝僧人在《大元至元辨伪录》的史料中写道："今上皇帝建城上都，为国东藩，皇帝圣旨，倚付将来，今大集九流名士，再加考论僧道两路邪正分明。今上皇帝承前事意普召释道两宗，少林长老为头众和尚每，张真人为众先生每，就上都官中大阁之下座前对论。内众即有那摩国师、拔合斯八（八思巴）国师、西番国师、河西国僧、外五路僧、大理国僧、汉地中都圆福超长老、奉福亨长老、平滦路开觉迈长老、大名津长老、塔必小大师、提点素摩室利、译言真定蒙古歹、北京询讲主、大名珪讲主、中都寿僧录、资福明讲主、龙门育讲主、太保聪公等三百余僧，儒士窦汉卿、姚公茂等，丞相孟速思、廉平章、丞相木华黎、张宗谦等二百余人共为证，道长张真人、蛮子王先生、道录樊志英、道判魏志阳，讲师周立志等二百余人共僧抗论。”真是一场盛大的辩论会呀，可以说佛道两教盛行之地的高人们都来参辩了，而且其结果也极其符合当朝者本来的意愿。据《内蒙古喇嘛教史》说：“这次大会，以佛教的胜利和道教的失败而告终。道教的樊志英等十七人按约受罚，在龙觉寺削发为僧，焚烧道教四十五部经，收归以前被道教占据的佛寺二百三十七座。”据说，在辩论中，年轻的八思巴发挥了关键的作用。

事情按照统治者的意愿发展起来了。在这个过程中，不仅道教教士们尝到了失败的滋味，主持和观摩辩论的统治者们也经历了从对佛教有好感到信服其高深理论的过程。亲自召集和目睹其经过的忽必烈尤其是这样。从一二四四年开始正式接触佛教到这一年，蒙古统治者们用十四年的时间基本完成了对佛教的认知。接着他们就可以堂而皇之地举行一些仪式尊崇佛教了。可是，就在这个时候大蒙古国朝廷又出现了动荡。先是蒙哥大可汗排挤忽必烈，后来虽然复又和好，但不久又发生了蒙哥大可汗战场殒命的事情。直到一二六〇年，随着忽必烈在上都宣布即位，这个事情才与灭取南宋、管理吐蕃的需要一起被提了上来。于是，中统元年也就是一二六〇年，忽必烈在上都任命八思巴为国师，并于一二六四年赐予八思巴一份诏书。诏书中说：

长生天气力里
大福荫护助里
皇帝圣旨
晓谕众僧人及俗民等：

此世间之完满，是由成吉思汗之法度而生，后世之福德，须依佛法而积聚，明察于此，即可对释迦牟尼之道生起正见。朕善知此意，已向明白无误之上师八思巴请授灌顶，封彼为国师，任命其为所有僧众之统领。上师亦已对敬奉佛法、管理僧众、讲经、听法、修习等项明降法旨。僧人们不可违了上师法旨，佛教最根本的是善于讲论佛法，年轻心诚者学法，懂得教法而不能讲经者可依律修习。如此行事，方合乎佛陀之教法，亦合乎朕担任施主，敬奉三宝之意愿。汝僧人们如不依律法讲经、听法、修习则佛法何在？佛陀曾谓："吾之教法犹如兽王狮子，体内不生损害，外敌不能毁坏。"朕驻于宽阔大道之上，对遵依朕之圣旨，善知教法之僧人，不分教派一律尊重服事。如此，对依律而行的僧人，无论军官、军人、守城官、达鲁花赤、金字使者皆不准欺凌，不准摊派兵差、赋税和劳役，使彼等遵照释迦牟尼之教法，为朕告天祝祷。并已颁发圣旨使彼等收执。僧人之佛殿及僧舍，金字使者不可住宿，不可索取饮食及乌拉差役。寺庙所有之土地、河流和水磨等，无论如何不可夺占、收取，不可强迫售卖。僧人们亦不可因有了圣旨而做出违背释迦牟尼教律之事。朕之诏书鼠年夏五月初一日在上都写就。

至此，蒙古统治者们走完了疏远萨满教、疏远长生天，而亲近佛教、亲近佛陀的心灵路程，也就发生了萨冈彻辰老先生所倾听到的那则颇有滑稽色彩的忽必烈与察必皇后接受灌顶的故事。萨冈彻辰老先生认为这样一来，"在黑暗的蒙古地方升起了圣教的太阳"。其实不至于此，忽必烈的转身尽管当时仅在权贵高层，但它有力地开启了全体蒙古人文化转型的大幕。这里既有信仰更换的需要，也有蒙古人从打天下到坐天下的身份转换的考虑！

四

在灿烂的佛光和漫天的诵经声中，大元王朝的车轮"嘎吱、嘎吱"地碾轧着时光和岁月向前走去了。由于体量巨大，构成复杂，它所发出的声响是混杂的、喧闹的。但萨冈彻辰老先生仍然很耐心、很用心地继续倾听着它向前走去的脚步声。因为岁月重重，时光远去，人心复杂又风雨多变，它隆隆走过的脚步声时而模糊，时而清晰。但萨冈彻辰老先生倾心地听着，想在那嘈杂的声响中听清那个巨人般朝代走过的每一个重要的历史脚步。

也许，在一个朝代的存在中，帝位的传承是它命脉延伸的象征。所以，从那纷乱嘈杂中，萨冈彻辰老先生精心地分辨出了继忽必烈之后每一位皇帝继位与驾崩的步伐。倾听到第十位继位者妥懽帖睦尔时，老先生听到了一组古怪而奇特的脚步声。因为身处乌审沙漠的腹地，老先生一时难以分清它的真与假，便按听到的样子将它记录了下来。为看清历史被后人不断演义的可怕，我将其照抄在这里，与今天和今后的人们一同去审视。

老先生的记录是这样的："札牙笃皇帝的儿子妥懽帖睦尔·乌哈笃皇帝生于戊午年，己酉年即皇位，时年十六岁。他奉萨迦·阿难达·麻底喇嘛为福田，按照祖宗旧制，均平地施实两道，政教两宜，安享幸福。"以上几句，与其他皇位继承与施政情况的描述基本相同，并没有古怪与奇特之处。只是让我们感知到忽必烈建造的王朝这时已经传到了一位叫妥懽帖睦尔的人的手上，同时还提供了蒙古统治者们仍在延续尊崇佛教的信息。可是，紧接着令我们瞠目结舌的文字就出来了：

就在那时，汉人姓朱名惴的老头儿庚申年生了叫朱哥的儿子，当时，房中射出了五色彩虹。在那个时候，阿鲁剌氏博尔术那颜的几代后裔、剌哈的儿子亦剌忽丞相向皇帝禀奏：

"似这等凡人出生时，
能出现这样的征兆。
他定是个异己之人，
应在其年幼时除掉！"

皇帝不以为然，没有杀朱哥。亦刺忽丞相又说：

“如今不肯听我的话，
最终恐怕会敲脑袋，
等这小儿长成人，
怕是带来各种祸灾。”

后来，那孩子渐渐长大，变得越发聪明伶俐，皇帝非常喜爱，降旨说：“脱脱、哈剌章父子二人已经统领我右翼省的百姓，那么就让朱惴老人的儿子朱哥、不哈兄弟二人统领我左翼省的百姓！”就这样让他们统领了左翼省。却说，那朱哥官人又与称为哈麻平章的一个汉儿内臣相互串通，结为心腹，让他对皇帝启奏说：“脱脱太师似乎对皇帝心怀不轨，擅自与外邦有往来。”哈麻平章常进谗言，挑拨诬告。

那期间，皇帝在一天夜里做了一个梦：一只生有铁牙的野猪跑进城来，见人就咬，他找不到藏身的地方，正在东奔西躲的时候，太阳和月亮一起落下去了。第二天，皇帝令汉人王道士给解梦，那王道士说：“这是将要失去政权的先兆。”

抄到这里，有必要停下来说几句。萨冈彻辰老先生听到的这个典故很像是人类童年时期的童话故事。我们知道，当时元朝实行的是行省制的行政管理模式，且在全国设置了多个行省，并没有左翼省和右翼省的行政区划，尤其令人难解的是，当时的统治者们对佛教已到了痴迷的程度，如有解梦之类需求应找僧人才是。可是，老先生听到的这个典故在这些问题上一片模糊，不得不让我们感到这可能是远离了历史本真的中世纪童话。这个寓言就这么继续着：

皇帝心想:“这人为什么要说出这么不吉利的话?”于是讲给阿鲁剌氏亦剌忽丞相,丞相说:“但愿一切无事。从前我不是说过吗?从那尘土飞扬的地方,将会腾起烽烟。”皇帝心想:“他朱哥人还小,懂什么?”又召来弘吉剌氏的脱脱太师问询,太师这样说:“生有铁牙的猪,是朱姓人反叛的征兆;日月同时落下,是分不出皇帝和庶民的征兆。”皇帝问:“那么现在怎么办才好?”太师说:“从前亦剌忽丞相的那些话是对的。现在同样,除了杀掉朱姓人之外,没有其他办法。”皇帝心想:“这太师身为大人物,却因为我提拔了朱哥官人而眼红。”还是没杀朱哥。

却说,朱哥官人听说那些话后,除了早就勾结在一起的哈麻平章之外,又让其他亲信们不断向皇帝进谗言诬陷。脱脱太师听说后,曾多次向皇帝做了禀报。但后来心想:“现在我几次禀报都不信,这可没什么好事。”因而自己有所提防。

果然,朱哥官人派人前来试探脱脱太师。太师料到后,事先想出这样一个办法:在门口摆上一大盘水,水里放上几块松树的碎片,在那些碎片上面放上剃刀和鬃尾毛两样东西,坐等着。那人来看见后,回去说:“什么也没谈。他在门口摆着那样一些东西坐着呢。”朱哥官人一听也明白了,他说:“那盘水是比喻大海一样的大国;树木的碎片就像海上的船只一样,是比喻皇帝、太师、众官人和宰相等。刀和鬃尾毛两样东西是比喻比薄刀还要锋利、比毛发还要纤细的皇帝的法度。”心里又想:“得想个什么办法除掉这个隐患。如果不除掉这个人,后患无穷。他知道一切,不能留他。”于是又让哈麻平章向皇帝禀奏说:“那脱脱太师对皇帝心怀不轨,是确切无疑的事。征候是,如果皇帝命令他前来赴会,他肯定不来。由此可以验知。”皇帝派哈麻平章前去传召脱脱太师。哈麻平章中途返回来禀报说:“传谕太师前来,可他不从。”皇帝说:“假如他心中无鬼,怎么会不来呢?看来他确实心怀恶念。”于是派哈麻平章率兵前去诛杀脱脱太师。

却说，哈麻平章出发后，把重兵留在失噜罕城，自己先来到太师处，对太师说：“密旨到。”然后悄悄说：“有人向皇帝禀报说朱哥官人对皇帝心怀不轨。因此，为了弄清真假，皇帝特传旨召太师前去商议。”太师虽然心中明白，但由于时限已到，不得不去，临行时心想：“因为我很早就一直受到皇帝的信任，所以这话也许是真的。”就动身了。哈麻平章说：“我要先去准备驿马，如果耽搁久了，皇帝要怪罪的。”他先去抓紧布置了人马，一把太师让进城中，立刻杀死了太师，回来向皇帝禀报了事情的经过。皇帝降旨说：“现在令朱哥官人统领右、左翼各省全体百姓！令哈麻平章执理内政。”……

这可真是一个随心所欲的拿捏呀！典故中的这些人物，不论是皇帝还是宰相或是太师抑或是朱哥、哈麻平章等，都像个随意拿捏的小泥人，让他们聪明就聪明得无人能比，让他们愚蠢也愚蠢得无人能比，让他们死他们就往死路上瞎跑，让他们活他们就在编撰者的巴掌里胡乱喘气，然后用力推进着一个本不属于他们的荒唐故事。尽管这样，萨冈彻辰老先生倾听到的这个典故就这样荒唐可笑地继续着：

却说，那朱哥官人禀奏说：
“既然我主对我如此大加惠爱，
我怎能贪图安逸坐在家内？
位卑小官前去定会扰累大众，
我该亲自前去征敛国家赋税。”
皇帝非常赞许，降旨说：“就那样办吧。”

朱哥官人一去三年不返，皇帝大怒，严令门卫：“这朱哥官人耽搁得太久了，如果他回来，不许放他进城！”

却说，有一天夜里皇帝做了这样一个梦。一个满头白发的老头儿来到跟前，怒气冲冲地训斥道:“你杀了自己的看家狗，现在外面的恶狼就要来了，看你对此还有什么办法可想！”说完转眼间就不见了。第二天，皇帝因为那个梦而惶恐不安，心想:“所谓自己的狗，是不是指我杀了脱脱太师一事呢？所谓外面的狼，是不是指朱哥久出不归呢？”他把那个梦禀告了阿难达·麻底喇嘛，喇嘛沉默了片刻说:“早先，我们的最尊上师，达到五识终极的圣萨迦·班智达在他所著《善说宝藏》一书中曾说：自己的友伴变为敌人，尚属有益；仇怨的敌人变为友伴，则属有害。正像此话所说，你杀了看家狗一样的脱脱太师，宠信恶狼一样的朱哥，由此将引出恶患。你这梦就是这样恶患的预兆。”皇帝问:“现在做些什么可以补救呢？”喇嘛说:“还是从前你的先祖圣忽必烈皇帝的时候，我们的至上法王八思巴喇嘛曾经痛哭三日，忽必烈皇帝问:‘我的上师呀！你为什么这样大哭呢？’八思巴喇嘛说:‘不是在皇帝你和我二人的这个时候，而是在我们下辈九或十代的时候，将有妥懽皇帝出世，那时咱们的政教二道就将毁灭。我因此而哭。’忽必烈皇帝说：‘哎，我的上师！你年纪这么小，怎么能知道那么远呢？’八思巴喇嘛说:‘皇帝呵！我还知道在古昔的某一时期，这个地方曾下过七天血雨呢。’忽必烈皇帝一查古书，果然有一本书中记着：古时汉地唐太宗皇帝的时候，这个地方下了七天血雨。印度的无碍尊师的弟弟伐苏畔都师的弟子、汉地的唐玄奘译师说:‘不是在皇帝你这个时代，而是在你下辈十多代的时候，你的后嗣中将有称为唐哀帝的皇帝出生，那时你的朝代要更迭。这血雨是征候。’据说，看了那本书之后，忽必烈皇帝比从前更加信服了。正如诸位先贤显示预兆一样，时至今日的各种罪业，又有谁能够劝止呢？既然是这样，就唯有祈求上师大德，皈依三宝；恭敬自己的保护神，或许能有所获益？”然而，皇帝的心已被妖魔扰乱，对喇嘛大发雷霆，下令说:“喇嘛你现在就回原籍去吧！”上师心中大喜，说：“在皇帝的黄金缰缆无事、玉宝大政太平的这时，让我返回原籍，这不是皇帝的命令，而是喇嘛我的运气。”即刻动身返回吐蕃去了。……

天啊！更是肆无忌惮地胡编乱造了。很明显，典故的编撰者通过以上似是而非的编造，把大元王朝推到了万丈悬崖的边上，而且不可挽回地就要坠落下去了。不早，也不晚，编撰者这时才请出了被蒙古统治者独尊其为国教、享尽了这个帝国给予他的种种厚待的佛教僧人，时为国师、帝师和福田的阿难达·麻底喇嘛。我们都知道，一个王朝从诞生到覆灭是各种矛盾发展到不可调和之程度的结果。所以，我们不禁要问，被描绘成了上知千年、下达无穷的那些上师喇嘛，那些享受帝王们给予他们的超级待遇时未曾推辞过的圣知，为什么在问题刚开始出现时，在失误还没有迈步时，不向帝王们提供避免失误、消除隐患的绝高建议呢？为什么事情到了无可挽回时才出来说一些让自己全身而退的玄妙高论呢？看来，这个典故出自佛教喇嘛之手是很明显的了。那么，我们接着看这位编撰者究竟如何结束忽必烈建造的这个庞大帝国的历史寿命的：

却说，那朱哥官人在南京城里住了三年，与总共八十八万汉人紧密勾结，立了盟誓。然后返回，给皇帝带来了这样一封信：“遵照天下之主大皇帝的圣旨，带来了精心征敛的赋税。”他来到的时候，城门门卫遵照皇帝先前的圣旨没有放他进城。他拿珍宝财物取悦城门门卫，得以进城，向皇帝禀报说：“我用九万辆大车驮回了珍宝财物。”卸车的时候，他说：“前三万辆车上是各种珍宝财物，中间三万辆车上是武器，后三万辆车上是吃喝的东西。”首先卸下前三万辆车，果然是珍宝绫罗。后六万车中，实际上是身穿铠甲、全副武装的士兵，还有用蜡裹着的三门大炮，他说：“如果到天黑还卸不完车里的东西，这是用来点燃的蜡烛。”他们已约定：当蜡烛燃尽，火烧到炮捻子上，炮声响起的时候，那些藏在车里的士兵就出来。前三万辆车刚卸完，炮声就响起来，那些士兵紧接着突然冲出来攻战。众人惊恐，没人能抵御。皇帝钻进先前梦中所见到的那个地洞，袖揣着玉玺，带着众后妃和儿孙往外逃。与阿鲁剌氏亦剌忽丞相、乃蛮氏不花丞相、合撒儿的后代朵豁勒忽·把都儿台吉等七个伴当一起力战，逃了出来。

就这样，乌哈笃皇帝从癸酉年起，在位三十六年，在五十一岁的戊申年，因爱听谗言致使大都城落入了仇敌的手中，失掉了玉宇。

自福德成吉思汗诞生的壬午年起经过二百零七年；自圣主成吉思汗即位的己酉年起经过一百八十年，至戊申年，蒙古的十五位皇帝执掌了政权。

却说，乌哈笃皇帝从古北口逃出，一路上泣吟而行：

“诸色珍宝修成的我那宝贵宏伟的大都城哟，
惬意消夏而居的我那上都·开平·库儿都城哟，
古时诸圣的夏营地我那上都的失喇·塔剌哟，
在那万物枯黄的戊申年，我误失了大国哟！

九色珍宝装修成的我那宏伟的大都哟，
可执缚九十九匹白马的我那上都·开平哟，
广受众惠的我那政教二道的福乐哟，
称为天下之主的我那可惜的美名哟！

起早登高举目远望，烟霞缭绕，
前后眺望观赏，景色悦目，
不分冬夏，居住无忧快活，
是我自在薛禅皇帝建立的宝城大都！

先祖享乐的我那宽广宏伟的大都哟，
有缘相聚的我那众王侯、宰相和属民万众哟，
不听亦刺忽丞相明谏之言，是我的遗恨，
听信反叛而去的朱哥官人，是我的昏昧！

具有神力的薛禅皇帝多方营建的，
福禄汇集的我那大都城哟！
被汉人朱哥官人收占去了！
恶名落到我妥懽帖睦尔身上了！
……”

啊！好一个东方版的《特洛伊木马传说》！可以大胆地推断说，在十七世纪，在萨冈彻辰老先生生活的那个年代，蒙古人能够听到或读到古希腊传说的可能性应该是没有的。但类似于《特洛伊木马传说》的情节就这样被编出来了。由此可见，人类的智慧在一定条件下往往是不谋而合的。应该说，这是我读完上述典故的最大收获，而至于对大元王朝末年情况的描述和它窒息原因的编造，以及未用吹灰之力就把一个庞大王朝推下悬崖的巧妙编造，只是当作一则中世纪的童话来阅读了。因为，我们知道，一个王朝走向灭亡是各种矛盾发展到不可调和之程度的结果，也是前一个王朝的存在形态被后一个王朝彻底否定的结果。

那么，在这个地球上疆域最广阔、人口最众多，而且由能征善战的蒙古铁骑日夜守护的庞大王朝为何在建立了东方生存圈版图统一的大帝国后不到百年就摇晃着倒去了呢？现在有人说，百年是个大限，也有人写博文说，这是因为蒙古人不懂政治。这样的博文阅读者甚众，喜欢的和送“金笔”的也不少。读着萨冈彻辰老先生记下的那个典故，搜看着网上推的类似文章，有时我不由得浑身发抖起来。在十七世纪，在那个较为蒙昧的年代，我们深受天命论影响的先人们就那么简单粗暴地结

束了一个王朝的寿命。而现在，在人类智慧已向外星飞奔而去的这个年代，我们的写作者们却陷进了碎片化的思维模式之中，发表着天真、浅薄与十七世纪的人如出一辙的言说。应该看到，这是一个较为可怕的现象。面对十七世纪的人我们已无话可说，可是我们现在和将来的人，如果把大脑都让网络条格切碎而去，一个民族、一个国家可能将失去的不仅仅是思维能力而已……

还是言归正传，我们来探讨大元王朝摇晃着倒下的历史原因吧，以使我们对历史有个客观的认识，也来弄清一下萨冈彻辰老先生那个典故背后的真正原因。从本质上说，大元王朝是游牧贵族统治的农牧帝国，它就像是一顶搭建在麦尖上的蒙古包。要想使这顶蒙古包长久地挺立在麦浪之上，就要让它哈那的每根木条像一束束粗壮的麦秆儿扎根到沃土的深处，感知春夏秋冬的冷暖，领略发芽与成熟的要津，学会在风中尽情地摇曳。也就是说，建立了农牧帝国的游牧统治者们要走下马背，要把惯于逐水草迁徙的思维转换到善于春播秋收的模式上，以使那如同麦尖上的蒙古包的政权稳稳地存延下去。对当时的蒙古人来说，这是一个重大而必需的转型。如果不转型或转型不好，蒙古统治者们就不能具备经略这个农牧大国的资质，就不会用符合农耕生产发展的理念与政策来管理和施政，这样时间一长就会导致社会生产的停滞和退化，进而就会引发因国基不稳而带来的政权摇晃。对于这一点，忽必烈起初是较为清醒的。《元史》记录显示，在尚未进入统治集团官场权力时，忽必烈就“延藩府旧臣及四方文学之士，问以治道”以了解和掌握各方面的知识，有意无意地开放自己，准备转型。不久，奉命经略中原后，忽必烈尤其拓宽了与汉地文人学士的交往渠道，有意识地学习和掌握治理农耕大地的要津和能力。这是他转型的开始。之后，忽必烈登上大位，在建立元朝政权体系的过程中，以“祖述变通”为方针，以初步的转型程度进行了王朝的建构。同时，还为了弥补自身转型不足，依靠和重用大量汉地能人智者，以使国策能够符合农耕大地的水土。这是符合蒙古统治者身份方向的转型。若要做一个称职和优秀的治国者，蒙古统治者们应该建立一套有效的转型机制，培养从皇帝到储君再到各级官吏的一大批、一代代具备农耕大地治理资质的统治队伍，以保证那顶蒙古包在麦尖上的长久挺立。

可是，这种转型绝对没有转身那般容易。忽必烈的转型一开始就遇到了强大的阻力，这个阻力来自文化的自足性和附加了政治企图的抵制。当忽必烈提出“祖述变通”的方针，努力以农牧杂糅的文化理解构建符合农牧大地治理需求的政权体系时，对忽必烈夺去帝位颇为不满的窝阔台系、察合台系、术赤系部分后王们形成“西北藩王”集团，高举“保持蒙古旧俗”的旗帜，向忽必烈发难和挑战。他们以“西北藩王”的名义遣使入朝，问罪忽必烈:“本朝旧俗与汉法异，今留汉地，建都邑城郭，仪文制度，遵用汉法，其故何如？”这种发难和挑战很快变成武力冲突，最终不仅导致了四大可汗国与元朝中央的疏远，也成了束缚忽必烈手脚的马绊子。同时，作为这一阻力理念基础的文化自足性又自然而然地长久阻碍了忽必烈的后半生和后代统治者的转型。由此，统治主体的转型自觉始终未能形成，从而对儒学思想的吸收和掌握，也始终没有被提升到使命需要的高度。大元时期最后一个皇太子爱猷识里达腊对习学儒书曾经说:“李先生教我儒书许多年，我不省书中何义；西番僧教我佛经，我一夕便晓。”其父亲，大元王朝的最后一位皇帝妥懽帖睦尔也对太子习儒提出异议，曾说:“向者太子学佛法，顿觉开悟，今乃受孔子之教，恐损太子真性。”就这样，在十代皇帝，近百年的统治时间里，执政的蒙古帝王们不仅没有完成自我资质的补缺，也未能培养出替他们经略社稷资质的官吏队伍，遗憾地将自己的先天不足保持到了最终，导致了那顶蒙古包始终没有被茁壮成长的麦尖支撑起来的尴尬局面。对于大元王朝来说，这是导致他们身体虚弱的隐秘而关键的原因。

就像前面说过的那样，一个王朝的覆灭是前一个王朝的存在形态被后一个王朝彻底否定的结果。也就是说，前一个王朝的利益分配关系，因不符合绝大多数人的生存需求而被强行改变的结果。毋庸置疑，蒙古人将东方生存圈辽阔大地无障碍地连接在自己的马蹄之下，并以生存资源最富集的中原大地为中心建立起统治体系的本质目的就是要实现对生存资源的占有和再分配。在古代，人类智慧对利益关系的认识不深，尤其是合理的利益关系对社会稳定的重要性认识不深。所以，那个年代的改朝换代只局限于利益主体的更替，而不去调整不合理的利益关系。在中国，封建社会能够延续两千多年的原因也许就在这里。大元王朝与之前的王朝有所不同的是，他们实现了东方生存圈山河大地的无障碍对接，并把来自生存资源匮乏地区的自己确立为利益的绝对主体，这样，他们对利益的占有和再分配的力度就远远大于以往的朝代。在当时，蒙古统治者将利益流向自己的方式主要有以下几个种类和层次：一是课税。为了满足自己的奢华和庞大王朝的运转之需，元朝的课税自忽必烈开始就特别的重。据《蒙古民族通史》透露，在忽必烈时期“盐、茶、酒、醋、竹木、铁冶、陶窑、打捕，事无巨细，靡不有税”，还说“江南地区茶、盐、酒、醋等税，近年节次增添，比初归附时十倍以上”。利益关系之极端不合理可见一斑。二是投下分封制度。这是从成吉思汗时期遗留下来的一种制度，忽必烈用“祖述变通”的方针构建王朝统治体系时作为不能变通的旧制被保留了下来。于是，遍布全国的投下封地就成了王朝之下的一个个利益单位，各个封主们变成了实际上的利益占有人。“投下”是辽代产生的专有名词，意思与“分地”相当。从成吉思汗开始直到后代，蒙古人每占领一地就把它分封给诸王、功臣、后妃等统治体系中的人员，到实现大统一时也基本把世界东方的这个生存圈分封到了各个投下主的名下。投下主对封地上的百姓拥有管理、支配、占有等许多权力。这样，各个投下主就成了除了皇帝之外的第二主人和又一个利益主体，天下百姓的辛劳和血汗则就成了不断被再分配的利益来源。三是赐赉制度。这是蒙古统治者在投下分封基础上的又一个获取利益的措施。《蒙古民族通史》归纳说：“大蒙古国时期，大汗向诸王贵族赏赐大量金银财帛。除即位时颁发的巨额赏赐外，平时还有固定的岁赐。入元，有关制度仍然沿用。一二六〇年，岁赐总额为银六万零八百五十两，帛三千零五十匹，钞一百四十一锭，绢五千零九十八匹，绵二千一百四十八斤，‘自是岁以为常’。实际上这只是一个基本数额，以后的赏赐数在此基础上不断有增加。如一二八九年，岁赐总额已达金二千两，银二十五万二千六百三十两，钞十一万零二百九十锭，帛十二万二千八百匹。这种赐赉制度到元中后期恶性发展，成为财政上一大痼疾。此时赏赐的主要形式由较为固定的‘岁赐’转向更为随意的临时赏赐，受赐对象也更加广泛，除宗亲贵族外还兼及近侍、官僚和佛寺道观。”在十三世纪生产力低下的那个年代，这是何等巨量的财富再分配呀！这些巨量财富表面上好像出自王朝的国库，但国库空虚后还得通过搜刮百姓来填补。这是对苦难大众的劳动利益进行又一次再分配的第三只手。

我们可以确定地说，一种利益关系导致绝大多数人无法以劳动生存时，这种利益关系被否定和被推翻是必然的。所以，不论是古代的王朝，还是现代的国家，构建一个合理、公平的利益分配关系，并通过不断地调整保持其合理性和公平性是使自己政体生命得以长存的法宝。由于古代人类对此普遍缺乏认识，蒙古统治者们同样也没有觉察出隐藏在政权背后的这个危机，从而在实施统治的近百年的时间里，既没有审视利益关系的合理与否，也没有进行合理化的调整，反而将不合理一步步推向了劳动大众难以承受的极端程度。这是大元王朝未能持久的基本原因。

尊严是生命存在的必要状态。它不与生命一同生成，但会与生命一同成长。在一个整体社会的存在形态中，它是人们态度正反的取决理由。在通常情况下，人的尊严往往与利益关系中所处的地位密切相关。处在利益关系的最下端，且其劳动成果不断被夺去的人本来就没有尊严可言，如果遭到进一步的侵害，那么人心就会彻底地背向而去。所以，对尊严的体恤，应该是每一个当朝者都要去考量的事。元朝统治者们对此完全麻木，他们在维护那极其不合理的利益关系的基础上，又对国内民族实行了等级化的管理制度。那时，作为统治者所属的民族，蒙古人以一等人的身份享受了最高的尊严福利，被称为色目人的西夏、汪古、回回、畏兀儿、哈剌鲁、钦察、康里、吐蕃等人群以二等人的身份分享了余下的尊严福利。而人口占绝大多数的，生活在中原及江南大地上的、用劳动的血汗创造着王朝所需财富的男女老少们则被称为汉人和南人，以三等人和四等人的身份，过着尊严完全被剥夺的受欺辱生活。统治者对汉人、南人在政治、经济、文化权利上进行了种种限制。在政治上，汉人和南人不能进入王朝中央的高层，在地方也只能担任副职。在法律地位方面，如果蒙古人因争执或趁醉殴死汉人，无须偿命，只征收一笔烧埋银，并被罚出征。在其他方面，朝廷禁止汉人和南人持有弓箭等兵器，甚至铁、铜等用具，同时还对他们畜鹰犬打猎、习学枪棒、祈神赛社、演唱戏文等都进行严格的限制。除此之外，对百姓服色、婚娶聘礼等方面也定有歧视性的规定。这些在现代文明条件下不可理解的欺辱性政策，将绝大多数王朝臣民推入了严重的尊严危机，使他们变成了那顶蒙古包下面一有星火就义无反顾地燃烧起来的大片麦秆。果然，这一尊严危机很快就演化成了焚毁那顶蒙古包的熊熊大火！

凡此种种，中断王朝寿命的隐患已被埋下，但这是一种处在控制之下的力量，它的爆发还需要一些条件和一些机会。这个条件和机会就是朝廷控制力的丧失与弱化。这是一个非常普通的道理，虽然封建王朝的统治者们都应该懂得这个道理，但他们也都有一个难以克服的特定障碍，那就是：永不休止的权力争夺所带来的体力消耗和控制力的丧失。对元朝统治者来说尤其是这样。由于蒙古统治者在构建政权体系的过程中未能确立起帝位稳定更替的固定制度，于是仅次于上天的帝位宝座就成了成吉思汗黄金家族后代成员均可觊觎和争夺的对象。从忽必烈建立大元王朝到一三六八年的轰然垮塌，帝位共更替十次。其中，在位十年左右的有两个，在位三四年的有三个，在位一年或不到一年的有四个，在位仅五十三天的有一个，唯有末代皇帝妥懽帖睦尔在位三十六年。还有两位皇帝被政变者杀死或暴死。这些不正常现象的背后都有异常激烈的帝位争夺斗争。这种斗争开始时是派系间的非武力纷争，后来发展成了利益集团间暴力化的博弈，最后就变成了有政治后台的军阀集团间的混战。这些争斗、博弈和混战，一方面带来了帝位的频繁更替和部分人的得益与部分人的丧命，另一方面则直接导致了王朝精力的分散和控制力的严重弱化，甚至是丧失。这便是隐患爆发的条件与时机。

就在大元王朝的精力严重分散，其控制力急剧弱化的十四世纪五十年代，各地的农民起义开始爆发了。一三五一年，朝廷聚集十几万民工治理黄河。当时，在河南一带流行着“石人一只眼，挑动黄河天下反”的民谣。这显然是民众对黄河决口、泛滥成灾的政治化表达。颇有联想能力的河北人韩山童与安徽人刘福通等人深刻理解到了这句民谣的利用价值。于是，在一个独眼石人的背面刻上“莫道石人一只眼，此物一出天下反”几个字，埋到了挖河必经的河道上。很快石人被挖出，“石人谣”极速被传开，立刻就变成了发动农民大起义的号角。红巾军起义就从这个时候开始，很快遍布全国。正陷在军阀混战之中的大元朝廷措手不及，手忙脚乱，疲于应付各地掀起的起义大潮。终于，于一三五七年十二月，大元政治中心之一的上都城被红巾军占领，并被野蛮焚烧，一三六八年七月另一政治中心大都城告急，王朝最后一位皇帝妥懽帖睦尔携三宫臣妃，开健德门北奔草原。人类历史上唯一一个统一了生存圈大版图的大元王朝倾覆，那顶麦尖上的蒙古包倒地了！

第七章 马背朝廷的颠沛与变迁

一

倾听着萨冈彻辰老先生对蒙古祖先历史脚步的倾听，我终于弄清了大元王朝建成与倾覆的过程和原因，也从源头处看到了被我们蒙古人通常称之为黄教的佛教走入蒙古草原的功利路径和文化选择，更是领悟了一种不合理的利益分配关系如何被民众抛弃的内在原因。应该说，这是一次极具意义的跋涉，我应该感激萨冈彻辰老先生那耳贴大地对远去历史的倾听。尽管他倾听到的脚步声时而清晰，时而模糊，但他提供的线路是明确的，提示的方向是清楚的。现在，我对《蒙古源流》的阅读就要进入它最重要的部分了，这个部分就是被中外学者一致认为可与《蒙古秘史》比肩的那个部分。按我非学者之人的说法就是那个可称之为十四至十七世纪之《蒙古秘史》的那一部分了。

对我们和世界来说，十四至十七世纪的中国历史是半边晴天、半边雾。晴朗的一半是明朝的历史。由于，朝政条件和文化传统所致，大明王朝的各种记录较为完备，使后人可以清晰地看到皇位延续及朝政运行的基本情况。而长城以北的蒙古草原被笼罩在一片迷雾之中，让人们很难看清那个退回了草原的大元朝廷接下来二百多年的沉浮颠沛。如果这段历史永远是模糊不清，那么中国明代完全版图的历史只能是犹抱琵琶半遮面的说唱，后人对国土来龙去脉的了解将是瘸腿的。同样，如果这段历史永远模糊不清，那么我们人类将缺一个对超级王朝兴衰规律的认识。庆幸的是，这段历史不会永远地模糊不清，因为一个叫萨冈彻辰的老人写下了称作《蒙古源流》的著作，留下了一片迷雾下那个马背朝廷颠沛流离的记录。这个记录仅距他著作的第一章有四个章节的距离，但它让我穿过了从蒙古祖先的出现到大元王朝倾覆的整整六百多年纷繁复杂的历史。说真的，能够找到历史发展中每一个精确的脚步，的确是个难度极大的事情啊！

不过，再难再累我也咬着牙走过来了，现在马上就要翻开让我动心已久、期待已久的那部分内容了。说实话，我真想清楚地了解一下，那个在农民起义军，准确地说在明朝军队的打击下，放弃经略了近百年的大都城，带着传国玉玺，带着众后妃和儿孙逃回了草原的大元妥懽帖睦尔皇帝，是按通常所说的“胜者为王，败者为寇”之规落草为寇了呢，还是走了一条令我们值得总结和审视的历史之路？

是呀，究竟是怎样一个情况呢？我们继续从萨冈彻辰老先生的倾听中寻找答案。随着妥懽帖睦尔皇帝北去的身影，萨冈彻辰老先生的心情明显地沉重了，他倾听历史脚步的耳朵与大地贴得更紧了。于是，在那个历史的杂乱中，他倾听到了这样的脚步声：

“……一帮接一伙地陆续拼杀着逃脱出来的，是四十万蒙古人中的六万人，其余三十四万人被截留在了汉地。”尽管文字不多，内容也简单，但这是一条极其珍贵的历史信息。这是萨冈彻辰老先生从那兵荒马乱的历史嘈杂中倾听到的极其重要的脚步声。如果没有这个倾听，后代的我们是很难知道当时在大都的蒙古人究竟有多少。这下清楚极了，在当时大元王朝统治中心的大都城中共有四十万蒙古人生活居住，其中六万人逃回草原，其余三十多万人永远地留在了那里，变成了蒙古人的心灵与那座古老的城市永相牵挂的亲情基因。而逃脱出来的那六万蒙古人，如今则变成了我们续写元朝历史最重要的线索。

“……妥懽帖睦尔皇帝聚合起先后逃出的六万人……”使我们大致还原妥懽帖睦尔皇帝北退之后的初步情况。那就是：带着传国玉玺退回草原的妥懽帖睦尔皇帝并没有落草为寇，而是北退到大元王朝的第二都城上都，仍以大元皇帝的身份聚合起陆续追随而来的臣民百姓，在祖先的草原上延续了帝国的命脉。没错，情况的确是如此，而且后人经研究发现，一三六八年七月时退向上都的妥懽帖睦尔皇帝就于九月在上都召开群臣会议，一是委任一批人，对兵荒马乱中损殒人员的部分岗位进行补缺；二是与群臣们讨论接下来怎么办的问题，并“商议恢复大计”，谋划了进行反攻的计划……

写着这样的文字，我突然想起受了伤的老鹰、老虎和北方的狼。就按老鹰说吧，这时的妥懽帖睦尔皇帝和他所延续的元朝廷多像一只受伤的老鹰！它受伤后，没有像有些后人所要求的那样顽抗到底，也没有就那样彻底窒息在那里，而是迅速回到开始起飞的那个地方，料理一下伤口，整理整理羽毛，准备再次飞向天空，飞越长城，飞回到曾经号令天下的那个都城。

虽然，蒙古人说话离不开比喻，但此时此刻我真不知自己的这个比喻是否恰当。不过，就从这个时候起，中国十四世纪的大地上出现了相互为敌的两个政权：一个是以朱元璋为皇帝的，推翻了元朝在中原统治的明朝政权；另一个就是，在被彻底推翻之前就退到了草原，手里还紧紧握着传国玉玺的元朝政权。而且，退回了草原的这个元朝政权似乎还不甘心于前期的失败，还在怀着重回昨天的梦想，并且很快迈出了追梦的第一步：恢复大都城。就在召开了群臣会议的一三六八年的九月，元帝妥懽帖睦尔便组织实施了第一次收复大都的军事行动，他命令一位叫扩廓帖木儿的战将完成这个任务。

这位叫扩廓帖木儿的人，汉名王保保，是蒙古伯也台氏后代，曾参与大元末期朋党之争和由此引发的军阀混战，并为守住大元在中原及内地的统治进行过多场有效的保卫战，曾被明帝朱元璋赞叹为“天下奇男子”。这个人在朝廷北退后刚刚召开的群臣会上被委任为中书省右丞相。他是一个身怀奇才、忠诚不贰的王朝卫士，多次拒绝过朱元璋的策反。扩廓帖木儿当时驻军太原，依然守护着元朝在尚未陷落的京兆地区的统治。皇帝旨意一经传到，扩廓帖木儿便雄赳赳地率军出发了……

在草原的深处，在落脚未稳的那个上都城，像萨冈彻辰老先生专心倾听先人的脚步一样，妥懽帖睦儿皇帝正屏住呼吸倾听着扩廓帖木儿战马的奋蹄声，期望着这位“天下奇男子”能为他圆起收复大都的梦。可是，这个梦已经难以再圆了。扩廓帖木儿率军出雁门关，计划由保安州经居庸关进攻大都城。扩廓帖木儿将兵出发的情报很快传到明朝的耳朵里，变成了下达给名将徐达的战令。徐达没有领兵迎击，而是乘空虚之际袭击扩廓帖木儿大本营太原。扩廓帖木儿到达如今叫志丹县、当时称作保安州的地方得到了徐达军袭击其大本营的情报，于是掉转马头，急速回师解救太原。扩廓帖木儿军匆匆赶到时，徐达军已在那里备战，两军便在太原城外展开激战。双方斗智斗勇，激战数日，难以分出胜负，只好暂时休兵各自备战。这样，扩廓帖木儿在太原城西扎下军营，做与徐达军决战的必要准备。正当扩廓帖木儿全力备战时，手下叫豁鼻马的一部将未战先败，暗中已向明军投降，并请求为内应，与明军商量好了里应外合活捉扩廓帖木儿的计划。准备决战的日日夜夜本身就是精神上的决战，不能有丝毫的松懈，尤其是对败落之朝的将帅来说，外敌与内鬼时刻都应紧紧提防。也许，扩廓帖木儿没有认为自己是败落之朝的臣子，也许就过分相信了蒙古将士对朝廷的忠诚。一天夜里，他正在大帐中赤着脚读兵书时，突然一声炮响，明军以精骑突袭大营，叛将豁鼻马立即内应造势，防备不足的扩廓帖木儿军营顿时大乱。扩廓帖木儿放下兵书，出帐一看，手下部将豁鼻马与明军正挥刀杀来，已经没有组织反击的机会了，便顺手牵上一匹马，与几个侍卫等共十八人趁黑冲了出来，逃向大同。夜色很深很深，遁去的蹄声急速而又悲凉，随着这嗒嗒远去的蹄声，元朝在太原的坚守宣告结束，妥懽帖睦尔皇帝第一次收复大都的梦也宣告破产了。

我们人类有一大心理障碍，那就是：拥有的不想失去，失去的总想要回来。对于失去了大半部江山的大元末帝妥懽帖睦尔来说，这个障碍是难以逾越的。他虽然身在上都，但心却不断地向南飞去。因为，在南面的那个大都城里，有他祖先不可玷污的荣耀，有他掌中曾握的一统江山，更有他丢弃在那里，而且必须找回来的尊严。所以，一次收复行动的失败并不能打消他夺回大都的念头。就在扩廓帖木儿军事行动失败半年多后，于一三六九年的五月，妥懽帖睦尔发动了收复大都的第二次军事行动。

那时，妥懽帖睦尔皇帝得到了明军主力已进军陕西，大都由孙兴祖、华云龙率领三万兵留守的确切情报。他认为，三万兵不足以守住大都，属于防守薄弱状态。于是，他命中书省另一右丞相也速率四万多骑兵，从上都开平南下攻打战略要地通州，声称要夺回大都。对曾经善打攻坚战，且常能以少胜多的蒙古铁骑来说，四万对三万的兵力是足以打个胜仗的。丞相也速率兵南下，到今北京东北的白河扎营，准备进攻通州。据史料记载，当时由一个叫曹良臣的人统领通州守军，兵力还不足千人。曹良臣一看几万蒙古骑兵汹汹而来，迎战如同以卵击石，必败无疑，于是一面急忙向朝廷报告，一面谋划既能挡住也速进攻，又能保住守军性命的计策。身处绝境的曹良臣在万般无奈下想出了一个成则名留青史、败则尸首难保的绝计：他命部下到与蒙古军相隔的河岸上树起密密麻麻、绵延三十里的战旗，并使兵勇击鼓相闻，假造声势。守军就以这样冒险的形式与蒙古军对峙时，得到军报的朱元璋皇帝，为确保大都的安全，紧急向仍在陕西凤翔清除扩廓帖木儿残余的徐达部将常遇春等下达率八万步兵、一万骑兵火速回援大都的命令。

尽管军令已下，但陕西凤翔与大都通州有几百里之距，援兵仍需急行几天。如果，蒙古军仍有成吉思汗时期的果敢与智慧，如果能够侦察识破对方的造假，就可以不费吹灰之力杀入通州，进而以乘胜之势，在援兵到达之前将魂牵梦绕的大都城收回怀抱。可遗憾的是，这时的蒙古骑兵已经不是曾经的那个蒙古铁骑，而是在近百年的地位优越、特权种种、大行享乐的侵蚀下，惰性已深入他们的血液深处，使他们已经成了一个脑瘫患者一样的队伍。当攻向通州的蒙古军看到对岸上绵延飘动的军旗，在毫无侦察了解的情况下认为对岸有大军，便下令撤军北退。见蒙古军怯战撤退，通州守军派出几百铁骑在后面猛追猛打百余里。在一本叫《北元史》的史书中作者气愤地写道:“也速都不敢回马指挥作战。”该说什么呢，也许，这就是蒙古人常说的那句“受老虎惊吓的公牛拉稀三年不治”的情形吧。

当也速丞相和他所率领的蒙古骑兵就那样头也不回地撤退时，明军援兵追至今内蒙古赤峰市翁牛特旗境内，与也速军激战，并将其打败。明军乘胜而进，继而向妥懽帖睦尔所在的上都开平进攻。这真是偷袭不成，反而招来了更大的进攻。怎么说呢，这也许就是败落之朝的一大惯性吧。妥懽帖睦尔皇帝见明军来势汹汹，便又一次做出弃城退逃的决定，率领身边百官及家室众人向今内蒙古赤峰市克什克腾旗境内，当时叫作应昌的地方急忙退去。明军尾随追击数百里，为保护开始成为马背朝廷的安全退逃，平章政事定住、撒里蛮，右丞脱火赤等组织兵力进行阻击，最终均英勇战死，明军顺势俘虏了从宗王到兵勇万余人，还缴获了车万辆，马三千余匹，牛五千多头，还有家属子女物货用品等无数。这样，妥懽帖睦尔皇帝收回大都的第二次行动不仅以失败告终，而且还引来了明朝大军，把自己赶出了大元帝国的兴盛之地，并开启了注定在马背上颠簸的未来岁月中的漫长进程。

妥懽帖睦尔皇帝率领退去的文武官员、家室众人及队伍到达应昌城，并将这个应昌城当作颠簸之路上的第二个都城。对这时的妥懽帖睦尔皇帝来说，应该冷静地反思一下败退的原因和目前的处境，冷静地评估一下退回草原后的不利局面和有利条件，冷静地选择一下放下或坚持的利益方向，并根据选择好的利益方向之需要，对尚未被明朝消灭的原有政治、军事力量进行战略性的集结，以保存朝廷的体力和势力，为当下与日后的任何可能准备应对的能力。其实，这个事情比收回大都重要得多。也许在当初，妥懽帖睦尔身边的大臣和属下们极力鼓动他收回大都，认为大都是朝廷统治的象征，一旦收复大都，就能终止目前的颓势，可以重振士气，恢复昨日的一切。可是，如果是萨冈彻辰老先生，如果是我，绝对不会鼓动他收复大都，而是力劝他冷静面对和分析眼前的一切，经略好北方草原留存下来的旧有力量，以图日后。可是，妥懽帖睦尔皇帝可能认为鼓动是正确的，也许他自己就是那样认为的。所以，他不顾消耗有生力量，也不顾蔓延开去的败落情绪如何削弱着他将士们的战斗力，一而再地向大都城伸出充满希望的双手。

就在第二次收复行动失败、自己退逃到应昌城的两个月后的一三六九年八月，妥懽帖睦尔皇帝不顾浑身的疼痛，又一次向大都城伸出了手。他对这次收复行动倍加重视，亲自从新都应昌进兵到今内蒙古锡林郭勒盟太仆寺旗南的盖里泊，命当时驻扎在今西安市郊区高陵县境内一个叫鹿台的地方的孔兴、脱烈伯等仍还保留实力的部将，要以重兵攻击大同，试图踢开挡在路上的这道铁门，以铺平收复大都的道路。孔兴、脱烈伯等便各自率兵向指定地点进发。孔兴一部较为顺利，很快到达指定地点，完成了对大同的包围。脱烈伯一部却没有那么幸运，其前锋开进到一个叫马邑的地方就遇到了阻击的明将李文忠的军队。李文忠原本是要去庆阳攻打大元朝廷遗存在那里的军事力量，但在半路上得到妥懽帖睦尔皇帝调脱烈伯攻击大同的情报后，立即掉转马头率军支援大同。于是在马邑截住了脱烈伯军。两军开战，脱烈伯军仍没有摆脱败落的魔咒，还是很快被打败下来，并且还让刘帖木平章成了明军的俘虏。获胜的李文忠军进至马邑北白杨门后遇大风雨，便扎营暂休。入夜后，李文忠又把兵营移动五里多，并利用洪水做防护。这时，脱烈伯军大部人马赶到，连夜袭击李文忠兵营。李文忠深知，发动袭击的是脱烈伯大部人马，如出营相战难以与敌，于是只以坚固的防守应对对方的袭击。双方攻守至天明时，明军援兵赶到大同，对脱烈伯军形成夹击之势。明军趁势攻击，腹背受敌的脱烈伯别无选择地进行奋力抗击。但幸运之神已不再眷顾的脱烈伯很快败下阵来，自己也成了明军的俘虏。这时在大同外围准备合力进攻的孔兴没有等到脱烈伯的到来，而是收到了他兵败被俘的消息，于是，放弃进攻大同的计划，急速向今陕西省榆林地区绥德县方向退去。打败脱烈伯而士气大振的明军转而追击孔兴军，一直追到今内蒙古呼和浩特市托克托县，才勒住马缰，掉头回去。

这样，妥懽帖睦尔皇帝收复大都的行动又一次以失败告终了。

时间过得还真快，屈指一数大元末帝妥懽帖睦尔退出大都已经一年了。在这一年里，他虽然从大都到开平上都再到应昌新都，一而再地败北，退却，但他从未承认大元王朝已经倾覆，或者没有认为半壁江山已经不属于他了，而是很倔强地以为天下还是大元的天下，以为只要将大都收复回来，大元的蓝天还将覆盖原来的山河大地。所以，他不顾一切地、一而再地组织实施了收复大都的军事行动。但不幸的是，他的每一次努力都以失败告终了。据史料记载，第三次，也是最后一次收复行动失败后，妥懽帖睦尔皇帝回到新都应昌，再也没有组织过收复大都的任何行动。从此，在中国的历史上如同风暴般咆哮了近百年的大元王朝真正地萎缩成了北元王朝，皇帝妥懽帖睦尔也转而变成了北元王朝的第一任大可汗。

二

人类对时间是充满感情的，而时间对人类却冷酷无情。当败运和噩梦无情地折磨妥懽帖睦尔的时候，时间这匹永远的骏马毫不迟疑地迈开了脚步，一三七〇年到了。这一年，虽然给大地带来了生机，给河水带来了欢唱，但它没有给正在遭厄运吞噬的妥懽帖睦尔带来任何一点转机，而且初春将要绽放的时候可恶的痢疾病却缠住了他。这个如今我们用一剂药可以制伏的病，在当初那个年代也是袭击生命的洪水猛兽之一。也许，连年的颠沛奔波使妥懽帖睦尔已经没有了大都时的医治条件，所以新都应昌的人们用尽浑身解数也未能治愈悲剧皇帝的这个病，这样，大元天朝最后的皇帝，北元王朝第一位大可汗妥懽帖睦尔于一三七〇年四月二十八日驾崩了。

妥懽帖睦尔的驾崩应该没有大元其他帝王们的驾崩那样动静大，但它带给元朝历史的疼痛却很深，很深。这个疼痛甚至传导到了二百多年后的萨冈彻辰老先生的身上，所以，他皱着眉头，用力控制着微微颤抖的手，写上这样一句话，为妥懽帖睦尔的悲剧一生画上了句号："……他于庚戌年驾崩，享年五十三岁。"

在一片败落的哀叹中，妥懽帖睦尔就那样走了，但他从大都、从内地带回草原的，已经被历史写成北元的汗廷政权并没随他灰飞烟灭。虽然难以用坚强挺立来形容这个政权，但它还是顽强地坚持着有效的存在，仍还维系着大元朝尚存的势力和人心。所以，这个朝廷还有很大的体量，需要有人去好好地呵护和经略。于是，被册封太子多年的妥懽之子爱猷识里答腊继承了父亲的可汗之位，汗号必力克图汗，谥号为昭宗。

在大元统治摇摇欲坠的那个时候，作为皇太子的爱猷识里答腊在治国理政方面与父亲、当时的皇上妥懽帖睦尔发生过意见分歧，这个分歧曾波及臣僚之中，一定程度地影响过那时朝廷的凝聚力。如今，他临危受命，接过了这个急需匡复朝廷的使命与责任。可是，这位可汗很是不幸，当他正为先帝和父亲料理后事，还未来得及施展治国之才略的时候，由明朝大将李文忠统率的大军攻入了北元新都应昌城。

李文忠是明朝对北元进行的第一次"永清沙漠"战争东路军的统帅。明朝"永清沙漠"战争是旨在终结北元寿命的行动。为了终结由妥懽帖睦尔带到马背上的这个朝廷，明朝皇帝朱元璋着手实施了三大战略。战略之一就是稳固自己。当大元末帝妥懽帖睦尔弃下大都北退上都时，他并没有贸然地派重兵进行追剿，而是用优势兵力清剿元朝在中原和内地的存留势力，以稳固新政权的版图基础。战略之二就是蜜糖攻势。将大元朝廷逼退草原之后，明帝朱元璋对尚还没有攻陷下来的元朝在内地的地方势力及其头目发动了高官厚禄、荣华富贵的攻势，不断派人对他们劝说弃元归明，并许以种种厚待条件，以离间他们与原主的心灵距离。战略之三就是“永清沙漠”。“永清沙漠”行动是在稳固好自己的基础上展开的。一三七〇年一开始，明帝朱元璋就组织优势兵力，开始实施以终结北元寿命为目标的“永清沙漠”战略。此次出兵，以大将徐达率西路军，决战扩廓帖木儿，由大将李文忠率东路军剿灭迁至应昌的北元朝廷。李文忠军势不可当，很快攻到上都开平，并在那里俘获了前来上都报丧的信使，得知了妥懽帖睦尔驾崩的消息。于是，李文忠马不停蹄直奔应昌，对正处在举丧和汗位更替之中的北元朝廷发动了袭击。不仅情报迟钝，且还防备不足的应昌城和北元朝廷虽然奋力应战，但很快被攻陷。在描述攻克应昌之后的情形时，《明史》写道：“元嗣君北走，获其子买的里八剌，降五万余人，穷追到北庆州，不及而还。”蒙古方面的记忆更清楚，在此次被袭中，被俘去的不仅有新可汗之子买的里八剌，还有同在的妃嫔、大臣、兵民及大量的牛马、财宝、图籍等。更可悲的是，新可汗爱猷识里答腊在万般无奈下只与几十名随从逃向了草原的深处。李文忠军尾随而去，追到今内蒙古巴林右旗那时叫庆州的一个地方后，因追赶不上掉头回去。

该说什么好呢？一个何等风光的庞大朝廷啊，如今却变成了慌忙奔逃的马背上的几十个人了。导致这出悲剧的原因究竟是什么，这是一代代政治家们应该不断去总结、深思和反省的问题。而对当事一方的明帝朱元璋来说，就是听着北元新可汗爱猷识里答腊们渐渐远去的蹄声，需要做的事情就是对他们的命运做出一个判断。在这一点上，明帝朱元璋并不是一个需要让人提醒的人。他认为，北元已经逃向了穷途末路，已经再无能力向南伸手，已经不再有东山再起的能力，已经进入了一个给一点尊严便可归顺的境地了。于是，就在攻克应昌的第二月，朱元璋向元室部落臣民下诏书说：“今又遣官寻访爱猷识里答腊，若能敬顺天道，审度朕心，来抚妻子，朕当效古帝王之礼，俾作宾我朝；其旧从元君仓促逃避者，审识天命，倾心来归，不分等类，验才委任；直北宗王驸马部落臣民，能率职来朝，朕当换给印信，还其旧职，仍居所部之地，民复旧业，羊马孳畜，从便牧养。”这是一个何等大度、包容和有诱惑力的姿态呀，只要不是顽固不化的人，只要不是厌倦了荣华富贵的人，都会响应这个招手，来向皇帝朱元璋和明朝报到，前来换取日后生活荣华富贵的资质。这样，北元的寿命自然也就终结了。为了消除人们的疑虑，树立一个可效仿的榜样，就在接下来的六月，朱元璋严词拒绝臣下们献俘祭祖的请求，将俘来的买的里八剌封为崇礼侯，为他提供了衣食无忧的生活。接着，明朝的决策者们就高举着这个涂满蜜糖的糖葫芦，等待北元的权贵们一个一个来报到了。不出明人所料，这一攻势很快开始发酵，七月一直为元朝藩属的高丽抛弃北元，投入了明朝怀抱；同月，一个叫脱火赤的元朝参政向明归降；九月元室宗王之一的札木赤也去归降了明朝。对北元势力的纷纷来降，明帝朱元璋是高兴的，但他最希望到来的却是策马北去的北元新任可汗爱猷识里答腊。几个月过去了，爱猷识里答腊既没有掉头回来，也没有派信使商谈，且还踪影全无。于是，明帝朱元璋急不可耐地又写了一封信遣使寻送。信中说：“今年夏偏师至应昌，遇君之子买的里八剌及宫眷诸从人马，遂与南来。因念令先君审察天命，不黩兵战，委顺北归，其知几者欤？奄弃沙漠，深可悼悯。适《元史》告成，朕以为三十余年之主，不可无谥，以重后世。用谥君先君曰顺，已著为纪。君之子买的里八剌亦封崇礼侯，岁给禄食，及其来者与之同居无恙。但不知君之为况何如？北方诸部人民亦果能承顺如往昔乎？去年冬二次遣官赍书遗令先君，使者久而未还，予故以此为令先君之失计也，前事之失，兹不必较。今再致书，以尝告令先君者告君，君其上顺天道，遣使一来，公私通问，庶几安心牧养于近塞，藉我之威，号令部落，尚可为一邦之主，以奉其宗祀。若不出此，犹欲以残兵出没为边民患，则大举六师，深入沙漠，君之退步，又非往日可比。其审图之，毋贻后悔！”

这是一封令人无法不三思的信。但是，北元新可汗既没有三思，更无回头，而是率奔逃而去的几十号人马，走到大蒙古国时期的首都哈拉和林城，迅速组织起可以运转的施政机构，开始了与明帝愿望相反的、复兴元朝大业的行动。他做的第一件事情是重新建构被冲击而严重缺损的汗廷机构，将一批有决心、有能力为复兴元朝大业而奋斗的人充实到汗廷里，委以重任。《高丽史》在评述爱猷识里答腊这一努力时写道："廷揽四方忠义，以为恢复之计。"在此次政权重构中，北元新可汗爱猷识里答腊最让后人称道的，就是对那位在妥懽帖睦尔皇帝第一次收复大都的行动中，因粗心大意、赤脚看兵书而无法应对明军突袭、随手抓上一匹马仓皇逃去的元朝大将扩廓帖木儿的安排与重用。原来，在大元末年时的朝廷朋党之争和军阀内战中，扩廓帖木儿开始是太子爱猷识里答腊的支持者。但在后来势力格局的风云变幻中，又转身成为他主要的政敌。恰在爱猷识里答腊接任北元可汗，退到哈拉和林重建被摧残的汗廷机构时，在明朝第一次"永清沙漠"战争中又一次被打败的扩廓帖木儿也辗转逃到了哈拉和林。按着中国历史惯有的做法，既为原来的政敌，又为连打败仗的将领，大可借机将他置于死地。可是，爱猷识里答腊没有那么做，而是以社稷大局为重，没有怕他窃去政权，并捐弃前嫌，将他委任为都总兵、河南王、中书右丞相，使他成为北元朝廷史上的最高军事和行政领导人，爱猷识里答腊第一号大助手。将朝政重构妥当后，爱猷识里答腊又为它设计了以哈拉和林为根据地、以科布多为政治中心、以阿尔泰山为驻帐地的较为开阔的活动区域。

就在明帝朱元璋和北元可汗爱猷识里答腊按各自盘算挥汗努力中，一三七二年来到了。明帝朱元璋不仅没有等来归顺天命的爱猷识里答腊，而且听到了他为恢复元朝大业而努力奋发的消息。于是，明帝朱元璋于一三七二年的正月决定发动第二次"永清沙漠"战争，以尽快终结使他寝食难安的北元汗廷寿命。为做好战前动员，于这一年的正月初三，朱元璋与诸将臣召开一个会议，史称"御武楼与诸将臣筹边事"，专门讨论此次出征问题。会上，大将军徐达说："今天下大定，庶民已安，北虏归附者相继，唯王保保出没边境，今复遁居和林，臣愿鼓率将士，以剿绝之。"众将臣也附和说："王保保狡猾狙诈，使其在，终必为寇，不如取之，永清沙漠。"见将臣们战欲强，斗志旺，朱元璋趁热打铁地问:“兵须几何？”徐达说:“得兵十万足矣！”朱元璋斩钉截铁:“兵须十五万，分三道以进。”就这样，以大将军徐达为征虏大将军，率五万骑为中路，出雁门赴和林，诱北元主力扩廓帖木儿军决战；以李文忠为征虏副将军，领五万骑为东路，由居庸，出应昌，奇袭北元汗廷；以冯胜为征西将军，带五万骑为西路，迷惑和牵制北元西北诸王军队，以配合中路军作战。

此次“永清沙漠”战争的关键在于中路军。如中路军能够顺利找到北元主力扩廓帖木儿决战，并能打败和消灭元军，那么东路军就有成功奇袭北元汗廷，瞬间终结其寿命的可能。征虏大将军徐达即出雁门关，于二月进入山西境内。在这里，徐达做了必要的战略战术安排，派骁将蓝玉为先锋，进至今蒙古国乌兰巴托南一个叫野马川的地方，诱扩廓帖木儿军迎战。自己则率主力跟在其后，看准机会一仗将其消灭。先锋蓝玉于三月进至指定地域，开始与北元军相遇。北元落败的颓势似乎还在继续，一遇蓝玉军不战几个回合，便溃败下来，逃走了。蓝玉军紧追不舍，追至一个叫乱山的地方，溃逃的北元军突然回过头来厮杀，但很快又溃败而去。就在蓝玉军追着北元军深入漠北的过程中，征虏大将军徐达率中军主力于五月也来与他们会合，并继续追击北元军。当徐达和蓝玉军挺进到漠北腹地土拉河时，仓皇奔逃的北元军不再逃跑了，而是回过头来坚决迎击，其兵力也倍增。原来，扩廓帖木儿运用诱敌深入的战术，以接二连三的溃败将徐达军引入了他与贺宗哲联军的伏击圈之中，开始了与徐达军的正面较量。

这场厮杀的激烈程度我们是可想而知的。从徐达角度说，“剿绝之”的大话已从口出，如不取胜，将怎么向皇帝朱元璋交代？再说，扩廓帖木儿曾被朱元璋称为“天下奇男子”，是他心目中的大英雄。作为明王朝第一大将军，他怎能不嫉妒和郁闷。所以，他有一口恶气必须要出！而从扩廓帖木儿的角度说，这是一场绝对不能输掉的战争。因为他现在是北元汗廷最高的军政首领，是这个汗廷最可指望的中坚势力，如果战败下来不仅将士生命难保，更是他所依偎的王朝可能顷刻就终结。所以，这必定是一场不一决雌雄而决不罢休的拼杀。拼杀的结果，誓言“剿绝之”的徐达战败了。有的史料说，徐达军“死者万余人”，有的则说：“明军大败，死数万人，几乎全军覆灭。明国统帅徐达‘敛兵息塞’一个多月，才率残兵败将狼狈不堪地回到南京。因其过去战功大，明帝朱元璋未追究其责任。”战败的详情究竟怎样，我们没有必要去探究。而我们所需要说的是，随着徐达军的战败，负责奇袭北元汗廷任务的李文忠也出现了出师不利的情况。

综合《明史》《明太祖实录》《蒙古民族通史》《北元史》等不尽一致的记录，李文忠军的情况大体是这样的：他军出居庸关，经今内蒙古锡林郭勒盟境内叫口温淖儿的地方直奔哈刺莽来。在这里轻松击败少量北元军后，直抵今蒙古国东北部的克鲁伦河上游。为了加快挺进的速度，李文忠在这里留下辎重，率轻骑日夜兼程西进。是年六月，李文忠军进至今蒙古国境内鄂尔浑河后，又像大将军徐达一样进入了北元军的埋伏圈。不同的是，伏击者不是扩廓帖木儿，而是北元的另一丞相哈刺章和大臣蛮子。也许双方实力相当，也许双方的指挥都很得当，在北元军的这道防线的伏击战中，双方打得都很勇敢，主将李文忠中矢受伤，北元军的损失也很惨重。李文忠勉强闯过这道防线，进到一个叫称海的地方时，又遇到了北元军第二道防线的迎击。已咬牙坚持的李文忠军再也无力进行大规模的拼杀，所以与北元军相持三天后率兵回师了。

与徐达军、李文忠军相比，冯胜率领的西路军情况还是不错的。他们在今甘肃、内蒙古阿拉善等地一连打败几名北元守将，瓦解了北元在这里的统治。但西路军的行动，在整体上既未能牵制西北宗王的军队，也未能向中路军、东路军提供有效的战略支持。

以终结北元寿命为目标的第二次“永清沙漠”战争就这样结束了。明帝朱元璋对它的总结是：“今诸将自请深入，败于和林，轻信无谋，致多杀士卒，不可不戒。”把它说成了“诸将自请深入”的个体行动。北元方面则认为，这是“宣光二年保卫战”，是北元历史的一个转折点。从此战之后发生的一些情况看，这场未达目的的“永清沙漠”战争，给双方都带来了一些重要的变化。

在北元方面，可汗爱猷识里答腊和汗廷将臣们终于迎来了自大元末期败落以来的第一个胜仗。由此，他们不断滑向败落的脚步终于有了一个停顿，并且体验到明朝军队并非是不可战胜的真相，坚定了复兴元朝大业的信心。于是，战争一结束，可汗爱猷识里答腊向尚未被明朝攻陷的云南行省的梁王遣去使者，要求他们向漠北汗廷运送粮食，以打牢汗廷所在地的粮草基础。同时，又向已经投入明朝怀抱的高丽国王遣使致书说："顷因兵乱，播迁于北，今以扩廓帖木儿为相，几于中兴。王亦世祖之孙也，宜助朕复正天下。"爱猷识里答腊可汗在欲与云南、高丽的力量牵制明朝计划同步，也在动用可以直接指挥的力量，对明朝发动战术性的军事行动。据明朝和北元的相关史料，北元可汗爱猷识里答腊为复兴元朝大业而发动的军事行动有：一三七二年八月，第二次"永清沙漠"战争刚结束后，进攻今在内蒙古呼和浩特西南的云内州，杀死明朝守将黄里；一三七二年十一月，由北元辽东统帅纳哈出袭击明军粮饷集散地牛家庄码头，杀伤明军五千多人，火烧粮仓十余万石；一三七三年，东南向永平、迁安、瑞州等今为辽宁地区的进攻，正南向武州、朔州、忻州、雁门、怀柔等今为山西、河北地区的进攻，西南向庆阳、会宁、河州、兰州等今为甘肃地区的进攻；一三七三年十一月，扩廓帖木儿率军进攻大同的军事行动；还有重新占领兴和、亦集乃及甘肃行省西北部地区，恢复元朝管制的军事行动。

与北元方面的这些举动相对应，明帝朱元璋从无果而终的第二次"永清沙漠"战争中清醒地认识到，已退回漠北深处的北元汗廷已经不是容易被终结其寿命的软弱对象，而是成了不得不面对其存在的一个政权。所以，对自己的灭元政策做了适当的调整，那就是：把战略重点从进攻为主的做法转移到了以防备为主的举措上。于是，由秦始皇始建的叫作"长城"的王朝高墙，沿明帝认为的边界开始被修筑起来，同时在其沿线的要塞和重镇上一个个守防的兵力被部署了下来，在它的外围一个接一个的羁縻卫所也被设置了起来。为实现这一战略的变化，能够制止北元的南下进攻，一三七四年朱元璋将俘虏而来的爱猷识里答腊之子买的里八剌遣还漠北，并致书说："昔君在应昌所遗幼子南来，朕待以殊礼，已经五年。念君流离沙漠，后嗣未有，故特遣咸礼表等护其归。庶不绝元之嗣，君其审之。"这封书信文字不多，但意味却深长。从中可以窥视到明朝对北元政策的底线：只要不图恢复大元统治，只要不侵扰边地，不威胁明朝政权，其消灭之事不再着急了！

终于拼杀出了一个可以自己掌控的生存空间，接下来就该好好地反思、判断、规划下一步的事情了。可是，命运没有给北元可汗爱猷识里答腊太多的机会。他刚从明帝朱元璋手中拼杀出一块生存空间的时候，自家这边却发生了他难以承受的变故。对北元而言，仍为元朝遗存的云南行省的支持是非常之重要的。但时为梁王的把匝剌瓦尔密，在明朝的强大压力面前动摇犹豫，不敢按爱猷识里答腊的指令运粮漠北。还有让他气愤的是，高丽王对北元及使者的态度。当爱猷识里答腊要求他出兵相助的使者到达高丽时，他不仅不敢答应出兵要求，还以"眼疾"为由不敢在白天接见使者波都帖木儿。最让他无法承受的是汗廷顶梁柱扩廓帖木儿的去世。扩廓帖木儿是元朝末年可歌可泣的大英雄，是当朝者不可多得的忠诚卫士，一三七五年在其衙廷去世。《北元史》一书总结说："曾任元太尉、知枢密院事、太傅、左丞相、河南王、中书丞相等职。扩廓帖木儿被元惠宗（妥懽帖睦儿）撤过职，还被派兵讨伐过。此后朱元璋曾先后七次致书，数次派人招降，均不答。后派降明元朝老臣江西左丞李思齐劝降，扩廓帖木儿以礼相待。送归时，卫士说主帅请公留一物为别。李说无物，卫士曰'愿得公一臂'。李知不能免，遂断臂与之，回后不久即死。扩廓帖木儿不计个人恩怨，不为利禄诱惑，一生忠心义胆保元朝，真乃忠义之臣也！"

我想，可以用更加强壮、更加深刻的文字来赞美他都不过分。在此前，甚至是直到现在我们总是用"义"的理念来认识和评价这样的忠诚，总是喜欢以恩赐与回报的关系来分析它，最终都把它看成是报恩的最高形式。可是，在我看来，在我们人类的行为中还有一种很朴素而常见的普世意义上的忠诚，那就是把生命的价值镶嵌到职位责任的自觉行为。这种忠诚可能更高尚，可能是我们越来越需要的。扩廓帖木儿的忠诚不属于此类，而是属于用“义”的理念来掂量的，动人心肺的忠诚。对北元可汗爱猷识里答腊来说，这样一个人的去世，不仅是失去一个忠臣的问题，而是等于他伸向复兴之业的手被折断了。

扩廓帖木儿去世以后，爱猷识里答腊可汗虽然不改初衷地进行着复兴的努力，但产生的效果离复兴元朝大业的目标越来越远了。于是，生不逢时的元朝储君、败落中慌忙继位的北元可汗爱猷识里答腊怒恨、着急、郁闷，最后于一三七八年四月驾崩了。

当复兴元朝大业的梦与元室子孙、与元朝遗散在各处的势力、与当时北元人的心灵渐行渐远的时候，北元第三任可汗即位了。即位的这位可汗叫脱古思帖木儿，汗号乌萨哈勒汗，谥号为益宗，取年号为天元。史家们毫无迟疑地认为，这位可汗就是一三七〇年第一次“永清沙漠”战争中，被明将李文忠俘虏并被明帝朱元璋封为崇礼侯，后又遣送北归的叫作买的里八剌的那个人。他叫作买的里八剌的那个名字何时又因何种原因被改成脱古思帖木儿的，至今没有明确的说法。史家们认为，这位脱古思帖木儿可汗可能是三十八岁时即位的。

从年龄情况来说，三十八岁是生命过程的黄金期，是走向不惑而大有所为的年龄段，可对新即位的脱古思帖木儿可汗来说，一切都是那样的灰暗和无望。虽然，汗廷还存在着，但昔日的集权基本不存，已经变成了依靠权臣努力的弱势权贵团体。所以，即便是有些抱负，如无权臣的支持，则已无力去主导实施了。虽然，顺利地继承了汗位，但父汗留给他的是不断被蚕食和萎缩的山河与迷失了方向的可汗权力。所以，他无法对当时的情形做出正确的判断，更无力调度各部势力致力于某一项事业。他能做的事情就是，处理好与所依权臣的关系，并在他们的拥戴下守着祖先们创设并传承的可汗宝座。由此，后来的史家们认为，到脱古思帖木儿这一代，复兴元朝的梦想已经荡然无存了。

虽然，恢复元朝大业的梦想已远离北元而去，但设法终结北元寿命的想法从未离开过明朝的心胸。在脱古思帖木儿继位之后，明朝采取的第一个措施就是心理攻势。他们听到爱猷识里答腊驾崩的消息，马上遣使到脱古思帖木儿处进行吊唁，想以此表示对他的友好与善意。因为，脱古思帖木儿曾经是他们的俘虏，不仅没杀害，且还封为崇礼侯加以善待，最后还为不断北元香火将其送归父亲身边。现在，受恩于明朝的这个人掌权了，应该与明朝的希望开展起正向的互动。可是，这时的脱古思帖木儿实难做出能够左右全局，并可付诸行动的决定。所以，他既没有回应明朝的用意，也没有采取强化自身的其他措施。就像一个人骑在马背上，自己不握缰绳，而让牵马的人决定前行的方向一样……

与脱古思帖木儿的无动于衷相比，明朝的反应是激烈而具体的。一三八〇年，不无恼怒的朱元璋命骁将沐英进击亦集乃路，从右翼挤压北元的生存空间。沐英一路进击，仅用七天时间就攻到北元腹地哈拉和林，并捣毁了该城。一三八二年，又把辖属北元的东部女真各部从脱古思帖木儿名下招降而去。尤其是于一三八七年，朱元璋以二十万兵力迫使辽东王那哈出投降，从左右两侧大大挤压了北元的生存空间和回旋的余地。这样，明帝朱元璋认为，终结北元寿命、永清沙漠的时机已经成熟，便命蓝玉为大将军，唐胜宗、郭英为左右副将军，率军十五万征灭已成马背朝廷的北元。蓝玉军于一三八八年进至今为内蒙古巴林左旗的庆州，并在这里得到了可汗脱古思帖木儿的营帐已东移至今内蒙古呼伦贝尔市贝尔湖畔的情报。于是调整行军计划，由间道日夜兼程，于四月十二日凌晨饮马贝尔湖南岸。在这里，他们进一步探知脱古思帖木儿营帐就在东北八十余里外哈拉哈河畔的消息后，蓝玉马上派出突袭先锋。不知是天意，还是巧合，那一天沙暴大作，天昏地暗，北元方面毫无防备，激战突起，溃败四散。可汗脱古思帖木儿只与太子、知院等几十人，趁沙暴与混战仓皇逃去。在这次突袭中，明朝方面虽然没有俘获到北元可汗，但俘虏了将臣两千九百九十四人，军士男女七万七千零三十七人，获牛马羊驼十五万余头匹，可谓战绩辉煌！

如果说，漫天的沙暴是让脱古思帖木儿得以逃脱的天意，但蜿蜒的逃亡之路没有让他迎来安生的命运。脱古思帖木儿逃出去之后，带着几十号人马投奔时在哈拉和林的丞相咬住。当他们沿路聚集旧部万余人走到今蒙古国境内土剌河时又遭到了一次突然的袭击。这个袭击不是来自明朝，而是来自百余年前的旧仇老恨。百余年前，脱古思帖木儿家祖忽必烈与弟弟阿里不哥争可汗之位，虽然胜负结果早已分出，但结下的仇恨半暗半明地延续到了这时。这时，领有一方势力的阿里不哥后裔之人叫也速迭儿。就是这个也速迭儿向正在落难的北元汗廷发动了袭击。脱古思帖木儿的人马复又溃散，他仅与近臣侍从十六人再一次万幸地逃了出去。虽然已经甩开了明军的威胁，但不料又遇到了旧仇的堵截。脱古思帖木儿可汗及其十几人前怕狼后怕虎地奔逃时，得到消息的丞相咬住，领着太尉马儿哈咱等三千多人前来迎驾。君臣见面，别有感触，经商议后他们决定投奔以阿尔泰山为大本营的阔阔帖木儿，以渡目前的危难。

应该说，这下有救了。可是，上天又做起手脚，鹅毛大雪，三日不停。就在脱古思帖木儿和咬住他们等待雪停之际，也速迭儿又派人袭击了护驾的营帐。在大雪纷飞的这一天，幸运没有再次光顾脱古思帖木儿可汗，他和他的长子被袭击者抓获，并无情地被弓弦缢死。一个延续百余年君临天下的权力之家这一天走向了终点。对这些，萨冈彻辰老先生既不愤怒，也不焦虑，用极其平静的文字概括了脱古思帖木儿汗的一生：“必力克图可汗的弟弟兀思哈勒可汗生于壬午年，乙未年三十八岁即位，在位十年，戊辰年崩，享年四十七岁。”后来的史家们研究说，记脱古思帖木儿为先汗之弟可能有误，但从那样一个混乱中能够倾听到这样接近真实的历史脚步实属难得了！

三

尽管萨冈彻辰老先生不动声色地仅用几十个字概括了元朝皇室之

后、北元第三任可汗出生到死亡的人生历史，而且将他被弓弦缢死的事情都做了忽略不计的处理，但我绝对没有老先生那般的胸怀，也做不到老先生那般的冷静与淡定。虽然，在阅读和叙写过程中，我也努力过记而不议地进行下去，但是隐匿在事情背后的一个暗流总是让我无法视而不见，无法缄口不言。

对后人来说，历史永远是一个多维的评说客体。所以，元朝皇室历史上出现的这一事情自会有多方面的评说角度。我在研读萨冈彻辰老先生《蒙古源流》和其他相关历史书籍中，也注意到了史家、学者们有所不同的评说和解读。有的学者认为，也速迭儿之所以不顾北元的存亡，用弓弦无情地缢死脱古思帖木儿是在报百余年前阿里不哥在帝位争夺中被忽必烈打败的仇恨；也有的学者认为，这是成吉思汗家族子孙内部汗位之争的继续；还有的学者认为，这是自元朝初期以来西北藩王们在立国形态与生存路线方面始终与中央政权对立和博弈的延续。无疑，这些认识和说法都有其明确清楚的历史依据，在各自的角度和立场上都是完全可以成立的。

然而，就像人类历史的发展方向并不是由某一主张或某一种强力来决定，而是由人类所有成员各种有形无形力量的综合作用来确定一样，一国一朝的历史走向也是各种力量相互作用的结果。所以，曾经风光无限、威严无比的大元王朝和它的皇室后人从兴盛衰落到这步田地，应该是不仅由以上几种因素，而是由更多种类复杂的力量相互作用的结果。可以料想，随着研究的深入，学者们对此还会给出各种各样的判断。而我较为感兴趣的并不是对事情本身的种种结论，而是在于分析和判断出北元朝廷权力主体的历史走入了怎样一个阶段的问题。从事情本身的情况看，它可能就是以上所说之原因的结果，但从权力主体的历史走向来说，一直由开元大帝忽必烈一家子孙接续坐庄的北元朝廷似乎开始进入了权力主体的调整阶段。说来也是，自忽必烈握住大元帝国的缰绳以来，不论在大元时代，还是在北元以来，权力的缰绳一直由忽必烈后人代代相传地握在手上。既然要坐江山，当皇帝，做可汗，就是该把社稷掌稳，江山守牢，使自己和百姓能够安生。可是，自元末，尤其是北元以来，一个接一个的忽必烈后人不仅没能守住大元的江山，退回草原后更是连连地败退，竟将左右蒙古人生存方向的朝廷推上了不停逃奔的马背之上，使草原上的蒙古人六神无主，不知所措。于是，那些一直被排斥在朝廷之外的、同为成吉思汗子孙的术赤的后人们、窝阔台的后人们、察合台的后人们、阿里不哥的后人们是不服气的。甚至，还有一些有抱负有想法的部落首领和精英人士也是难以服气的。不服气的情绪是有成长性的。随着可汗们每况愈下的表现，这种不服气的情绪渐渐冲破正统观念的铁板，演化成了以身试国、取而代之的行动。所以，从历史的走向看，阿里不哥后裔也速迭儿缢杀北元第三任可汗脱古思帖木儿的事情，已将北元的历史带入了权力主体的调整期。

也速迭儿缢杀脱古思帖木儿后，顺势登上了北元第四任可汗的大位。由于他的势力范围和大本营在远离中原的大西北，所以把汗廷设在了瓦剌、乞儿吉思一带。也许是因为这个汗廷离草原腹地太远了，人们视觉、听觉无法观察到它的行踪，或是因为兵荒马乱，汗廷本身没有留下自己相关的记录，所以，我们从史料中只能读到这个汗廷在瓦剌、乞儿吉思一带这样一个模糊不清的记录。至于这位也速迭儿可汗履行了怎样的程序，举行了怎样的仪式，组成了怎样的权力体系，提出了怎样的拯救之策，等等，学者们从现有的史料中没有找到，博大精深的萨冈彻辰老先生也很无奈，只倾听到了“昂克·招力图合罕、额勒别克·纽列速克赤合罕和哈儿忽出黑·都隆·帖木儿·皇台吉三人”这样隐隐约约、含混不清的历史脚步。一向耳聪目明、听观六路八方的明朝也出现了视听断路，只用“而敌自脱古思帖木儿后，部帅纷拏，五传至坤帖木儿，咸被弑，不复知帝号”这样既无可汗名称记录，又无更迭年月说明，更无朝政活动记载的模糊文字记述了北元历史进入权力调整期之后十余年的历史变迁。与之相比，有位叫吴德喜的蒙古老人在查阅能够找到的史料之后，基本弄清了这一时期的历史脉络。读过吴老先生资料卡片般细记的《北元史》，我们可以较为清楚地看到北元权力主体调整期间的有关情形。

也速迭儿对北元大可汗进行杀而代之的异举，给本已败落不堪的北元社会带来了巨大的混乱。由于帝出正统思想根深蒂固，拥戴原大可汗脱古思帖木儿的臣僚们因无法接受阿里不哥后裔主政的现实，开始走向疏远汗廷，甚至干脆走向了降服明朝的道路。就在也速迭儿杀而代之的一三八八年，脱古思帖木儿大可汗的随行近臣叫捏怯来的知院和叫失烈门的丞相，“耻事”也速迭儿，遂率众降服明朝，并提出了在“大宁等处居住屯种”，请给予粮食、布帛接济的请求。紧接着辽王阿札失里、会宁王塔宾帖木儿等又向明朝降服而去。与此同时，由于政治中心过于遥远，一些散落草野的民众因得不到汗廷的节制，纷纷走向了见机行事、保全生存的道路。

北元上下的这种急剧变化，取代了脱古思帖木儿的也速迭儿大可汗不可能感受不到，但他究竟采取了怎样的挽回措施，史料记录出现了巨大的空白。后人只能从一度降服了明朝的捏怯来知院复被同样降服明朝的失烈门杀害和降明后被设置三卫的阿札失里、塔宾帖木儿等复又叛明的事例，得出了也速迭儿的势力“一度大增，雄踞漠北”的判断。也许吧，不然已降服他方的人们怎么会反反复复地降来叛去呢。

好也罢，坏也罢，也速迭儿的可汗生涯未能延续多久，在他杀而代之的第四年，也就是一三九一年死去了。接替其出任北元第五任大可汗的是他儿子恩克大可汗，史称恩克卓里克图汗。这位恩克卓里克图汗继位后究竟做了些什么事，现有的史料均无明确的记录。我们只能从继位这一动态上看到北元汗廷的延续和权力主体调整的继续。

与北元方面的蹉跎相比，明朝对北元的打击却有声有色。就在也速迭儿父子掌管蒙古的混乱时期，明帝朱元璋一边派兵深入漠北打击北元仍留存的有生力量的同时，在已经降服和相继被征服的蒙古地区设置了多个相当于防火隔离带意义的卫所，著名的兀良哈三卫就包括在其中。这些卫所一个接一个首尾相连地从东到西排列在明朝的北部边线，形成了一道无形的防护墙。虽然，被安置在卫所里边的部落头领和大小头人们经常降来复又叛去，但这道墙还基本上起到了防护的作用。

就在明朝北边安全网越织越牢的过程中，权力主体调整的北元汗廷又发生了变化。一三九一年继位的恩克大可汗，不知因什么变故汗位被一位叫作额勒伯克的人夺去了。时间是一三九三年。有史家兴奋地写道："北元二十六年（1393，明洪武二十六年），忽必烈汗后裔额勒伯克从阿里不哥后裔恩克卓里克图手中夺回了汗位。"真不可思议，令我们崇拜不已的史家们也有如此严重的正统情结。可是，令史家们欣喜不已的这位忽必烈汗后裔并没有留下让史家们津津乐道的治朝治国业绩，反而留下了使后人难以释怀的丑闻。相隔二百余年之后的萨冈彻辰老先生也清晰地倾听到了这个丑闻粉红色的脚步声。

说是：一三九九年正月的一天，这位额勒伯克汗雪地行猎，射死一只兔子，见其血滴在白雪上甚是好看，便鬼迷心窍地说："但愿有面白如此雪、脸颊红如此血的妇人。"随行的瓦剌部扎哈明安氏人浩海·达由太尉答道："可汗之弟，哈尔古楚克·都古仍·洪台吉的妻子，鄂勒泽图·洪高娃比姬之美，比这还要美丽。"

额勒伯克汗听罢说道："能使话语成真、心想事成的我的浩海太尉，你若能使我见到她，我就封你为丞相，令你统领瓦剌四部！"

自此以后，浩海·达由为了当丞相，领导瓦剌四部，成天两眼盯着可汗弟弟哈尔古楚克·洪台吉出猎，好去见其妻子洪高娃。

一天，哈尔古楚克·洪台吉出去打猎了，浩海·达由急忙去见其妻子洪高娃。他对洪高娃说："可汗说：大家都惊叹你的美貌，我要到你家里看你。"听完这话，洪高娃气愤地说：

"岂有天地二者相合之理？岂有至尊大可汗来见弟媳之道？莫非听到了弟弟哈尔古楚克·洪台吉的死讯？莫非他的大可汗哥哥变成了黑狗?！"

浩海·达由气急败坏，赶紧到可汗处将洪高娃的话添油加醋地报告了大可汗。额勒伯克汗大怒，遂在猎归的途中截杀弟弟哈尔古楚克，然后将有身孕三个月的弟媳纳为妃子。被兄长杀死的这位哈尔古楚克·都古仍就是后来大名鼎鼎的达延汗的高祖父，被害时三十七岁。

洪高娃被纳为妃子后，浩海·达由到大可汗处讨要曾被承诺的丞相之职。恰逢那时大可汗出去放鹰不在帐，于是浩海·达由在帐外野地上坐等大可汗回来。洪高娃得知后，派名叫朵黑申·失剌的仆人对浩海·达由说："与其在野外坐等，还是帐里来等吧。"这样，将浩海·达由邀到营帐之后，洪高娃恭敬有加地在银制的大杯中斟满掺有黄油的忽日扎烈酒，敬向浩海·达由说：

"你使我低下之身变得高贵，使我卑微之人变得显赫！你使我由小比姬当上了妃子，你使我由台吉之妻当上了大可汗的哈屯！你的哪项恩德都有道不尽的重要。所以，大恩赏由大可汗自己赐予，在这里先以酒致谢。"

浩海·达由信以为真，一饮而尽，几杯下肚，不时醉倒。接着，洪高娃令人将浩海·达由抬到床上，自己剪断一股发辫随便扔到墙角各处，自己又把脸挠破数处，召集近处的人员来看现场，并派仆人朵黑申·失剌前去找大可汗报告。

大可汗回来，见洪高娃正背坐大哭，便问为何而哭。洪高娃转过身来讲述了如何备酒酬谢，浩海·达由酒醉后又如何调戏她，因不从，他又如何伤及她等详细经过。这时，躺在那里的浩海·达由酒劲稍缓，在迷迷糊糊中听到洪高娃对大可汗的哭诉，浑身神经立即紧绷起来，酒一下就醒了。他跳下床铺，跳上马背仓皇逃走了。额勒伯克汗见状，说："不用再说了，他的逃跑证明了你的话是真的。"于是，带上身边人马去追赶。毕竟，大可汗处的马匹优良，很快追上了急于逃命的浩海·达由。浩海·达由与大可汗人马对射，又射断了大可汗的一个手指。额勒伯克汗恼怒至极，令手下就地乱箭射杀了鬼迷心窍的浩海·达由。

浩海·达由被杀死了，额勒伯克汗命苏尼特部人旺沁太保剥下浩海·达由一块背皮，回来交给洪高娃妃子。洪高娃说："常言道，偿命也不足以解恨啊！"洪高娃先舔一下额勒伯克汗断指上的血，又说："看一下人的皮子是什么样的？"说完又舔了一下浩海·达由皮上的油。然后说道：

“既舔了黑心可汗的血，又舔了谗言离间的浩海·达由的油，虽为妇道之人，已替丈夫报了仇恨！我已死而无憾，大可汗可以马上把我杀掉！”

可是，额勒伯克大可汗因怜惜洪高娃美色，不怒，也没有杀她。过后不久，额勒伯克汗对浩海·达由的儿子巴图拉说：“我射杀了你的父亲，现在赐给你汗后库伯衮台哈屯所生的女儿萨穆尔公主为妻，并封你为丞相，领导瓦剌四部。”

瓦剌四部联盟的首领乌格齐·哈什哈听到额勒伯克大可汗杀死弟弟，抢去其妻子，枉杀大臣浩海·达由的消息，大骂额勒伯克大可汗淫虐滥法，肆行无道。又听说额勒伯克大可汗剥夺了他对瓦剌四部联盟的领导权，气得直咬牙，说：“竟让我的手下巴图拉领导四部瓦剌，有我在，我看他巴图拉能动瓦剌四部的哪个部？”

额勒伯克大可汗听说后很是生气，遂与其女婿巴图拉丞相商议，决定杀掉乌格齐·哈什哈，以便将瓦剌四部的领导权完全交给巴图拉。

额勒伯克大可汗夫人库伯衮台听说可汗要杀乌格齐·哈什哈后，急忙派人告知了乌格齐·哈什哈。乌格齐·哈什哈听到这个情报后，立即与阿里不哥后裔商议，并兴兵袭击可汗营盘。额勒伯克大可汗因毫无防备，被他们杀害了。与乌格齐·哈什哈联手兴兵的阿里不哥后裔坤帖木儿，因是成吉思汗黄金家族的子孙，乌格齐·哈什哈就把他推举为北元第七任可汗。这事发生在一三九九年，被杀时额勒伯克汗三十九岁。

额勒伯克，这位被杀的大可汗，执掌北元历史八年，到头来未能留下令人称道的奋发治朝的记录，反而留下了这样一个让人耻笑的丑闻。丑也罢，臭也罢，事情已发生在历史的深处，也已没有必要进行进一步的评说。但是，从事情的整体和结果，我们可以窥见到迁至瓦剌、乞儿吉思一带的北元朝廷已经失去了对整体的控制力，从而变成了任由强势集团摆布的权力平台。这是权力主体调整期间必会出现的情形，也是权力主体能够得以调整的基础。由于未能使这个权力平台摆脱他人的摆布，额勒伯克汗就这样信马由缰地驰离了生命的世界。

可以统领蒙古之众的权力平台又归到受瓦剌四部支持的阿里不哥后裔坤帖木儿的手里。据史料记载，额勒伯克汗被袭杀于一三九九年四月，而他继位是一四〇〇年。从袭杀前汗到拥立新汗有近一年的时间间隔，那么这期间究竟发生了什么呢？萨冈彻辰老先生没有倾听到相关的脚步声，史料也没有留下蛛丝马迹的文字，但我觉得这不应该是跨步而过的简单时空，而是可以进行一番深思的反常时光。试想一下，如果阿里不哥后裔坤帖木儿绝对统治着瓦剌四部蒙古，那么就应该杀掉额勒伯克汗后马上可以宣布接替其可汗之位。可事情并没有这样顺理成章，而是过了近一年的时间后才把他推上了可汗之位。所以，事情的背后应该隐藏着一个巨大的主体性犹豫，而这个犹豫应该存在于瓦剌四部的领主乌格齐·哈什哈和他们各部头人的心里。这个犹豫中肯定包括了可不可以把自己推举到那个权力平台的考虑。于是，他们再三思索，反复斟酌，最后不敢以非成吉思汗后裔的身份登上权力平台，而推立了成吉思汗之孙阿里不哥后裔坤帖木儿。但这是一个明显的信号，说明非忽必烈裔的成吉思汗子孙们开启的权力主体调整活动正走向更加复杂的方向。只是不知，深深隐藏在那些豪杰精英心中的那个志向何时才能跨出上马的一步。

就在坤帖木儿当上可汗的第三年头上，又一个身份也挤进了权力主体调整的旋涡之中。这个人叫鬼力赤，是大蒙古国第二任大可汗、成吉思汗嫡三子窝阔台的后裔。鬼力赤的加入使北元史上这起权力主体调整活动又增多了一个身份，那就是：忽必烈后裔、阿里不哥后裔和窝阔台后裔。根据萨冈彻辰老先生倾听到的较为混杂的脚步声，史家们一步步地弄清了鬼力赤勇猛踏上权力主体调整场的来龙去脉。自大元以来，鬼力赤先世们的领地基本上被固定在今甘肃河西一带，至鬼力赤时哈密山到亦集乃一带的地区便成了他牢固的势力范围。北元政局进入混乱后，鬼力赤为了抢得祖先窝阔台建造的和林城，屡屡与汗廷所在的瓦剌部发生冲突。在这个过程中，他积极联系并得到被称作蒙古本部的、驻牧在瓦剌以东地区之一的阿速特部首领阿鲁台的支持，并与他联手战杀坤帖木儿可汗后当上了北元第八任大可汗。可是，好景不长，不久鬼力赤可汗又与阿鲁台等发生矛盾，鬼力赤非忽必烈后裔的身份开始被大肆炒作了起来。于是，鬼力赤感到无法继续驾驭这个强势集团的组合，便带着部下属众返回到了自己势力的根据地——今宁夏、甘肃河西一带地区。有史家研究说，鬼力赤是被废后退回其根据地的，也有的说产生分歧后便分道扬镳了。这件事情，在蒙古史书中是这样记录的：鬼力赤于一四〇三年二十五岁即位，在位六年，于一四〇八年被害，享年三十一岁。

在权力主体调整的角逐中，又一个可汗被砍倒了。接替他出任北元第九任大可汗的是一位叫本雅失里的人。史家们研究说，这位叫本雅失里的新可汗就是那位抢娶弟媳的北元第七任可汗额勒伯克的儿子。在其父亲遭瓦剌首领乌格齐·哈什哈袭杀的混乱中，他率属下百十来人逃到中亚帖木儿帝国避难。帖木儿汗去世后移到别失八里居住。听到汗权落到窝阔台后裔鬼力赤之手后，开始产生回来夺位的念头。正在这时，已与鬼力赤可汗产生矛盾的阿鲁台派人邀他回来接续正统。于是，他以忽必烈后裔、元朝正统的身份回到蒙古本部，接受了阿鲁台等强势集团的拥立。

乍一看，北元史上这场权力主体调整活动好像走了一圈又回到原点了。这好像非常符合正统观念者的期待，甚至今天有史家在写这个事情的时候仍很开怀地说：“忽必烈汗后裔再次夺回了北元汗位。”可是，汗位这样“夺回”已经失去了权力的原本意义，并且明确地显示出了权力主体的调整已经进入了“傀儡化”阶段的特征。这样下来，可汗很大程度上就成为一种象征或符号，而拥立者则变成操控朝政的实体权力人。在这样的框架下，那个“符号”甘心地被高举着，他们的事业就会得到一定的发展。果不其然，本雅失里于一四〇八年被拥立之后，散落在四处的、面对来日不知所措的蒙古人群大大小小的头人们开始会集到忽必烈后裔为可汗的这个政权的大旗之下。

草原上的这个变化很快引发了明朝方面的激烈反应。北元可汗走马灯似的更替到第九任可汗本雅失里时，明朝的皇位则从朱元璋，途经其长孙朱允炆，传到了朱棣之手。朱棣对本雅失里的回归颇为敏感。起初，本雅失里在别失八里酝酿回归时，明朝派去的使者郭骥就极力劝说他不要回归。本雅失里回归后，他又带着朱棣邀本雅失里归降受封的文书干扰其朝政而被愤怒的本雅失里和阿鲁台杀掉了。朱棣抓住这个朝际交往上的错误，于一四〇九年派出十万大军进行讨伐，以淇国公丘福为征虏大将军。史称这次征战为“第七次永清沙漠战役”。从引发战争的事由看，本雅失里、阿鲁台等北元方面的确犯了执杀朝际使臣的并且是带有战略性色彩的错误，使刚刚缓过一口气的北元失去了持续壮大的机会，过早地引来了明朝方面的军事打击。从明朝方面看，急于消除隐患的朱棣显然是低估了北元力量会集的程度。所以，觉得兵强马壮的十万人马就足以平定草原深处正在形成的这个隐患。起初，明军进展顺利，在不到一个月的时间，明军进击到了本雅失里汗驻牧地——今克鲁伦河一带。待明军到达时，本雅失里和阿鲁台已经完成了合兵并设置好了一道又一道的诱敌深入而聚歼的战局。兵强倨傲的征虏大将军丘福每逢败退的蒙古军都认为势所必然，毫不顾忌地追击而去，一而再，再而三，最后策马走进了本雅失里、阿鲁台他们设置的重兵包围圈，不仅葬送了明朝的十万军队，自己也未能走出飞来挥去的刀箭。这样，北元赢得了一场战争，也乘胜向辽东、山西、大同发起过一些进攻，但源头上的战略失算，最后还是引来了明朝更大规模的永清沙漠行动。

为了复仇，更是为了铲除复苏起来的北元力量，明皇朱棣于一四一〇年亲率五十万大军进行征伐。五十万大军气势汹汹地行进在草原上，目标直指本雅失里、阿鲁台们的北元朝廷。本雅失里与阿鲁台得到消息后一致认为他们的兵力不宜与明军直接接触，遂决定进行战略性撤退。在五十万大军的扫荡之下，哪里是他们迂回生存的地方呢？在可汗本雅失里看来，西北瓦剌地区有他父亲额勒伯克汗培植的妹夫巴图拉，现已成为瓦剌四部的头领之一，所以主张向西北撤退。可是，实权在手的阿鲁台认为不可。他知道，本雅失里汗的那个妹夫虽为额勒伯克汗所培植，但如今被明朝叫作马哈木的他已被明朝封王赏爵，变成了大张其嘴的虎口，所以主张向东撤退。由于意见不一，又难以说服对方，最后君臣携各自所属东西分开。朱棣得此情报后先去追击本雅失里汗，并在斡难河边大败其军，致使本雅失里汗只以七骑向西逃去。朱棣认为再行追击也无实际意义后，掉转马头再去征伐阿鲁台，经辗转追踪，最后在兴安岭东面的答兰那土儿哥一地遇到阿鲁台军，激战中致阿鲁台坠马大败，退逃后又追击百余里才还。这样，朱棣认为目标已经实现，便于这年的七月班师回去了。

对北元朝廷和凋零的草原来说，明皇朱棣绝对是个不速之客。比起明帝朱元璋发动的“永清沙漠行动”，朱棣所发动的两次征战行动既无正当的理由，更无历史的必要。因为，在朱元璋挥手推翻元朝统治、创建大明江山的时候，失去朝政王权而退回草原的北元初期的可汗们一直梦想着恢复大元王朝的统治。所以，为使自己浴血创建的社稷江山不再让人抢夺而去，朱元璋一次次地发动永清沙漠行动，消除欲与他争夺江山朝政的力量是必要的，也是必需的。可是，经过朱元璋有力而有效的打击，到其晚年时继任北元的可汗们已经不再以恢复大元王朝为生存追求，而是已经衰落跌入了权力主体调整的旋涡之中。于是，视野宽度很大的朱元璋皇帝及时将国策调整到了以防御为主的战略上。到后朱元璋时期，尤其是到了朱棣这个时代，散落草原的蒙古人带给明朝的唯一烦恼就是“扰边”。“扰边”的目的是，那些已经不能以再分配的方式获取来自内地生存资源的大大小小部落集团的人们，在明朝大门紧闭而无法获得生存所需的情况下，以扰边抢掠的形式获取他们所必需的生存资源。而且这样的“扰边”行为已不是北元的朝廷行为，而明显是部落团体的单独作为。所以，在这样一个历史情形下，稳坐大明江山的朱棣完全没有必要动用几十万兵力征战精疲力竭的草原。

可是，他来了，挥舞着几十万把长枪短刀风暴一圈又凯旋了。他留给草原的伤痛很重，这个伤痛不仅在对生灵的涂炭，更在于对北元政权生态的涂炭。他使北元正在进行的、强势集团们开始利用忽必烈子孙、元室后裔这个“符号”试图将散落四处的蒙古人收拢到一个缰绳之下的努力，推入了更加艰难复杂的境地。经历朱棣卷动的风暴之后，以本雅失里为招牌、以阿鲁台为操盘手的政权建构不复存在了。为投靠妹夫而西去的本雅失里可汗，从明军的剿杀中仅以七骑逃脱后无奈地成了沦落北元西部旷野的汗位流动符号。而阿鲁台人马遭明军毁击后，坠马大败的阿鲁台只好到北元的远东地区舔愈伤痛的同时，艰难地进行修复势力的工作。

一时间，被叫作北元的、游牧蒙古人迁徙生活的草原大地上，能够带领人们向一个历史方向走去的政权实体就这样没有了。就在这时，已经求得明朝的册封，并通过贡马受赏的形式获取生存所需而壮大起来的本雅失里汗的那个叫巴图拉的妹夫已将大手伸向了北元统治的权力方向。还在明皇朱棣向北元出兵之前，巴图拉就给明朝上书，要求明朝“早为灭寇计”。他所说的“寇”，指的就是一时壮大起来的本雅失里汗与阿鲁台的政权组合。如今，正如他所希望的，本雅失里与阿鲁台的政权组合被击垮了，而且作为汗位符号的本雅失里正疲惫不堪地在他东侧不远的地方度日。于是，他全然不念姻亲之情，就在一四一〇年之后的一个时候与瓦剌另两位叫太平和把秃孛罗的部首联手，袭击并杀死了曾想投靠他的本雅失里汗，收取了其怀揣的传国玉玺。之后，他们与阿鲁台做法如出一辙地推拥一位叫答里巴的人做了北元以来的第十任大可汗。有史家说这事发生在一四一二年。瓦剌的巴图拉等头人拥立答里巴之后，并没有像往常一样得到部落头人们的默认，而是遭到了来自东部被称作蒙古本部阿鲁台等的反对与蔑视。恼怒的巴图拉即上书明朝说：“既灭本雅失里，得其传国玺，欲遣使进献，虑为阿鲁台所要，请天兵除之。”

一个令人哭笑不得的变化，在巴图拉对明朝的用心中悄然发生了，那就是一向受明朝打击而喘不过气来的北元头人们开始利用明朝力量打击族内对手了。这个招数虽然有些卑鄙，但它对仍未缓过气来的阿鲁台确实形成了巨大的压力。于是，阿鲁台也效仿巴图拉，派使臣向明朝贡马通好的同时，念念不忘地上书说："马哈木（巴图拉）等弑其主，收传国玺，又擅立答里巴为主。"转眼间，强大的明朝变成了北元博弈双方都想利用的大杠杆。可是明朝怎会那样糊涂，老谋深算的他们，一边打量着风云，一边就当起了那个奇妙的杠杆。

在这个杠杆的奇妙作用下，已将北元汗权抢到瓦剌，又把传国玉玺揣到了怀里的巴图拉很快发展起来，仅在几年的时间里收复了许多蒙古本部的部落，统治的身影已延伸到土剌河一带的地方。与此同时，已经领悟到这一杠杆作用的蒙古本部势力的领头人阿鲁台也没有昏睡度日，而是积极拉紧与明朝的关系，到一四一三年时已被明朝封为和宁王，并通过贡马受赏的形式获取很多生存所需，进而也快速地壮大起来。巴图拉对此心生不快，为向明朝表示不满的情绪，滞留其使臣不让回京。可是，他哪里知道这时的明朝已经对他的发展和东扩产生警惕，再也不会依他的请求出兵阿鲁台了。无奈之下，他决定亲自出马，去解决阿鲁台的问题。这样，巴图拉于一四一三年冬拥兵克鲁伦河，准备征伐阿鲁台。可谁能料到，巴图拉的这一举动却变成了阿鲁台们撬动明朝这一奇妙杠杆的绝佳理由。一听到巴图拉的战马在克鲁伦河畔嘶鸣，阿鲁台这边马上告知明朝巴图拉要去寇掠明边了，要他们赶紧出兵击溃，并提供了巴图拉的军事行动情况。就在这时，明朝开平守将郭亮也报告说："马哈木（即巴图拉）等兵饮马于河，声言袭阿鲁台，实欲寇边。"

这样，明朝这一杠杆终于被撬动了。朱棣于一四一三年三月像阿鲁台所希望的那样亲率五十万大军又向草原深处出发了。六月，在一个叫忽兰忽失温的地方，与答里巴汗、巴图拉等率领的三万人马激战一天，到傍晚时大败瓦剌军，致使巴图拉等趁夜逃往土剌河方面。不知朱棣当时是怎么想的，就在大败瓦剌军的当天晚上便决定班师了。

这是一个较为诡异的战例。亲率大军五十万，置巨大的物资耗费于不顾，日夜兼程几个月，一遇对手就打了一个漂亮的胜仗，然后就懈怠了，不去追击，不去消灭，却草草地决定班师回家了。有史家认为，朱棣可能是认为瓦剌军的败退可能是诱敌深入的故伎重演，所以决定班师了。也有史学家分析说，当时瓦剌与明军死伤相当，为防止接下来的万一，决定班师了。对这样的事情，萨冈彻辰老先生什么也没说，而在我看来事情似乎不像史家们所说的那样，则更像是朱棣在那一天的腥风血雨中突然发现了自己的杠杆角色，既然是杠杆，两头都要有悬挂的东西，不能取下一头，让另一头独自坐大。北元蒙古如今已经东西两分，在不能彻底将他们征服的情况下，利用杠杆的作用节制着他们，不让某一方壮大成威胁明朝的力量。于是，他断然做出班师的决定，踏上归程了。

北元蒙古正在进行的权力主体调整活动就这样进入了既不能没有可汗，又难以出现能够统领全体蒙古的大可汗的尴尬阶段。于是，瓦剌方面巴图拉等几位头人，根据答里巴汗遭朱棣打击后不久就死去的情况，于一四一五年又拥立了一位叫额色库的阿里不哥后裔继了汗位。对此，蒙古本部阿鲁台等嗤之以鼻，针锋相对地也于一四一五年又拥立了一位叫阿鲁克帖木儿的人继了汗位。因这个人曾被称作阿岱太师，故史称阿岱汗。史家研究说，他应为成吉思汗二弟合撒儿第十二代子孙。这样，在一四一五年的北元蒙古的历史上同时出现了两位可汗，毫无掩饰地宣告了曾为整体利益板块的蒙古人正式分裂成了东西两大利益实体，同时也让我们看到了在权力主体调整的角逐中又多了一个合撒儿后裔的身影。

将北元蒙古地域派系间的争斗打造成了势不两立而相互制衡的两大利益实体后，明朝这一杠杆就暂时停止了摆动。随着杠杆的突然停摆，两头的受力者都摆出了向内摔动的姿势。就在班师的朱棣还行进在草原上的时候，阿鲁台即派所部大小头人觐见朱棣，表达了对朝廷的敬意与恭顺。巴图拉等瓦剌的几位头人逃回老家后也立即派人到明朝贡马谢罪，诚恳认错：“前者不能约束部属，致犯边境，且拘留使臣舍黑撒答儿等，实非本心，皆为左右所误，致负大恩。”北元的格局就这样，以较为符合明朝心意的形式定格下来了，接下来明朝便可以稳坐高台观虎斗了。

果不其然，两虎很快开始相斗了。于一四一六年，当败退到瓦剌大本营的巴图拉等势力尚未恢复之际，阿鲁台率蒙古本部三部联军大举征伐额色库为可汗的瓦剌势力。双方激战于今哈密东面扎勒满山附近孛罗那孩斜坡上。结果，瓦剌方面大败，实际上的统领人巴图拉被杀身亡。一代枭雄巴图拉的人生就这样结束了，比起其父浩海少了很多媚俗，多了不少骨气，无奈在那个纷乱的年代里只留下埋头征战的几处脚印和巴图拉或马哈木的不知哪个才是确切的称谓走了。这样，他所亲手扶立的额色库汗和太平、把秃孛罗等瓦剌势力便迎来了一段低迷的岁月。

然而，巴图拉并没有带走所有的故事，他家室后人接下来的经历悄然又成了史家们必须记录的文字。萨冈彻辰老先生也根据从岁月远处倾听到的脚步声做了尽力的记录，后世史家们根据其蛛丝马迹，到我们这个时代已经基本还原了巴图拉家室后人一段曲折坎坷的遭遇。

事情是这样的：巴图拉战败被杀后，北元第六任大可汗额勒伯克在任命他为丞相时赐他为妻的女儿萨穆尔公主与其儿子巴古穆一同被阿鲁台俘获，并被带回蒙古本部与阿岱汗、阿鲁台等政权团队一起生活。因萨穆尔公主长得颇有姿色，阿岱汗将她纳为妃，给予母子很好的关照。这时的巴古穆不再被原名称呼，而是因在被俘获时被阿鲁台倒扣在一口锅下而被叫成了“脱欢”。这是一个颇具侮辱性的称呼，但后来的历史将这个称呼与他本人的传奇功罪一同永远地保存了下来。脱欢被俘并被带回蒙古本部之初，阿鲁台认为：“如同狼崽不能家养，敌人之子是不可养育的，应以其之父之仇杀掉他！”然而，与阿鲁台们一起主事的、那个因妻子百闻不如一见而遭哥哥杀害的哈尔古楚克·都古仍之遗腹子、与萨穆尔公主为异母姐弟的、曾在萨穆尔公主的帮助下回到蒙古本部的阿寨台吉认为，姐姐萨穆尔有助其回朝之功，所以可以放她的儿子回瓦剌去。阿岱汗很为难，决定既不杀他，也不放他回瓦剌。于是，阿鲁台为时常能够监视他，将他带回家里，让其放牧自家牛群。

日子就这样过着，东部阿鲁台们的势力和西部瓦剌的力量也趁这短暂的平静互不相顾地发展着、壮大着。一天，阿鲁台夫人格埒勒见脱欢满脸尘土，头发蓬乱，心生怜意，便给他洗脸梳头。恰在这时，与阿鲁台们一同共事的蒙古贞部头人蒙克拜看见，于是他对格埒勒说：“阿嘎，与其给他梳头，不如断了他的命！”格埒勒没有理睬他，继续为脱欢梳头。见此，蒙克拜无奈地说：“现在不听我的话，将来我们的人头就难保了。”事过不久，萨穆尔公主就听到了这不祥的动静，便对阿岱汗乞求说：“你搭救了我的性命封我为哈屯，但是你又把我的儿子指给他人使唤，比杀了他还艰难。求你把他放走吧。”阿岱汗没有考虑太多，便按萨穆尔公主的乞求，派几个可靠的人把脱欢送回了瓦剌部。

一见巴图拉头人的儿子回来，瓦剌的部落首领们很高兴，一边聚会听他介绍蒙古本部阿鲁台方面的情况，一边让他接管了其父巴图拉的属民部落，为脱欢下一步的传奇造化铺就了一条路。

虽然不能说风和日丽，但在明朝朱棣的袖手旁观下，北元蒙古有了几年的相对平静。就像在没有风雪的原野上，青草会赶忙生长一样，在相对平静的氛围下，蒙古本部阿鲁台的势力和西部瓦剌的势力不无竞争地各自发展了起来。因有一四一六年大败瓦剌的优势，阿鲁台们的发展步伐更大一些、更快一些。日益健壮起来的阿鲁台一边用心维护着与明朝的关系，一边又念念不忘地策划着再踩瓦剌一脚，以延缓他们的生长。于是，于一四一九年他又一次出兵再败瓦剌，如愿以偿地重重踩了一脚刚刚修复与明朝关系而茁壮起来的瓦剌这棵青草。

阿鲁台的这一脚，虽然踩在草原的深处，但其震动很快传到了明皇朱棣的宝座下。朱棣感觉到杠杆的平衡被打破了，如果继续袖手旁观，独大起来的阿鲁台们就将成为明朝的隐患。于是，他决定再次撬动一下杠杆，让北元东西力量再回到对峙而存的平衡中去。

朱棣对杠杆用去的第一份力就是对瓦剌的政策倾斜。于一四一九年，明朝封脱欢为顺宁王，让其承袭了父亲巴图拉的王位，为他们打下了在朝廷怀柔下得以发展的政治基石。但这一招数并没有引起阿鲁台的足够重视，也未能让他的行为有所收敛。出于满足持续发展所需的必要物资，没有读出朝廷脸色变化的阿鲁台就在这一年派使到明廷，要求进行互市。虽然需要扼制阿鲁台，但互市属于民间边境贸易，也没有太合理的拒绝理由，明朝便同意了这个要求。于是，在今甘肃张掖、武威、兰州，今宁夏银川以及今辽宁开原、北镇等地区开设了定期或不定期的马市，开展起了民间的贸易。虽说是民间贸易，又严禁铁器和武器的交易，但能获得其他物资也给阿鲁台的发展增添了不小的助力。这样，阿鲁台这边终于出现了明人严从简所说的“畜牧益蕃，生聚益富，而凶悖之心复萌。其朝贡之使既归，往往就途劫掠，朝廷使者至彼，或恣慢侮，亦有拘留之不以礼待者。其部属屡为边患，每因其使行戒谕之，而怙终不悛”的情况。眼看瓦剌一时难以制衡阿鲁台，朱棣便决定亲自动手惩治一下阿鲁台了。

明朝这个巨大的杠杆终于又开始摆动了。于一四二二年春，朱棣亲率大军又一次踏上了草原。阿鲁台得到消息，将辎重丢在今呼伦湖附近，向北方森林远远地退去。因地理环境不熟，明军找不到阿鲁台主力，无奈之下朱棣发兵焚烧了阿鲁台留下的辎重后甩手回朝了。虽然没有与明军正面交锋，但多年积累的辎重物资被付之一炬，阿鲁台势力还是遭到了重创。可是，朱棣认为这远没有达到目的，于一四二三年七月又率大军去剿灭阿鲁台。阿鲁台又一次故伎重演，远逃至明军难以寻到的地方，导致朱棣又一次无功而返。这年的十月，从阿鲁台身边分裂出来的一个叫也先土干的部将率妻子部属到明朝投降。他不仅详细报告了阿鲁台那边渐入困境的情况，还请求朱棣尽快发兵消灭。一四二四年正月，朱棣得到阿鲁台寇边的消息，为来一个正面相撞，亲率大军又一次北上了。阿鲁台还是三十六计走为上，又躲到了不易被找到的地方。投降明朝的也先土干得到阿鲁台又躲到老地方的消息后，以为能够找到他，便一马当先地引导明军向草原腹地进发了。到了那里，不见阿鲁台军踪影，朱棣命部将展开拉网式搜索，但搜索三百里方圆地区，未见一个人影，无奈朱棣再一次下达了回师的命令。也许，明皇朱棣该绝此征，在回程中突然得病，走到今乌珠穆沁旗一个叫榆木川的地方后，病情突然加重，于这一年的七月二日就命归西天了。

一代强君朱棣离世后，明朝对北元蒙古的战略发生了重大的变化。

新帝朱高炽接替父位后，很是赞同礼部“为今之计，但当守其要害，严其防御，务农以足食，练卒以养威，寇至则御，寇退不追，此上策也。尤不可自启边衅，边衅一启，所得无几，所失不可赀矣”的决策建议，将朱棣时代的杠杆战略改为“寇至则御，寇退不追”的防御战略。

对北元蒙古来说，这是一个重大的变化。这个变化，不仅给博弈之中的瓦剌和阿鲁台势力提供了自决雌雄的空间，也使他们蹒跚进行的权力主体调整活动有了一个自然延进的可能。就在当时而言，蒙古本部阿鲁台势力遭到朱棣大军的三次冲击，虽然万幸躲过而没有重大的伤亡，但其物力、财力和人气等还是受到了严重的削弱。与踉跄中的阿鲁台相比，在朱棣时已得怀柔的瓦剌方面却已进入了复苏的季节。几年前已被明朝封为顺宁王的瓦剌一部首领脱欢，在细心经略本部的同时，为报父亲巴图拉被杀之仇，曾于一四二二年趁明朝大军冲击阿鲁台之际，出兵大败阿鲁台，不仅导致其妻离子散，还掠走了他大量的牲畜与财产。在崇尚英雄的那个年代，脱欢报得父仇的这场胜仗，使他稳步走向了瓦剌的权力中心。一四二五年，被称为北元西汗的额色库去世，瓦剌进入新一轮的权力组合期。趁此机会，脱欢凭其雄才与大略吞并了另二位部落首领的地盘，成为瓦剌部名副其实的大首领。脱欢很清楚，这时他最大的仇人和对手就是阿鲁台。于是，他从一四二六年开始用兵阿鲁台，终于在一四三一年大败阿鲁台于大兴安岭西侧。阿鲁台部众溃散，牲畜财物所剩无几，只与儿子失捏干率残部万余人辗转到今包头一带活动。这期间，被称为北元东汗的阿岱汗也离开阿鲁台，迁徙到今阿拉善额济纳一带度日。就在这辗转迁徙的混乱中，脱欢那个舅舅，他当初被阿鲁台俘去并要杀死时，曾向阿岱汗请求救他一命的阿寨台吉的儿子脱脱不花循着血肉亲情的线路，前来投靠了脱欢。脱脱不花因是元室后裔，给脱欢带来了施展抱负的绝佳机会，脱欢很是认亲，顺势于一四三三年将他扶上了汗位。

这样，脱欢不仅拥有了一个称雄草原的骁勇势力，也打下了足以收蒙古本部各部落于麾下的政治基石。接着，他便毫无顾忌地踏上了称霸草原的征途。一四三四年，脱欢连续用兵阿鲁台，终于于当年的八月彻底打败北元一代枭雄阿鲁台，杀死其父子，为父亲报了仇，更是清除了称霸之路上最大的一个障碍。大的障碍清除了，但还有一个障碍横亘在脱欢称霸草原的道路上，那就是阿鲁台所立，并已有一股自己势力的东汗阿岱。如果不清除以黄金家族后裔的身份享有可汗之职的阿岱，蒙古本部人们的心可能还会随着他颠沛的身影四处游荡，而不易被收服到脱欢与脱脱不花的大帐之下。深谙其理的脱欢立即掉转马头，开始追踪和消灭阿岱汗。当时，已与阿鲁台离散的阿岱汗率少许部众颠沛在今阿拉善额济纳一带。由于颠沛流离而生存所需极缺的阿岱汗，只好以偶尔到明朝边地劫掠的形式维持着生存。然而，入境劫掠是明朝所坚决不许的。起初，明朝见阿岱汗已走投无路，曾要求他归顺明朝。阿岱汗没有理睬，并于一四三六年五月又到明朝边地今酒泉一带侵扰。于是，恼怒的明朝出兵追击阿岱汗，使之仅率百余人马逃入茫茫巴丹吉林沙漠。此时，正从西面夹击的脱欢，乘胜俘获了筋疲力尽的阿岱汗。

脱欢俘获阿岱汗后可以处理的选择应该是很多的。但是，他为报父亲被杀之仇还是决定要杀掉阿岱汗。阿岱汗觉得自己是他的继父，也有曾救他一命之恩，于是对脱欢说:“我封你母亲为哈屯，又不曾杀你本人。”可脱欢毫不领情，反问道:“难道我母亲原来没有丈夫吗？我自身没有父亲吗？”纷乱年代的恩怨情仇是何等难辨的复杂呀，脱欢就这样不由分说地杀掉了阿岱汗。

阿岱汗被杀了，北元蒙古权力主体调整过程中出现的权力实体并存的时代也随之结束了。这样，北元蹒跚进行的权力主体调整活动也走到了一个新的路口。从杀而代之到傀儡化，再到以元室后裔为工具用自身势力将北元蒙古收服于一方麾下，草原上一代又一代的枭雄们把民族的历史推进到了这样一个阶段。接下来，他们将怎么走，将迈出怎样的步伐？这不仅是当时北元上下蒙古关注的问题，也是后代史家们细心去倾听的历史脚步。

也许，脱欢接下来的步伐就杂乱不堪，或者是那段时间的记忆太过混乱，再或是后代史家们的记录过于偏颇，直到今天，我们都读不到关于脱欢渐次清晰的脚步记录。

灭除阿鲁台，杀掉阿岱汗，事实上成了北元蒙古最大权势的人，脱欢接下来究竟做了些什么呢？萨冈彻辰老先生根据其倾听到的历史动静，为我们留下了这样一些文字：

> 却说，脱欢太师身骑米喇散的良种淡黄马，绕圣主成吉思汗的宫帐三圈儿，挥刀劈帐顶，说道："你是速图之身的白帐，而我是速台的后嗣脱欢。"对此，四十蒙古、四瓦剌两方的大多数人议论说："这圣主不仅仅是蒙古的主上，而是收服了整个五色四夷的皇天之子。脱欢的举止，该是招灾引祸的征兆！"他们对脱欢说："你的言行举止太悖谬了，你应该向圣主谢恩叩拜，以求活命。"脱欢不听，说："我自己的命还要向别的什么人去乞求吗？现在全体蒙古人众都已成了我的属民，我要按照从前蒙古历代皇帝的规矩建立帝号！"说完给圣主奉上了供物，转过身时，圣主金箭筒里发出了"啪"的一声响动。顺声一看，金箭筒里的一支钻箭在颤动。当即，脱欢太师的鼻子和嘴里冒出了鲜血，他慌乱不知所措。当有人给他脱下衣服，让他恢复知觉时，大家看见他的两个肩胛骨中间显出了箭痕。到主上的箭筒跟前去一看，只见孔内有一支钻箭的铁口两边沾上了血迹。四十蒙古、四瓦剌两方的所有人都说："圣主不高兴了。"却说，脱欢叫来儿子也先说：
>
> "具足福荫的男家传下了男子汉，
> 具足福荫的女家却不能保护。
> 为了寻找具足福荫的祖母而来，
> 却被圣主弄成这副模样。
> 已为你除尽荆棘，
> 仅剩下满官嗔的猛可伯了。"

说完就咽气了。

如果萨冈彻辰老先生倾听到的这个脚步声是真实的，那么我们就看到了北元蒙古权力主体调整活动的一个结果。这就是，不忍北元蒙古衰败而去的英杰志士们，面对治国能力严重弱化的忽必烈子孙、元室后裔进行的权力主体调整活动，经过杀而代之、傀儡化、工具化等阶段后，一步步冲破王出正统的传统观念，具有治国兴邦能力的非黄金家族人员走到了权力主体的位置。

但从这段文字的内容和史家们对此后的记述看，脱欢这一举动是难以存在的。

从文字内容看，如果脱欢要当全体蒙古人的大可汗，他必须先要废掉亲手扶立的、把妹妹嫁给他为夫人的脱脱不花汗。可是，史料中没有一个字的记录说脱欢废掉了脱脱不花汗。如果没有“废除”这一步，脱欢接下来的闹腾和奇妙故事就很难发生。这是其一；其二是，由史家们编撰的蒙古史里说，脱脱不花自一四三三年至一四五一年在汗位。而且还说，脱欢的离世时间是一四三九年或一四四〇年。应该说，这样的记述是较为可信的，因为这是史家们深入纵横研究后得出的结论。这样一来，脱欢就不可能在一四三六年或一四三七年上演称汗一戏，并提前几年死去。但奇怪的是，既然没有事情发生的可能，那为什么萨冈彻辰老先生倾听到了这样一些杂乱的脚步声呢？对此，我们只能产生两种还原性的联想：

一种是：脱脱不花投奔到瓦剌后，脱欢虽然把妹妹嫁给他，并予以贵族的待遇，但根本就没有把他扶上汗位。待他把瓦剌和本部蒙古收服到自己麾下后，需要拥戴一人为大可汗来领导已经统一起来的北元全体蒙古。这个时候，脱欢想和成吉思汗统一蒙古后正式登上君主宝座一样升任北元大可汗。可是，来自东西蒙古的部落首领头人们走不出正统的观念，反对脱欢出任大可汗。无奈之下，脱欢正式以脱脱不花为大可汗，自己则以太师的身份把持了朝政……

另一种是：脱脱不花投奔过来后，正在征伐阿鲁台势力的脱欢，为便于收服蒙古本部各方人心，把作为元室后裔的脱脱不花扶立为可汗，并为亲密相互的连接，把妹妹嫁他为夫人。等到元室后裔这个身份工具利用完了，将北元蒙古收服到自己强有力的手掌之中以后，他的内心发生了变化，想以名副其实的身份来领导麾下的蒙古之众。于是，他和身边的幕僚与要好的头人们探讨可否的问题。但是，大家还是走不出正统的观念，纷纷表示不应为之。这样，无奈的脱欢仍以脱脱不花为可汗，自己还是以太师的身份主导了朝政。然而，虽然没有称汗，但念头却不胫而走，当时和后来的正统观念者们抓住这一点，咬牙切齿添油加醋地编造出了那样玄乎的一个故事。而这个故事又被萨冈彻辰老先生倾听到……

不论是哪一种，我们都可以从中预感到北元蒙古蹒跚进行的权力主体调整活动很快就有正式的成果了！

可是，这个成果未能在脱欢身上结出。脱欢以太师身份主导朝政几年以后，于一四三九年或一四四〇年去世了。他掌控朝政的太师之位，由其儿子也先承袭。史家们说，脱欢儿子也先出生于一四〇七年，继承父位时已过而立之年。他可不是闲来无事、饭来伸手的纨绔子弟，而是一个智勇大谋于一身的非凡之才。早在其父攻伐阿鲁台时，他便率领一支力量与比邻的察合台汗国歪思汗连战六十一次，除一次失利外，其他全部取得了胜利。很显然，这是集智勇大谋与军事天才于一身者所能创造的。现在，这个人接替了父亲，接过了足以主导北元蒙古历史走向的势力与大权。史家们曾统计说，也先的全部头衔是“瓦剌都总兵、答剌罕、太师、淮王、大头目、中书右丞相”。

也先继承的不仅仅是他父亲的职位和他所经略的势力，而且更有其从祖父、父亲延伸下来的将散沙般散落四处的蒙古族众收服于一朝麾下的壮志。他深信，在以元室后裔脱脱不花为可汗的政治架构下，靠父亲留下的雄厚势力和自己超凡的能力，这个目标是可以实现的。于是，他继续将原阿鲁台所部交脱脱不花汗管理的同时，又从驻牧在瓦剌晃合儿淮一带的政权中心中分出一部分职能交给脱脱不花，派他到东部的乌珠穆沁至呼伦贝尔一带管理兴安岭东西两侧的阿鲁科尔沁和嫩科尔沁在内的兀良哈地区蒙古各部。这是由也先主导的这个政权向东蒙古伸出的有力抓手，他想用这只握有可汗牌子的大手，将对立几十年的蒙古本部各部紧紧抓在这个政权的掌心中。而他自己则留在瓦剌晃合儿淮之地的政权中心，一步步来巩固扩展这个政权的所属版图。就当时情况而言，也先父亲脱欢收服在这个政权之下的不是明朝边外的全体蒙古，而只是游牧在明朝边外草原深处的各个部落。所以，还有不少的部落人群以归降明朝的身份被设置为各个卫所，驻牧在明朝边外近处的草原上。这些沿明朝边地生活的部落人群因各自的利益和恩仇缘由，过着既不属于明朝也不受北元政权节制的、在明朝和北元之间充当缓冲区的特殊生活。当时，在瓦剌的南侧，明朝的西北边地上有着叫作哈密卫、沙州卫、赤斤蒙古卫的三大卫所。要想把政权版图扩展到明朝边上，就必须把生活在这三个卫里的部落人群收服到自己的掌心之中。于是，也先自一四四一年到一四四四年的四年时间里，以强大的军事势力为先导，充分利用同属一个民族的情感基础和他们与明朝之间的琐碎纠葛，成功地将这些地方的部落人群收服到自己手中，并设与元朝时期相同的甘肃行省加以管理。这样，由也先主导的这个政权的南端就与明朝的西北边地直接相连了。对此，明朝英宗帝根据也先不断贡马的表现，认为已是臣属，所以没有对同为被视作臣属的族种内部的聚散离合加以战略性的干预。

当也先在北元的西部大有作为时，被派驻东部的脱脱不花汗也毫不懈怠地扩大着这个政权在东部地区的影响。在那时，脱脱不花汗应该有两个方面的动力：一是根据整体的安排，依仗也先强大的军事势力笼络和收复被明朝设置为缓冲带的兀良哈三卫的蒙古族众和肥河卫、兀者卫的女真族众，为这个政权的壮大建功立业；二是，虽然只在名分上，但作为一朝可汗，也趁单独所处的这个机会，在施展才华的同时尽力造就一批属于自己的可靠势力。所以，自一四四二年起，脱脱不花就以北元大可汗的名义，向兀良哈三卫的头人和女真部头人频频派去使者，或以官职或以族脉亲情呼唤他们转过身来。但由于缺乏实体的强迫力，事情一直没有太大的进展。于是，一四四四年也先完成瓦剌南侧的收服事业后，马上转身用兵兀良哈三卫等东部地区，到一四四六年或一四四七年时将游牧在泰宁、朵颜、福余三卫地域的蒙古族众强力拉到了北元政权的帐幕之下，从东北方向把政权版图推展到了明朝的边地。

这样，在明朝边外的北方草原上出现了一个控制着西过哈密，东至女真，北到叶尼塞河流域，南抵长城以北广袤地区的、统一和强大的北元政权。这是自败落的大元王朝退回草原后的八十多年来，首次出现的将四分五裂的蒙古各部族众统一到一根缰绳之下的强大政权。这是北元蒙古权力主体调整活动的产物，也是明朝那根大杠杆停止摆动后，草原上的枭雄们自然博弈出的大结果。《明英宗实录》在记述这一情形时说："漠北东西万里，无敢与之抗者。"作为这项大业的创就者，也先不可不清楚，这是他超凡才能和崛起所需的资源基本得以获取的结果。的确，如果徒有超凡的才能，而没有物质资源的支撑，也先是成就不了什么的。

也先崛起所需的物质资源基本取自明朝。因有父亲修通的路径，也先便沿着这条路不断把良马、皮毛等草原特产送到明朝京城，以"进贡"的形式表示和顺的同时获取明朝的"回赐"。起初，这种交换规模不大，一年之中的次数也不多。随着管辖人群的增多、事业层面的扩大和战争的频繁，所需的物质资源越来越多，越来越大。于是，也先要求明朝开放互市的同时，派越来越多的人，赶着越来越多的贡马，换来越来越多的"回赐"。最多时，也先派去的贡使达三千余人，贡马几千匹，貂皮等珍贵皮张十几万计。也先这种有增无减的礼貌索取，一度曾使明朝的库银物资难以应对。《明英宗实录》记述这一情形说："络绎于道，驼马迭贡于廷。"一四四九年二月，也先又派出三千多人的贡使到明朝进贡，以换取更多的回赠来解决统一了北元的庞大政权体系运转的需求。见情，明朝只好动用山西行都司的库银买贡使们赶来的马驼等。因数额庞大，支付乏力，明廷当事官员只好大幅下压价格，使也先大获而归的期望怅然落空。

对也先和他所主导的北元政权来说，这是一个重大的信号。如果获取物质资源的这一通道不能越走越宽，反而收窄或堵塞的话，也先就难以获取其政权体系和族众所需的物质资源。如果这样，统一在他权威之下的部落和族众又会为找到获取生存资源的途径而离散开去。这是也先所不愿看到和无法接受的。所以，也先非常重视这件事情，为使获取所需资源的通道能够畅通无阻，他又想出了一个进一步和顺解决的办法。当时，明朝有使臣驻在也先营帐，也先便通过他向明廷表达了通婚的请求，并听使臣告知，英宗皇帝同意也先请求，愿把明朝公主嫁给也先的儿子。这是一个多么令人振奋和欣喜的消息呀！如能顺利实现，就能消除生存资源再分配问题上所有后患。也先毫刻不误，即派使臣携带大量聘礼到明朝迎亲。可是，谁能想到，面对热情满怀的迎亲队伍，明朝竟说根本没有这回事。

一颗滚烫的心愣被泼了一盆冰水。听得消息后，也先难堪至极，一个强大政权头领人物的面子没有地方搁了。我们不知，当初的明朝是怎么想的，而对想用和顺的办法获取生存资源的也先来说，这不仅是一个莫大的羞辱，更是资源占有方的脸色可能有大变的信号。接下来，也先该迈出怎样的一步呢？按照历史留给后人的经验，也先面前只剩下了一条路，那就是：从可知的匈奴时代已经开始的用武力去抢掠的老路！但这是一条不计后果的险路，如果抢掠的次数多了，规模大了，明朝就会倾全国之力进行报复和打击，甚至是消灭。这样，也先和他所执掌的政权就将步阿鲁台的后尘了。

然而，也先毕竟不是我等之辈，更不是曾经的那些历史人物。面对无路可走的前方，他大胆做出了令其可汗脱脱不花都理解不了的决策：用闪电式的武力迫使明朝妥协。对也先这一英雄主义加深谋远虑的决策，脱脱不花汗反对说：“吾侪服用，多资大明。彼何负于汝，而忍为此。天道不可逆，逆之必受其殃。”很显然，这是一条常态思维十足的意见。处在新的历史关头的也先没有理睬脱脱不花汗的劝阻，便强行决定分兵四路进攻明朝。于是，一四四九年七月，他以脱脱不花汗为东路，率三万军队进攻辽东；派叫阿拉的心腹大将为中路，率大军进攻宣府；派叫阿乐出的勇将为西路，率军进攻陕西，自己则率大军进攻大同。据萨冈彻辰老先生倾听到的脚步声，也先在祭旗出征时杀了一个人。所杀的那个人叫猛可伯，就是也先父亲临终时所说的那个还未能征服的“满官嗔的猛可伯”。这个人，也许就是被也先征服时的俘虏，或可能是也先这次行动的反对者之一。所以，他被杀了，成了也先祈祷胜利的贡品。

一场令人始料未及的战争开始了。进攻一开始，因毫无准备而仓促应战的明朝方面在各个方面宣告失利。在北元方面，攻势迅猛而进展最大的是也先所率的三万精骑。一四四九年七月三十日，也先率军到达大同，至八月三日时先后战败明将吴浩、大同守将宋瑛、总兵官朱冕、督都石亨，全歼其所率明军。见也先攻势猛烈，气势最盛，明廷大宦官、太监王振鼓动皇帝英宗亲率大军迎击，一举打灭北元军嚣张气焰，从战略上扭转整体局势。于是，于一四四九年八月六日，明帝英宗朱祁镇亲率大军五十万，浩浩荡荡从京城出发，十二天后于八月十八日到达大同战事前线。见大军到来，也先军开始后退。明军准备大举追击时，目睹过此前战况的镇守大同的太监郭敬秘密告诉随英宗监军伴行的大太监王振此前战况和也先军情况，并告诉他若追击就会陷入也先军的埋伏，会很危险。因皇帝在军中，王振不敢马虎和冒险，并替英宗决定回师京城。可是，这一回师却惹出了天大的事情。于八月二十七日，明军刚退到宣府，也先骑兵如影随至。明方殿军奋起激战，不料率将被杀全军覆灭。于八月三十一日，英宗率大军退至土木堡。也先得知明军进入峰峦环抱的这个狭窄地方后，急调大军将它重重包围起来。为挣脱也先的包围圈，明军展开猛烈的突围，但也先军越战越勇，呈现出了不可阻挡的架势。英宗皇帝开始紧张起来，想要弃营摆脱，但找不到可乘之机。就在这欲罢不能之时，也先不断派人督促明军投降。见突围无望，英宗皇帝决定投降。

开始时，也先不知道俘虏之中都有谁，后来得知大明王朝的天子英宗皇帝就在里面时，便惊讶不已。于是，他赶紧将英宗皇帝请到统帅营帐，备宴洗尘，并决定回师草原。对也先来说，英宗皇帝是长生天对他的超级馈赠。本想用武力手段获取明朝妥协的也先，做梦般地俘虏到了这个朝廷的最高决策者，这是命运对他的多大眷顾呀！假如说，战争开始时，也先还不知道结果究竟如何，那么现在的他已把最佳的结果牢牢握在了自己的掌心之中。也先对英宗皇帝以礼相待，派心腹兄弟加以特别保护的同时，迅速离开明境回到了草原。史家们屈指掐算说，也先和英宗皇帝在今大青山南北的草原上一起度过了一个多月的时光。其间，他们除了谈北元与明朝和平友好、通贡与互市的顺畅开办外，在英宗皇帝的欣然同意下，也先将妹妹嫁给了他。

也先冒险用兵的目标已经实现了，接下来就该把英宗送回到明朝君主的宝座。于是，于一四四九年的十月十九日，也先和脱脱不花汗召集北元汗廷各大臣和千户长以上的官员举行了隆重的欢送仪式。他们按传统礼仪办“杀马筵席”，载歌载舞，举杯祝愿，还特意送了纯白骏马一匹。第二天，也先和脱脱不花汗率领大队人马，护卫着英宗皇帝浩浩荡荡地出发了。尽管，回送英宗的路并非一帆风顺，但终于于一四五七年正月英宗皇帝又回到明朝君主的宝座上，北元获取生存资源的通道之门又敞开了！

但也先未能看到用和平友好的方式实现生存资源再分配的大好结局。原因来自内部的权势争夺。当初，为了便于管理和经略北元东部的各蒙古部落，安排脱脱不花汗到东部营居。这样的安排虽然显示着也先对政权掌控力的自信和对脱脱不花汗的信任。但距离毕竟是一种间隔，必然会引发主体间的微妙变化。很显然，独处一地的办公渐渐地唤醒了脱脱不花一朝可汗的主体意识和元室后裔的旧梦。于是，脱脱不花凭借着元室后裔高贵的身份，利用蒙古族众中普遍存在的血统崇拜情结，使很多蒙古部的族众头人聚集到了自己的门下。同时，他也利用各种机会发动主动攻势，收服一些近边部落和与也先持不同政见者。土木堡战役一结束，他就利用胜战之威，用兵东边的女真各部，将他们强力收服到了自己的麾下。见效忠自己的力量足以支撑他从虚名的可汗到真正君主的身份转换，便猝不及防地引发了一个事端。

尽管，可汗之职名不符实，但女人方面的待遇一点都不差。据史家们数算，当时的脱脱不花汗娶有三个妻子，正妻为也先姐姐，别妻一叫阿拉塔娜，另一个叫萨睦尔。其中，别妻之一的阿拉塔娜因与下臣关系暧昧，被脱脱不花汗割掉鼻子和耳朵后赶回了娘家。正妻与另妻萨睦尔各生有一个儿子。一四五二年，脱脱不花汗未经共议，置也先姐姐所生的嫡长子于不顾，突然确定立萨睦尔所生的儿子为汗位继承人。这一举动，至今被史家们誉为恢复黄金家族权威的正义之举。岂不知这恰恰就是为以瓦剌为主导的，来之不易的统一联合政权掘下的深不见底的墓坑。对此，也先和瓦剌方面大感不妥，认为如要立储应立嫡长子为可汗继承人。由于意见不统一，也先决定大家会盟共议，以便在这个问题上达成统一的意见。

因此事关系到这个政权的未来能否稳定的大事。所以，也先非常重视，便率身边大员和西部大部落首领及随从一千多人先期到达双方商定的一个叫明安哈剌的地方。从东部赶来的脱脱不花汗在快到会盟地点的路上，扎营到一个叫阿勒和锡衮的地方歇脚。其间，一个叫桑得格沁的敖汉部首领来到脱脱不花汗的营帐，探问瓦剌方面前来的人员情况。听着脱脱不花汗点到的人名，桑得格沁提出了使这个政权马上崩塌的一条建议："此乃天赐良机，先除掉他们，再派大军征讨。"有史家说，脱脱不花汗当时并不同意，觉得会盟期间动用武力不仁不义。对此，桑得格沁很不满意，说着"当了即了，当败则败"，拂袖而去。我们不知这个细节是编的，还是本来就这样，但史书明确告知我们的是脱脱不花汗兄弟二人首先率兵攻打了也先。

也先是前来会盟的，所以，战事一开始就陷入了被动。这场内战究竟是怎么打的，历史没有留下明确的记录。萨冈彻辰老先生则听到了这样一个充满英雄主义色彩的情节：说是，脱脱不花汗领着已被封为济农、相当于副可汗的阿噶巴尔济出征。四瓦剌迎战于吐鲁番的哈剌之地。当时，为了争夺大阵的圆心，要先由两个勇士比试。说是蒙古本部方面派出了乌尔哈特氏锡古苏台将军，瓦剌派布里雅特部圭林赤将军。二将军策马见面后，锡古苏台说："你我二人，在此前的太平时候是安答兄弟，曾记得在一次饮酒相欢时我们说过：假如四瓦剌和四十蒙古本部相互征伐，冲锋陷阵的除了你我，还能有谁？如有那样的时候，我们二人将会怎么样？"圭林赤说："我箭射得好，我要把你连铠甲一起射穿。"锡古苏台则说："我刀砍得好，会把你从头劈到脚。现在，我们果真那样了，就按说过的战斗吧。"于是，穿了两层铠甲的锡古苏台将军说："箭法好的人，你先射吧。"话音一落，圭林赤拉弯大弓，猛力向锡古苏台射去。圭林赤的箭射穿了两层铠甲，但未能射进锡古苏台的心脏，只是使他受了一点皮肤轻伤。轮到锡古苏台刀劈了，他整理一下身子，在马鞍上坐稳后，策马向前一刀砍去，把圭林赤从头劈到了坐骑。这时天色已晚，双方约定明日再战。

那天夜里，双方对峙着宿营。瓦剌方面很是恐惧，头人们坐到一起，紧急商量应对之策。一位叫阿卜都剌·彻辰的人说："脱脱不花汗有智，其弟弟阿噶巴尔济·济农性愚，可在他身上做文章试试。"当晚深夜，阿卜都剌·彻辰到阿噶巴尔济·济农营帐，对他说："也先太师派我捎话给您，如果您独自取这个天下，我们就愿意投降。如果您和大可汗分取，我们则不会投降。与其被你们瓜分，还不如双方拼个你死我活。我们听说您的可汗哥哥总是欺负您。兄长坐着吃，却不给自己的弟弟。"当夜，阿噶巴尔济·济农召集属下商议，说："阿卜都剌·彻辰的话说得对，而且切实。我的可汗哥哥从前封我为济农，派我到西部去的时候，只给我骑了一匹瞎眼的黑公驼，送我走。在这次征伐中又抢走了我的仆从阿剌黑齐惕氏察罕。我怎么能还叫他哥哥，还跟随着他呢？我现在就和瓦剌联合，把他赶走！"他的叫哈尔古楚格的儿子劝其父亲说：

断绝亲族就会衰败，

抛舍姻亲则能兴旺，
别离亲家当会落破，
弃去可汗则遭非议。

也先太师虽为我岳父，
可为了父亲您的名声我才这般说，
与其听信他们的话，
不如趁此斩杀他们。

听罢，阿噶巴尔济·济农说：“你小孩瞎说什么！”于是，就在当夜派索伦部忽都巴哈、辉察古特部蒙克随阿卜都剌·彻辰回去，与瓦剌方面联合起来。第二天，阿噶巴尔济·济农带着瓦剌军发动突袭，脱脱不花汗虽奋力拼杀，还是兵败逃亡。

脱逃出去的脱脱不花汗骑着野生黑鬃黄马，渡过克鲁伦河，直奔肯特山走去。半路上，他走进一户人家，想得到一些接济。这户人家的主人正是他曾经割掉耳鼻，送回娘家的别妻阿拉塔娜的父亲沙不丹。脱脱不花汗说想见一见别妻阿拉塔娜。沙不丹则问：“哈尔忽纳山阴过去是温暖的，如今怎么会寒冷了呢？我女阿拉塔娜的怀抱过去是冰凉的，如今怎么会温热了呢？常言道，因为缺乏水草而离弃的牧场，还能驻牧吗？因为没有姿容而遭弃的妻室，还能收留吗？”见父亲要杀掉脱脱不花汗，女儿阿拉塔娜说：“过去是我不对，若要伤害孛儿只斤氏人，将来会遭不测的。如果现在救济一下正在遭难的他，将来会有用处的。”父亲沙不丹不听，杀掉了脱脱不花汗。说脱脱不花汗被杀时三十一岁，史称他为岱宗汗。

脱脱不花汗的弟弟，当时相当于副可汗的济农阿噶巴尔济，联合瓦剌力量，将哥哥逼往死地之后，就准备按约定登上可汗之位。瓦剌的阿卜都剌·彻辰又来到阿噶巴尔济·济农营帐，对他说：“现在，我们四部瓦剌和蒙古本部四十部，已经成了您一个人的属民。这下，请我们的主人济农您登上可汗宝座，乞请把济农称号赏给我们的也先太师。”阿噶巴尔济说：“你们的这番话很对，就那么办吧！”

于是，召集起蒙古本部的四十部和瓦剌四部蒙古上层，拥立阿噶巴尔济为可汗，也先如约被封为济农。

之后，瓦剌的阿卜都剌·彻辰又一次来到了阿噶巴尔济营帐，对他说：“您已经做了四瓦剌和四十蒙古的可汗，把济农称号也赐给了我们的也先太师。为此，你的外甥也先济农由衷的高兴，准备了宴席，要恭请可汗舅舅，特派我来迎请。”阿噶巴尔济立即动身前往。阿卜都剌·彻辰又说：“以可汗为首，众弟兄各带两个伴当，依次入座，我们要边唱歌边敬酒。”原来，派阿卜都剌·彻辰去阿噶巴尔济营帐之前，瓦剌人搭建了相连一体的两个大毡帐，在后面的毡帐里挖出一个大坑，上面用大毡子覆盖了起来。当阿噶巴尔济等到达后，接待人员让其他随从坐在远处，安排可汗带着四个伴当，其他台吉们各带两个伴当入帐落座。等前面的人刚一入帐，里面就响起高亢的歌声。歌声中，瓦剌人把走入帐内的阿噶巴尔济等人一一杀死后，扔进了另一个毡帐里的深坑之中。当杀到三十三个头插羽翎的卫兵时，阿噶巴尔济的儿子哈尔古楚格感觉不对，派人去探看。那人回来说：“一个人影也没有看见，只看见后面毡帐的底部流出了血。”哈尔古楚格明白了一切，便纵身上马逃走了。但还是未能幸免，途中被他人杀害了……

这是真事，还是故事？实在是难以确认。如果说，这一切是真的，里面有太多牵强附会的东西，实在是让人难以点头称是。如果不认为它是真的，一代一代的蒙古史家们又把它信以为真地传了下来，并已成为蒙古人坚信不疑的历史经过。

就这样，也先就成了征服了东西全体蒙古的最高权威和统治者。于是，在经历了内讧的一四五二年的晚些时候，他把原设于今内蒙古二连浩特北面晃合儿淮的老营，迁移到原脱脱不花汗所驻的乌珠穆沁至呼伦贝尔一带，加强对东部地区的控制。同时，为防止明朝的突然袭击，沿明边要地派重兵加以防守。

当年的秋天，也先暂到今蒙古国境内的一个叫哈剌莽来的地方驻扎。在这里，他召集蒙古各部首领会议，通报北元当前的情况，要求他们听从号令，服从节制。与此同时，他又根据回送英宗时与当时的皇帝朱祁钰达成的约定，派三千多人的贡使队伍，贡去驼马四万多匹，貂皮、玉石等巨量物品，换回了大量所需物资。

一切准备妥当后，一四五三年，也先按着蒙古可汗即位的传统仪式登上大可汗之位，成了北元第十五任大可汗。他取名号为“大元天圣大可汗”，取“天元”为年号。自大元王朝退回草原以来，一个统一了全体蒙古的、颇具气势的、强大的政权体系终于又在北方出现了。为了说明这一盛事，也先及时致“国书”于明朝，说:“今已得其位，尽有其国土、人民、传国玉玺，宜顺天道，遣使臣和好，庶两家共享太平。”

在我所读到的所有记述也先经历的文字中，都充满着对也先的戒备和斥责，都认为也先所有的奋发都是为从黄金家族手里篡取可汗权力。可是，史实却明明呈现出了北元社会进入权力主体调整期的特征和过程。现在随着也先登临可汗大会，这个调整已经有了一个重大的结果。由此，我们可以大声地说，人类崇拜的本不是血统，而是能够解救生灵于水火的知和能!

四

也先希望，自己创建的这个统一一体的大政权能够稳固和持久。他总结可汗与太师的不和多次导致内讧的经验和教训，在组建新的政权体系时，将太师一职分给其次子阿马桑赤担任。可是，也先没有想到的是，内讧的起因不仅在于可汗与太师的不和，更在于未能实现利益目标的一体化追求。

一天，也先事业最得力的助手，拥有一支强大势力的一位名叫阿剌的枢密院知院与另一位叫帖木尔的左翼丞相，到也先处，向也先请求说:“如今，你已经当了四部瓦剌和四十部蒙古全体的大可汗，现在应把太师职位让给阿剌知院担任。”也先当即说:“没想到你们会提出这样的要求，之前我已委任我的儿子为太师了。”对此，二人大为不满，指责也先说:“你能够执掌这个蒙古之国，靠的是阿卜都剌・彻辰的计谋、巴图拉・巴特尔的策略和尼根台・墨尔根的气力，而不是凭你一个人的力量。就你们父子二人掌管这个政权好了！”说罢，二人愤然地离去了。

愤然离去的这二人接下来都做了些什么呢？萨冈彻辰老先生倾听到了这样一个急促的脚步声:“他们立即发兵前来进攻，也先可汗逃了出去，妻子儿女、百姓以及牲畜却被掠走了。也先可汗只身逃奔，途中被从前孛客・索儿孙的儿子巴忽抓住杀死，其尸体也被挂到了库该山山坡的一棵树上。”

关于也先被杀害的情况，史料中还有一些其他说法。总之，这个事情发生在一四五四年是史家们公认的。

一个值得去回望和打量的人就这样被杀了，与他一起被杀的还有北元蒙古来之不易的一体统一的局面。如果也先在可汗宝座上稳坐一段时间，如果这个政权还能稳定运转一段时间，那么饱受分离之乱、征战之苦的族众百姓至少会安稳地生活一段时间，在纷乱不堪中几于荒废的民生经济能够得到些许的恢复，使年轻的男人和女人们能够感受一些爱情的甜蜜，让初生的马驹能够吃饱母马的乳汁。可是，社会上层的，甚至是政权体系内部的重臣大员和部落首领们各以自己为利益主体而全然不顾整体大局的行为，把这一切可以发生的美好统统一刀砍死了。

虽然这样，北元社会蹒跚进行的权力主体调整活动并不会因也先的被杀而宣告结束。而是那些把主导北元的权势当作猎物来追逐的枭雄在总结也先的经验与教训的基础上，还将进行激烈的争夺。也先被杀后，他所组建的那个政权的要员们，他所聚集的那些部落势力的首领们，并没有继续留在那里，保持一体统一的局面，而是像断了围绳的木柴向四处散落开去，将北元社会又带入了分崩离析的状态。于是，新一轮争夺北元社会主导权的斗争又开始了。

那些本来较为雄厚的势力，在与也先的拼杀中不再雄厚，不再强大了。就在这个时候，一个女人出现了，她身份特殊，怀有满腔的仇恨，身边还带着一个七岁的男童。这个女人就是在之前的内讧中被岳父杀死的脱脱不花汗的三夫人萨睦尔，她带在身边的七岁男童就是脱脱不花汗要立为汗储的那个儿子。这个儿子名叫马可古儿吉思。

在那场内讧中躲过一劫的萨睦尔夫人，听说也先被杀了，认为向瓦剌报仇的机会也来了。于是，她带着七岁的儿子，去找能够支持她复仇的一个名叫孛赉的喀剌沁部首领。孛赉一看，萨睦尔夫人领着黄金家族的后人来到他的营帐，马上意识到这等于送来了夺取北元主导地位的大好政治资本，便欣然同意支持她复仇。这场复仇之战究竟是怎么打的，史料没有留下充足的记录，萨冈彻辰老先生倾听到的是："萨睦尔夫人把生于丙寅年、年已七岁的儿子马可古儿吉思放在驮箱里，自己亲自挎刀，率领骑马的、役牛的、步行的军队出征，在空归·札卜罕地方向四瓦剌发起进攻，缴获了大量战利品，回营驻下。随后扶七岁的儿子马可古儿吉思即位，人称'兀客克图汗'。他统治着剩存的蒙古人。"从字里行间可以看出复仇之心的急切与能够参战人员的紧缺。萨冈彻辰老先生的文字中虽然没有提到孛赉的名字，但史家们澄清说，这场战役是由孛赉发动的，获胜并扶立马可古儿吉思为可汗后，孛赉自己出任了太师一职。于是，孛赉便如愿以偿地成了主导北元社会的第一人。这件事发生在一四五五年。

权势的意义不仅在于其称号，更在于其对存在的掌控。当孛赉自告奋勇地出任新一个政权实体的太师职务的这个时候，北元在也先手上形成的统一局面已荡然无存，族众部落们又回到了散乱无序的不堪状态。孛赉手里除了自己的喀剌沁部以外，还没有其他部落的加盟。所以，孛赉立即打着黄金家族后裔可汗的招牌展开了收服与整合的工作。在孛赉之前的很长时间里，四部瓦剌的势力称雄，并左右了北元的社会走向。但是，经过也先与阿剌知院的内讧拼杀，瓦剌的合力不再了，人心离散了，势力也就随之弱去了。于是，他联络与瓦剌结怨的几个部落，于一四五六年以弑君为借口起兵攻杀阿剌知院，将瓦剌基本整合到了自己的麾下。从此开始，称雄一时的瓦剌势力走向了衰落。

尽管势力有限，但因在门楣上挂着黄金家族后裔的招牌，一些血统崇拜情结较浓的部落和人群还是陆续地来到了孛赉的门下。人多了，势众了，所需的生存物资也就更多了。于是，一个老问题以新的面目又出现在了孛赉的面前。那就是，东西从哪里来？

孛赉没有也先幸运，他既没有父辈修出的获取路径，也未能接续也先扩修的那个通道，更没有来得及与明朝接洽与沟通。所以，他直接选择了抢掠这一简单而危险的路。当时，孛赉所部已经进入河套地区游牧，所以他经常进入今甘肃、青海一带的明朝边地抢掠所需物品。一四五七年，明朝英宗皇帝复位，但孛赉仍未能修复也先时期的通道，而是继续着以抢掠解决问题的做法。到一四六一年，孛赉与英宗皇帝终于修通了贡赐贸易的通道，开始以平和的方式获取所需的物品了。可是，就在这时，就如何利用这条通道的问题上，可汗马可古儿吉思和太师孛赉产生了各为自己的想法。按当时的情况，作为一个政权实体，他们应该或可以以可汗和太师的名义统一与明朝进行贡赐贸易。但是，各有想法的他们并没有这么去做，而是以各自的名义进行贡赐贸易，壮大着各自的力量。这对想把主导权牢牢掌握在自己手中的孛赉来说是绝对难以接受的。于是，于一四六四年孛赉终于还是害死了亲手拥立的马可古儿吉思可汗。是年，这位可汗才十七岁。

除掉了主导权的争夺者，接下来孛赉就可以专心致志地巩固和发展自己的主导权了。可是，事情并没有按着他的意愿发展。孛赉没有想到的是，想占有北元蒙古社会主导权的人不止他一个，还有一个叫毛里孩的翁牛特部首领。当时，毛里孩执掌的翁牛特部也已进入河套地区游牧，并经常与孛赉联手到明朝边地进行抢掠。他在目睹和耳闻孛赉发展壮大的过程中，深深体会到了有个黄金家族后人的门牌就可以抢到北元社会主导权的道理。如今，孛赉害死了马可古儿吉思可汗，产生新的主导权实体的机会已经来临了。就在这个时候，一位黄金家族后人被辗转送到了毛里孩的营帐里。被送来的这位黄金家族后人叫摩仑，就是那个被脱脱不花割掉耳朵和鼻子的二夫人阿拉塔娜所生的儿子。他的外祖父就是质问着“我女阿拉塔娜的怀抱过去是冰凉的，如今怎么会温热了呢”而杀死了脱脱不花汗的那个沙不丹。沙不丹虽然杀死了脱脱不花汗，但对其儿子——自家外孙摩仑还是恩爱有加，很好地加以抚养。后来，沙不丹死了，摩仑出于生计到一个叫忽巴齐尔的人的家中被役使，这户人家里突然发生了白翳，问萨满时萨满说“这是无理于孛儿只斤氏的报应”，众人也都认为就是这样。于是，这里的人们派专人把摩仑送到了势力较强的毛里孩这里。

对毛里孩来说，这真是长生天对他的眷顾。毛里孩毫不迟疑，于一四六五年扶立十七岁的摩仑为可汗，自己则选任了太师职位。这时，害死了马可古儿吉思可汗的孛赉仍以北元主导者的身份与明朝做着贡赐贸易，一次派遣贡马的人就多达二千一百九十四人。已经成为新的政权实体主导者的毛里孩对此深感不满，于是以“弑君”罪名为借口，大举攻伐原太师孛赉。毕竟，在门楣上贴上了黄金家族后人的名牌，毛里孩在与孛赉的争斗中逐渐占了上风，血统崇拜情结使人们又渐渐来到了毛里孩的门下。

正当他们的势力日渐发展壮大的时候，一个别有图谋的挑拨出现在了可汗摩仑和毛里孩之间。这场挑拨的发起者是叫哈达不花的鄂尔多斯部人。关于这场挑拨和所引发的结果，萨冈彻辰老先生倾听到的脚步声是这样令人愤怒和惋惜的：“哈达不花来到摩仑汗处，说：‘毛里孩王与和他叫萨满岱的夫人合谋，正率兵前来征伐你。’摩仑不相信，说：‘他既然为我做了好事，现在怎么会又做坏事呢？’便派人去查看情况，派去的人看见毛里孩王打猎时扬起的灰尘，中途回来报告说：‘的确是那样。那边正在烟尘滚动。’听此，摩仑汗说：‘既然这样，那就迎战吧！’便率领身边人马前去迎战。这时，还是那个哈达不花从队伍中走脱开去，先到毛里孩那里说道：‘摩仑汗说要杀掉你，夺走你的属民百姓，已经带兵过来了。’毛里孩王不相信，说道：‘毛里孩我除了对他的帮助，并没有害过他呀，他怎么向我发兵呢？’哈达不花说：‘如果认为我是在说谎，请派人去查探看吧。’毛里孩心想这十之八九是谎话，应到高处分辨一下真假。于是，他策马登上一处高地后看见情况确是如此。他急忙穿上铠甲，向上苍圣主洒酒献祭，禀奏道：

永恒的苍天请您鉴知
英明的圣主请您见证
我曾救助您的后人
不料要以恶行回报我。

您黄金家族的摩仑可汗
和臣下毛里孩王我二人的是与非
请您自己加以判别吧！
请您决定恩赐或惩罚吧！

说罢，毛里孩带身边少数人马迎战，战胜并杀死了摩仑可汗。摩仑可汗自癸酉年起在位两年，于甲戌年崩，享年十八岁。

过后，摩仑可汗的夫人蒙古彻尔伤心地哭诉道：

玷辱了可惜的大好名声，
使我们与可汗分离的是哈达不花！
毁掉已建立起来的政权，
使我们与共主分离的是哈达不花！
挑拨了与义父毛里孩的关系
使我们与可汗分离的是哈达不花！

毛里孩王听到后，后悔杀了摩仑可汗，就割下哈达不花的舌头，并杀掉了他。……”

这样，一年多前还以“弑君”罪讨伐孛赉太师的毛里孩太师，如今因未能觉察挑拨的阴谋，而又步了孛赉太师的后尘。这让顺着萨冈彻辰老先生倾听到的脚步声读解这段历史的我不仅心痛至极，也使得我不知该哭，还是该笑。因为进行挑拨的那个人被割下舌头杀死了，后人永远也不会知道他究竟有怎样的图谋。但关于这段历史，有一部叫《蒙古大可汗传略》的书里是这样写的：“……毛里孩王的大臣们要毛里孩继承蒙古大可汗之位，毛里孩不可，遂立摩仑为可汗。但是，摩仑不听毛里孩摆布，转而与原孛赉部下兀鲁氏斡罗出结盟反对毛里孩。一四六六年，摩仑进攻毛里孩，结果兵败被杀。”我在读那个叫哈达不花的人在摩仑可汗和毛里孩太师之间得心应手地忙于挑拨的情节时，心里总觉得其中必有别的图谋。这下很清楚了，有图谋的一方，并不是那个哈达不花，而是那个可汗摩仑自己，而那个叫哈达不花的人可能是被指使者，更有可能是虚构的历史人物。

然而，可汗摩仑不是虚构的，是蒙古人挂在墙上的大可汗图谱中占有一席之地的可汗之一，他那起兵进攻毛里孩的动机更该是真实的，而不是虚构的。在权力主体调整活动激烈而乏力的那个年代，摩仑可汗产生这样的想法也是自然的。但他和他们没有明白的是，一个权力主体的出现和主导地位的形成，并不是杀掉一个竞争者，抢得一个职位那么简单。而是，在那个年代，在经历了剧烈、急剧的聚散离合之后，人们的心就像崩塌的山石滚落四处，没有了一体的聚力，没有了整体的利益，进而变成了只顾各自的生命存在。在这样的情况下，要想成为一方社会的权力主体，要想确立对一方社会的主导地位，首先必须要有对这个社会进行整合的强大势力，之后还要有设计符合这个整合体普遍需求的利益目标的能力，然后更要有让各色能人为这一目标而效力的权力分配的胸怀与艺术。在北元当时存在的形态下，这三个条件缺一不可，只要缺少一项，任何努力都难以成就好的成果。

所以，随着摩仑可汗被战杀，毛里孩也随之背上了“弑君”的罪名，把想要成为权力主体的努力也渐渐地松懈下去了。这样，北元社会蹒跚地进行了近百年的权力主体调整活动进入了低潮期，直到一四七五年的十年间再没有出现争当权力主体的任何一个人。

我们不知道，当时的北元社会是怎样一个情形，不仅萨冈彻辰老先生没有倾听到这方面的脚步声，其他史料也没有留下这一情形的确切记述。但在我的想象中，这个十年是漫长黑暗而可悲的。因为，到这个时候，人类历史已经进入古代晚期，世界上的多数民族都在自己一体政权的支配下，过着有归属的生活时，我那统一过自己、统一过东方生存圈的英雄祖先的子孙们却像迷了路的山羊，过起了没有了主体、没有了合力、没有了心灵归宿的悲惨生活。这种悲惨用文字是不能表述的，好在它十年就过去了，北元社会又接续起了权力主体的调整活动。

经过近十年无序而混乱的聚散离合，又有一些部落势力渐渐地壮大起来了。其中有以乩加思兰为首领的瓦剌蒙古哈剌辉特部、孛罗乃为首领的科尔沁部和黄金家族后人满都鲁、巴延蒙克祖孙二人组合的一支力量。满都鲁是叔爷，是在与也先的内讧中丧命的脱脱不花同父异母弟，而侄孙巴延蒙克也是在那场内讧中轻信瓦剌人的挑拨袭击哥哥脱脱不花汗的那个济农阿噶巴尔济的孙子。正当北元社会在没有主体、没有合力、没有心灵归宿的惨状中呻吟的时候，这三支力量的手握在了一起。于是，他们四人共饮结盟酒，组合成了可以主导北元社会的一大力量。接着，他们商议建立一个汗廷，以权力主体的身份主导散乱不堪的北元社会。商议中，乩加思兰想立年少的巴延蒙克为可汗，而巴延蒙克则认为应立叔祖父满都鲁为可汗，最后他们决定拥立满都鲁为可汗，推举巴延蒙克为相当于副汗的济农，乩加思兰选任了太师一职。这样，经历了十年的权荒之后，于一四七五年建立起了一个新的政权实体。满都鲁上任后，组建了共有三位夫人的家室后院。一为大鼻原夫人，二夫人叫满都海斯琴，三夫人则为乩加思兰之女。

在这个政权实体建立之初各方实力相差不大，所以他们能够统一在一个目标之下，并能够为之效力起来。这样，他们为确立和巩固对北元社会的主导地位，政权实体一经建立就以“弑君”罪，对杀害马可古儿吉思的孛赉和战杀摩仑的毛里孩二人发动了讨伐。据史料记载，在讨伐中他们战胜并杀死了强霸一时的孛赉，还把毛里孩逼入了落魄必死的绝境。应该说，这是他们必须而应该做的事情，但在进行的过程中，政权实体的主导地位得到提升的同时，掌握军政大权的太师乩加思兰的主导力也明显地上升了起来。

当这个政权实体的主导地位日益得到巩固、权力主体的身份正在孵化的时候，在他们的内部又发生了一桩低级的内讧。据萨冈彻辰老先生倾听到的历史脚步声，事情大致是这样：

被推举为济农的巴延蒙克府上有一个专门司职打猎的名叫洪忽赉的人。有一天，这个人到满都鲁汗处说："你的侄孙巴延蒙克济农要谋害可汗，夺走你的大夫人。"满都鲁可汗不信，把洪忽赉说的话原原本本地告诉了侄孙巴延蒙克。巴延蒙克一听便说："这叫什么话呢，我怎么可能有这等罪孽的想法！"满都鲁可汗说："既然这样，那就惩治那个谗言于长幼的人吧！"于是，巴延蒙克济农割掉洪忽赉的舌头，并杀死了他。

按理说，此事就该这样过去了。但不幸的是，其由头又被一个叫亦思马因的永谢布部首领加以利用起来。事情过后不久，亦思马因到满都鲁可汗处说："替死鬼洪忽赉说的话本来是实话，可是已到不能对证的地方去了。"说完此话后，又到巴延蒙克济农那里说："你的叔祖父相信了洪忽赉先前说的话，要对你下手呢！"巴延蒙克不信，亦思马因接着又说："你要是不相信，对证真假的人来了就知道了。"亦思马因说完便走了。满都鲁可汗听过亦思马因的话后，心想："这话已经听到过两次了，莫非真有其事？"便派两名使臣到巴延蒙克处，使臣说："可汗让我们传话与你：你为何那样仇视我？现在又有人对我说，当初洪忽赉说的那个话是真的。"听到这话，巴延蒙克济农心想：看来亦思马因的话是真的，可汗要加害于我了。于是，心生怒气，没有回答使臣任何话。使臣回去后，向满都鲁报告说："济农生气了，没有回话给我们。"满都鲁认为，看来事情是真的了，便大怒说："我除了孛若克沁、伊锡格二女外，没有儿子，总有一天我所拥有的家国百姓都将属于他。现在他既然急着篡位了，我为什么还要坐以待毙呢？”于是，派亦思马因领兵征讨巴延蒙克济农。巴延蒙克见势不妙脱身逃走了，亦思马因尽收其百姓、畜群，又将其妻锡吉尔据为己妻。

逃出的巴延蒙克到姑姑孛若克沁家藏匿，但孛若克沁担心乩加思兰发现未敢留住。于是，巴延蒙克在继续逃亡的途中，被永谢布部落的几个人杀害。……

这是何等低级的一次内讧啊！但这般低级的内讧并没有就此结束，反而还继续发酵和演化开去。

如果细心地读一下这次内讧的过程，我们就会发现满都鲁可汗在清除济农巴延蒙克的过程中，并没有动用当年结盟为兄弟的乩加思兰和孛罗乃的力量，而是依靠了永谢布部另一位首领亦思马因。这说明，他们内部的权力结构正在发生微妙的变化，也就是说可汗满都鲁正在打造可以制衡乩加思兰权势的新力量。权势地位已具规模的乩加思兰当然不能任由其发展而祸及自己。于是，他酝酿并准备废黜满都鲁，另立一个叫斡赤来的人为可汗。史家们说，叫斡赤来的这个人是成吉思汗异母弟别勒古台的后裔，时为翁牛特部首领。于一四七七年，正当乩加思兰积极筹备更换可汗事宜时，满都鲁可汗探听到了这一阴谋的内容。满都鲁可汗没有像对待巴延蒙克那样对待乩加思兰，而是倚仗已有的势力和大可汗的权威，责令乩加思兰交出已隐蔽起来的斡赤来。见事情败露，乩加思兰未等满都鲁可汗下一步的反应，紧急出兵袭击，致使满都鲁在兵败脱逃途中死去。

前一年相当于副可汗的济农巴延蒙克被除掉了，这一年身为可汗的满都鲁也被害死了，按以往的情况，这个政权实体至此应该坍塌散伙了。但它没有，而是摇摇晃晃地站立在那里，并还运行着。在北元社会权力主体调整活动近百年的历史中，这是第一次出现的特殊现象。这种现象能够得以出现，原因就在于：往常的政权实体往往由具有主导力的单一势力拥立一个可做门面的可汗而建立起来的，一旦可汗被害，门面脱落后政权实体也就随之垮塌。而这个政权实体是由结盟的三方力量共同组建起来的，并且运行过程中又孕育出了一些能够相互牵制的其他力量。最重要的是，在组建政权实体之初，他们都有为北元承担历史责任的意愿。所以，如今虽然没有了可汗，没有了济农，但他们还有可以支撑政权实体的三支半力量。一支是乩加思兰，另一支是创始者之一的孛罗乃，再一支是满都鲁可汗培植起来的亦思马因，另外半支是满都鲁可汗家室后院的三位夫人。

这三支半力量相互牵扯在一起，在没有各方都能接受的可汗人选的情况下，他们以满都鲁可汗的二夫人满都海斯琴为监国，使这个政权实体继续运行了下去。据史家研究说，在政权实体运行的过程中，满都海斯琴夫人依靠满都鲁可汗培植起来的亦思马因之力，并利用他与乩加思兰的矛盾，联合蒙古贞部首领脱罗干等成功地将跋扈起来的乩加思兰逐出了政权实体，并由亦思马因替代了他的太师一职。

一个与往常不同的情况在这里出现了。这个初由三方力量组建并发展起来的政权实体，不仅没有因为一场致命的内讧塌散而去，而且还实现了太师之位的不流血更替。这对当时的北元来说意义是非常的。它不仅意味着持续了近百年的权力主体调整活动已趋结束，还昭示着北元社会政治回归的开始。因为，在近百年的调整活动中，强霸一方的领主枭雄们一个接一个地走上历史舞台，为夺取北元社会权力与地位而穷尽所能和浑身解数，但除了也先的短暂成功外都以失败告终了。如今，北元累了，一家独大的力量没有了，各方的势力相差无几了，独闯天下的思维难以产生了，于是人们的思想开始从单极竞争向整体利益回归了。

在这个过程中，发挥了黏合作用的一个人就是这位叫满都海斯琴的传奇女子。满都海斯琴是继圣母阿阑·豁阿和诃额仑之后，又一光照蒙古民族历史进程的伟大女性。她出生于一四四八年，身世为土默特部绰罗斯拜·帖木尔斋桑的女儿。据说，她出生的那一天，从天边飘来一朵五彩祥云，云中不时传出隆隆的鼓声，同时又飞来一只白色海青鸟落在帖木尔斋桑营帐的顶上大声地叫着，从四面八方又飞来各种鸟雀在营帐上方盘旋欢唱。就在这样吉祥的氛围中，满都海斯琴呱呱坠地了。这肯定是后来人善意编创的民间故事，但史家们说，这位满都海斯琴的确生来秀丽。因为出生在相当于千户长的斋桑之家，她受到了当时能够提供的各种教育，包括识字书写、骑马射箭、歌舞礼仪。所以，踌躇满志的满都鲁才将她娶为二夫人。满都鲁被拥立为可汗后，本可以享受富贵生活的她却看到了叔祖父与侄孙间的内讧，可汗与太师间的相残。动荡痛苦之后，如今她又成了维系这个政权实体的女管家。

当满都海斯琴艰辛维系这个政权实体的运行时，一个叫巴图蒙克的七岁男孩被送到了她这里，这个男孩就是在与叔祖父的内讧中含冤死去的巴延蒙克济农的儿子。这个男孩命运多舛，疾病缠身，因是成吉思汗后裔，被好心人照料，后辗转被送到满都海斯琴这里。通常情况下，在一个政权实体的大家庭里到来一个七岁的男孩并不是什么大事。可是，巴图蒙克的到来对艰难前行的这个政权实体和维系它的满都海斯琴都带来了重大的转折和变化。

关于这个转折和变化，萨冈彻辰老先生倾听到的脚步声是这样的：

满都鲁可汗殒命后，满都海斯琴以寡居者的身份维系着政权实体。因体制尚未稳固，满都海斯琴并没有获得太后皇后一类固定的尊位和身份。所以，政权实体创建者之一孛罗乃的弟弟科尔沁部另一部落首领乌纳孛罗特向满都海斯琴表达了求婚的意愿。是年三十三岁的满都海斯琴一时不知如何是好。在当时，她面临着多个艰难的选择。一是仍以已故可汗夫人的身份继续看护这个来之不易的政权实体，但不知它何时又重蹈历史的覆辙，因为当时的她不可能分析出政治回归的历史现象，这就意味着她将失去一次宝贵的爱情；二是按照以往的做法，已经到来的巴图蒙克因是成吉思汗唯一的根脉，肯定被拥立为这个政权实体的可汗，这样她可以以太祖母的身份得以享受或照料一些事物，但这意味着她将终身守寡；三是接受飞来的爱情，将政权实体扔给其他几位后，与乌纳孛罗特尽享生命的欢乐，但她又觉得这样会对不起丈夫满都鲁尽力创建这个政权实体的初衷；四是将自己嫁给七岁的巴图蒙克，以便帮他料理这个家国江山，但这有悖伦常，会招致天下人的不理解和耻笑。于是满都海斯琴就此事向郭尔罗斯部叫萨岱的人咨询道：“先是科尔沁部的乌纳孛罗特王向我求婚了，现在可汗后裔巴图蒙克过来了，在此二人中选择谁为合适？”萨岱说：“与其嫁给一个幼小的孩子，不如嫁给乌纳孛罗特，这样对我们大家都有好处。”满都海斯琴还是拿不定主意，又向一个叫勇士桑海的妻子咨询了此事。听罢，勇士桑海的妻子说道：

如果嫁给合撒儿的后裔
就会招致黑道厄运
将脱离你家国众人
将失掉你可汗后妃的名分！

如果守护可汗的嫡亲后裔
就会得到上天的佑护
可执掌你这家国众人
可远扬你这可汗夫人的美名！

满都海斯琴听了这番充满家国情怀的话，家国责任感立即战胜了爱情的需要，便怒斥萨岱说：

你以为可汗的子孙年小身幼
你以为合撒儿后裔势强力大
你以为夫人我寡居身单
竟说这般放肆的话！

说罢，满都海斯琴拿起一杯滚烫的热茶泼到了萨岱的头上。其实，这杯热茶完全是满都海斯琴的恼羞，因她动了心，所以听过那番话，自己却不好意思了，便把羞怒泼到了萨岱的头上。

这般拿定主意后，满都海斯琴向乌纳孛罗特回话说：

如果可汗之后已经尽绝了
亦可嫁给黄金家族之后的你
今圣主后裔巴图蒙克在此
我怎能改嫁他门而去！

乌纳孛罗特听到满都海斯琴这一答复后，为她的家国情怀深为感动，毫无怨恨地打消了自己的念头。于是，于一四八〇年，满都海斯琴牵着七岁的小巴图蒙克的手，走到忽必烈母亲的灵位之前，献祭祷告道：

我曾作媳在黑白难辨的地方
视可汗后裔幼小而力弱
合撒儿后人乌纳孛罗特欲想娶我
所以我到母后您的灵位面前。

我曾作媳在花马毛色难以分清的地方
视您家门嫡孙年幼弱小
叔王合撒儿的后人跋扈起来的时候
我不顾自身的安危来到您的灵前。

媳妇我会否视您的家门为不尊贵
会否视您的族户为不强大
而嫁给异系他人的乌纳孛罗特
请族母您注目着我这个媳妇吧！

若像族母您表白的这样
践行我衷心诺言

待成年幼巴图蒙克之妻子
请您赐给做媳妇的我！

内襟生有七个英雄的儿子
外襟生有一个可爱的女儿
如若我的祈求果能实现
——叫他们为七博罗特，延续您的门户！

满都海斯琴这般向忽必烈母亲灵位祈祷结束后，就以身相许，与七岁的巴图蒙克定为夫妻，并旋即拥立巴图蒙克为这个政权实体的大可汗。他们明确无误地认为其政权实体是大元汗廷的延续，故称巴图蒙克为大元可汗，习惯写达延可汗。这样，北元社会经历分崩离析的权力主体调整之后，在基本的利益目标开始趋同起来的情况下，以不泯的血统崇拜情结，迈入了政治回归的岁月。

虽然，基本利益的趋同化使北元社会步入了政治回归的路途，但应该担负并引领各方力量去追求这个利益目标的政治实体尚还弱小和不巩固。所以，强固和壮大它的势力和主导地位就成了满都海斯琴首要的事情。根据以往的情况和当时的事态，满都海斯琴他们认为，在瓦剌方向存在着威胁的势力。因为，一是被逐出政权实体的乩加思兰仍控制着和林以西的地区，而且仍有较强的势力；二是在近百年来的权力主体调整活动中，对汗权的威胁主要来自瓦剌。这样，他们决定首先征讨瓦剌，决心将这个枭雄辈出的土地和人民牢牢地整合到这个政权实体的掌控之下。

据史家们的研究和梳理，满都海斯琴他们对瓦剌的征讨开始于扶立巴图蒙克为大元可汗的一四八〇年。征讨行动持续近八年时间，历经两次的大举征伐和多次的局部行动，不仅于一四八〇年消灭了乩加思兰，还于一四八七年消灭了在满都鲁可汗的培植下壮大起来，在满都海斯琴监国时出任太师，后又欲夺主导地位的亦思马因太师。在北元的历史上，这不仅是征战的过程，更是汇集利益目标相同者和政治回归担当者的过程。据说，在讨伐亦思马因的时候，北元各部二十多名部落将领参加了征程。一个符合社会大众基本愿望的政治目标就有这样的感召力和聚合力，甚至是创造力。所以，符合了北元社会基本愿望的满都海斯琴、巴图蒙克这一政权实体，就这样在革除威胁势力的过程中，聚拢起越来越大的政治回归的力量，在今内蒙古苏尼特草原上建立起了日益壮大的政权体系。

一个统一了土地和人民的稳固政权终于在北元大地上出现了。那么，这个政权将以怎样的形态存在和运行呢？这是关系到能否维持北元社会稳定统一大局的体制性问题。关于政权体制的存在形态，在蒙古民族漫长的历史上，除了成吉思汗和忽必烈的亲手设计和也先的改革尝试外，其他人基本没有触碰过它。即便是圣母般被尊崇的阿阑·豁阿和诃额仑都没有任何的涉猎。如今，考验智慧和魄力的这个问题无法回避地摆在了满都海斯琴这位女性的面前。对当时的满都海斯琴来说，祖先成吉思汗和忽必烈留下的体制设置的遗产是宝贵的。但它已经远离了北元社会如今的现实情况，尤其是忽必烈可汗留下的体制模式几经变迁，其中的太师之职渐渐变成了威胁汗权的平台。于是，根据巩固和保证可汗权威的最大需要，从权力体系中剔除了太师、丞相、知院、御史大夫等曾经威胁影响可汗权威的机构和职位，以简化的手法消除了滋生威胁的隐患。

汗廷机构精简了，但社会管理的繁多事情是无法简化的。所以，他们需要设计一个适合于这个精简化的汗廷便于进行管理的社会存在的结构形态。于是，根据几经聚散离合后部落人群的分布情况，对北元社会重新进行了行政区域的划分。第一种形式是万户划分。满都海斯琴他们以汗廷所在地为中心，将分布在东西南北的人群划分成了察哈尔、乌梁罕、喀尔喀左翼三个万户和鄂尔多斯、土默特、永谢布右翼三个万户。左右六万户环绕在汗廷的四周，成了汗廷地理与行政区划意义上的保护圈。第二种是整部保留。科尔沁部落当时地处北元蒙古的东南，几经辗转已壮大成部众多达二十万的强大部落。满都海斯琴寡居时曾欠其首领一情。为避免再行划分和下一步的安排中可能伤其利而引发不满，故未将其以万户划分，而是将其整体保留，并享受万户级的行政区划待遇。第三种是设立特别行政区域。瓦剌地区地理位置较远，历史经历特殊，以万户形式管理的条件尚不成熟，所以赋予他们特别区划地位的同时，也暂时保留了原有的管理体制。第四种是争取性的安排。朵颜、泰宁、福余三卫地区在北元初期就归服了明朝，其间虽有反复，但与明廷的关系特殊。所以，为了不引发与明朝的争执，暂时没有把三卫地区纳入万户管理体制，而是确定了在不改变其归属的前提下，与之进行联姻争取的方针。

适于管理的行政区域划定出来后，又一个新的问题摆在了满都海斯琴与巴图蒙克面前。那就是，进行怎样的统治才能让它们依偎在汗廷的周围呢？这对饱受离乱的这个汗廷是至关重要的。于是，他们以满怀的母性思维，决定将那些叫“乌鲁思”的万户分封给自己的孩子们。如满都海斯琴所祈告，她和另两位妻妾共为巴图蒙克可汗生了十一个儿子。这样，他们把六大万户和其他一些辖地分给了这些孩子，让他们变成了完全忠于汗廷的各地领主。

政权体制是人类文明所重点解决的一大课题。当资本主义在地球的另一端开始发芽时，仍酣睡在封建文化摇篮曲里的东方大地的北方草原上，蒙古人用更封建的方式组建起了政权体系和社会运行的秩序机制。不过，对于深陷在分崩离析泥潭里的北元社会来说，这是他们能够找到的最好办法。而且，这一办法不仅结束了北元社会的四分五裂、混乱动荡，使生命有了安稳度日的时空，使民众用来生存的社会经济有了复苏发展的机会。

政权体系建立起来了，社会运行的秩序也确定下来了。对游牧经济的单一性有着明确认知的满都海斯琴和巴图蒙克可汗又不失时机地致书明朝，希望以通贡互市的形式解决所需物资的交换。此时的明朝由朱祐樘为皇帝，尽管有大臣对致书中的“大元”国号大为不满，但认为北元对大明政权已无威胁的这位皇帝还是同意了北元的这个要求。这样，满都海斯琴和巴图蒙克的这个政权又修通了实现生存资源再分配的官方通道。

在一切就绪的同时，七岁被拥立的巴图蒙克可汗也长大成了可以亲政的青年男子。于是，满都海斯琴及时退出历史前台，使北元社会真正进入了巴图蒙克时代。尽管社会的政治回归和已有的基础使巴图蒙克执政顺利了很多，但在用新的体制和秩序规范旧有利益格局时，还使他付出了巨大的努力和艰辛。他先后镇压了右翼封建旧主的叛乱，消除了对新体制的挑衅势力，遏制了功臣勋戚扩大领地的要求，使这个政权体系完整地运行到了他生命最后一刻的一五一七年。

五

对满都海斯琴、巴图蒙克执掌的这个局面，萨冈彻辰老先生也颇为满意地评价说:“达延可汗收集治理着六万户人众，为大蒙古国带来了平安幸福。他在位七十四年，于癸卯年宾天，享年八十岁。”可能是因对安定局面的珍视所致，老先生明显地延长了巴图蒙克可汗的在位和在世时间，由此我们更能看到他对这段历史的满意和赏识。但是，我的心情还是无法按老先生的文字提示多云转晴，而还是停留在大雨转多云的状态。因为，在读到满都海斯琴、巴图蒙克可汗在为日后的统一稳定搭建政权体制时，我就为他们的一些做法开始有些担心。当时，他们认为太师、枢密院等实权职位是威胁可汗权力的要害之处，所以从政权机构的设置中取消了中书省、枢密院、御史台三个机构，废除了太师、丞相、知院、御史大夫等职位。这在当时的情况下，是消除隐患的一大措施，后人也曾用“简政”的美誉称赞过它，但是不是在“简政”的同时还把经略社会的责任也给精简掉了呢？这还好，最令人担心的是，在没有组建维护统一的汗廷军队的情况下，把视为核心的几大万户和一些地区封给了自己的儿子们。只将乌梁罕万户作为直属留给了自己。这样，满都海斯琴、巴图蒙克的大元汗廷就成了坐落在血缘关系支柱上的权力主体的化身。好在作为支柱的各地领主们都是他们的儿子，好在政治回归已成基本的思潮。所以，来之不易的那个统一局面能够与满都海斯琴、巴图蒙克的寿命一同延伸。但是，血缘上的长老一旦离世后，他们所维系的运行秩序还能照旧吗？这是他们在搭建政权体制时最让人担心的一点。

果不其然，随着大元可汗巴图蒙克的去世，他和满都海斯琴埋下的隐患渐渐显露了出来。第一个受到冲击的就是他们所留下的汗位继承制度。据史家们说，巴图蒙克可汗在世时恢复了忽必烈以来的嫡长子继承制。按此制度，巴图蒙克的可汗大位应由其长子图鲁博罗特继承。可是这位长子先于其父亲亡故了。这样一来，只好由他叫博迪的长子继承其爷爷的可汗大位。爷爷巴图蒙克去世时，孙子博迪也已到了十四岁的年龄。可是，巴图蒙克任命为管理右翼三万户的相当于副可汗的济农、三子巴尔斯·博罗特以侄子博迪年幼为借口，在管辖三万户的支持下擅自登上了可汗大位。这在当时的北元实属一个异常的响动，与之仅距八十余年的萨冈彻辰老先生应该能倾听到这个脚步声，但他在自己的《蒙古源流》中未做半字的记录。史家们说，因巴尔斯·博罗特是老先生的六世祖先，所以没有记录这不光彩的一页历史。如果，这件不光彩的事发生在权力主体调整期，那必定又是引发一次内乱与混战的事由。好在这时的巴尔斯·博罗特是家族里的兄长，众弟和侄儿们尽管不满，但不好以干戈表达。尤其是，生活在政治回归进程中的他们都愿意以平和的方式解决问题，而非暴力。于是，大家的意见、不满和权力主体正统化的要求，在一次祭祀成吉思汗陵寝八白室的活动中集中被庄严地表达了出来。

事情是这样的：一五一九年，博迪率左翼三万户上层人士参加祭拜成吉思汗陵寝八白室的活动。当参加祭拜活动的大小领主和上层人士聚集到一个场所时，年已十六岁的博迪对时为大可汗的三叔巴尔斯·博罗特说:“你乘我幼小非法窃据了汗位，今天如果你主动奉戴我，我就宽恕你！”叔叔本来有些心虚，又当着这么多人的面无法再行抵赖，于是叔叔巴尔斯·博罗特无奈地说:“你让我奉戴，我就奉戴吧！”见三叔的态度还算可以，博迪便说:“如果这样，你就做对了！”这样，博迪率众人拜过成吉思汗陵寝八白室后，即了可汗大位，成了北元第二十二任大可汗。

一场可能演化为干戈的危机，就这样被化解，权力主体的地位回归到了嫡长子一系的博迪身上。随着权力主体正统化问题的平稳解决，十六岁的博迪就成了管理和发展北元社会的第一责任人。政治回归了，局面稳定了，接下来当了大可汗的博迪就该领导他的权力体系对北元进行整体、统一而有规划的社会建设工作了。可是，就在这个节点上，满都海斯琴、巴图蒙克所遗留下的最大隐患便按时、具体地显出来了。那就是:没有强力保障下的家族化政治体制的不稳定性。因为，在没有保障主体权威的直属军队的情况下，如果掌权者是血亲中的长老，情况就会好些，如果不是，主体的权威就会随之弱化。虽然，即位时的博迪已经十六岁，但这时的各地大小领主们都是大他一辈的叔叔，于是他自已就演化成了北元社会主体权威的人化象征。与此同时，当了大可汗的博迪又未能及时地提出治理和建设北元社会的大体方针、整体规划和具体办法，作为叔叔们的各大领主也就各按自己的需要和本事治理和建设起了各自的领地。从此，一蛇多头的情况在北元开始出现了!

北元社会的这一变化把明朝也搞糊涂了。他们原来与北元社会唯一代表巴图蒙克的汗廷政权进行贡市贸易，并通过这个政权的管束，杜绝或消除北元部落到明朝边地抢掠的隐患。可是现在，他们找不到管控力强大的政权代表了，也不知道各自为政的领主们将会发展成什么样。于是，采取等待和观望的态度，中断了与博迪可汗政权的贡市贸易，使这个本来的但开始弱化的汗廷踏上了争取贡市贸易的艰辛道路。

就在这个过程中，岁月流逝着，情况变化着，北元各大万户的领地、领主的情况也不断地发生着变化。其中，变化最大的是被迫让位的巴尔斯·博罗特去世后，他的名叫阿勒坦的次子辗转变成了土默特万户的首领。一五三八年时，阿勒坦率土默特万户的军队，参加博迪可汗组织的征讨乌梁罕万户的行动，因表现突出被赐封“索多汗”称号，从此就以阿勒坦汗著称于史。明朝史书将其写为“俺答”。阿勒坦汗成为土默特万户领主后，着手向两个方向用力，以不断壮大自己。一是扩大领地。阿勒坦汗执掌土默特万户时，这个万户只是驻牧在“大同边外，大青山、昭君、丰州滩”一带的右翼三万户中的普通一个万户。阿勒坦汗成为这个万户的领主后，不断突破原来的万户格局，以各种名义西向青海、北向乌梁罕、西北向瓦剌反复率军征讨，不仅将这些地区及其住民并入了自己的管辖，还在这个过程中跃升成了右翼三万户实际上的盟主。二是争取贡市贸易。阿勒坦汗的扩大领地是以突破万户格局入手的，而他对贡市贸易的争取，则是借助汗廷身份开始的。因明朝中断了贡市贸易，北元博迪可汗一上台就遇到了生存所需如何解决的一大难题。即位时的博迪可汗虽然很年轻，但生活在开销中的他不会不知道所需物品对汗廷维持和运转的重要性。可是，获取物品的通道已经被堵了，他只能通过抢掠的办法来解决这一问题。于是，自一五二一年开始，博迪可汗组织力量到明朝庄浪、凉州、洮州、岷州等今甘肃一带的边地进行抢掠。到一五二三年，十七岁的阿勒坦汗作为这一行动的一部分率部到明朝大同一带进行抢掠。抢掠行动陆陆续续进行十年后，博迪可汗们逐步意识到，抢掠终究不是个好办法，疲于应付的明朝也该改变主意了，于是于一五三二年博迪可汗派使臣到明朝边城延绥，要求开展贡市贸易。时为明朝总制三边军务的唐龙也认为开展贡市贸易利大于弊，便奏请皇帝朱厚熜批准。然而，明帝朱厚熜不顾生存资源再分配的历史性规律，断然拒绝了北元博迪可汗们提出的要求。此一事，《明世宗实录》写道：“兵部言小王子（指博迪汗）进贡，虽有成化弘治事例，但其情多诈，难以轻信，宜命总制镇巡官察其真伪。无奈，虏以不得请为憾，遂拥众十万入寇。”因“不得请”，不仅有“憾”，可能更有恼怒，博迪可汗便组织十万人马到明朝边地进行报复性侵扰抢掠。作为其中一部分，阿勒坦汗与其兄衮必力克到明朝边地雁门关抢掠。

这次贡市的失败，使阿勒坦汗意识到博迪可汗汗廷已经不是明朝与北元开展贡市贸易的对象代表，而且经过十余年的扰边与抢掠彻底粉碎了相互间本来就很脆弱的互信基础。要想建立稳定、互利的贡市贸易关系，就必须建立好互信的基础。就当时的情况而言，停止扰边、抢掠是建立互信的第一步。于是，精明的阿勒坦汗停下扰边抢掠的脚步，于一五四〇年六月到明朝边关，以土默特万户的名义，要求与明朝和好通商。阿勒坦汗为建立互信的基础和表示通贡、通商的诚意，对部下属民到明朝边地抢粮食、衣物的行为进行了严厉的惩治，令他们把掠夺的粮食、衣物等送还了回去。明朝巡按御史谭学及兵部大臣们均认为阿勒坦汗的诚意是可信的，应准许通贡开市。这是土默特万户首领阿勒坦汗抛开博迪可汗汗廷，以土默特万户为主体，争取与明朝开展贡市贸易的开始，也是三十余年苦苦争取贡市贸易之路的开端。

然而，阿勒坦汗的诚意并未能换来明朝最高决策者朱厚熜皇帝的准许。皇帝朱厚熜认为："虏侵扰各边，猖狂已甚，突来求贡，夫岂其情？"便下令："选将练兵出边追剿，数其侵边大罪，绝彼通贡。果能擒斩俺答（阿勒坦汗）、阿不孩者，总兵总督官俱加升擢，部下获功将士升五级，赏银五百两。"

明朝方面的断然拒绝和悬赏缉拿人头的做法，不仅使阿勒坦汗的诚意受到亵渎，又迫使他不得不用武力手段获取需要的生存物品。但阿勒坦汗没有甘心，于一五四二年五月又一次向明朝派出了要求通贡开市的使团。这次的使团不仅带去了贡市贸易的迫切愿望，同时还带去了一面令牌的信物和一支令箭的强硬注脚，表示："一请不得则再请，再请不得则三请，三请不得则纠众三十万,一循黄河东壖南下，一自太原向东南大城无堡塞地方，而以劲兵屯大同、三关待战。"

这是无奈下的软硬兼施之计，也是烽烟大起的危险信号。可是，明朝巡抚都御史龙大有诱捕全部使臣，将正使石天爵绑送京师的同时，杀死了副使满受秃等。令牌带去的诚意和副使的生命一同被处死了，紧接着令箭就发出了开战的号令。就在使臣被杀的一个月后，于一五四二年的六月，已过而立之年的阿勒坦汗果真率十万大军由大同左卫旧古城双山堡攻入山西境内，展开了“破十卫，破州县三十八，杀掠二十余万人，马、牛、羊二百万头”的大范围报复性攻掠行动。

阿勒坦汗的武力诉说引发了明朝官场一些人的深度反思。明朝都御史杨守谦上书皇上评论说：“夫兵交使在其间，况求贡乎？杀一天爵何武？借曰不许，亦当善其辞说，乃购斩之，此何理也？横挑强胡，涂炭百万，至今无一人知其非者，巡抚史道乃以交通外夷拟死刑，虽释不诛，当事者惧矣。夫今之以贡为疑者，必曰宋以和误国，不知此贡非和议也。九夷八蛮皆许其贡，何独北虏而绝之！”在当时的认知水平上，这是一个很深的反思，也应该是解决贡市要求的基础性理念。可是，这种反思未能改变皇帝朱厚熜的固有思想。于是，明朝在继续紧闭大门的同时，按皇帝原来的部署对包括阿勒坦汗在内的北元进行了“烧荒”“捣巢”“赶马”等组合拳式的报复行动。

需求是无法战胜的敌人和永远的上帝。因为，它是生命里发出的不可抗拒的命令，无论是帝王还是草民，都是它忠实的奴仆。由于物品的需求、粮食的需要，不论明朝如何的不肯和再三的拒绝，通贡互市是当时北元蒙古无法放弃的最大目标。为此，自博迪可汗即位以来，他们尝试过一体统一的求贡，强大起来的领主们也各自为主地争取过，但都一一地失败了。为打破这一僵局，于一五四七年一月阿勒坦汗以盟主的姿态，与博迪可汗和右翼领主们商议，决定以集体承诺的方式再向明朝提出开展贡市贸易的要求。关于这次请贡，《万历武功录·俺答列传》是这样记录的：“大会保只王子（博迪可汗）、吉囊台吉、把都台吉，曰：吾终欲请入贡，备外臣朝请，请瓯脱耕具及犁耧种子，因归耕，以冀旦莫愉快，幸无复入寇。于是以白马一匹、骟马三千匹、白骆驼七头献皇帝陛下，愿遗我白缎一匹、麒麟蟒龙九匹。我若得白缎，即以为袍挂大神道，它悉以白服。受汉皇帝赐无穷，我岂复有他肠之可虞！请自今外塞称臣，于是东自辽东，西至甘凉，不敢以半马匹策复至矣。”同年四月，博迪可汗也以北元大可汗的身份致《国书》于明朝：“蒙古博迪可汗召集了鄂尔多斯济农诺颜达喇、土默特阿勒坦汗、哈喇慎巴雅思哈勒大领主会议，一致决议向明廷赠送黑头白马一匹、白骆驼七峰、骟马三千匹，希望明廷回赠蒙古白缎、大神褂袍、麒麟蟒缎等物件，各头目穿用。边内种田，边外牧马，夷汉不相害。东起辽东，西至甘凉，俱不入犯。今与中国约，若达子入边墙做贼，中国执以付彼，彼尽夺其人所蓄马以偿中国，不服则杀之。若汉人出草地做贼，彼执以付中国治罪，不服亦杀之。永远为好，递年一两次入贡。若太师每许代奏，即位传谕部落，禁其生事。”从两段文字看，这不仅是集体的承诺，更是被阿勒坦汗深度发挥为索要耕具、种子和外塞称臣的提议。但阿勒坦汗和博迪汗们的这个承诺和要求，同样被铁了心的明帝朱厚熜拒绝了。就在这一年，四十四岁的博迪可汗去世，终其一生的努力也未能开通贡市贸易之路。

博迪可汗去世后，他的长子达赉逊即位。即位后的达赉逊很快发现，强大起来的阿勒坦汗已经不把汗廷放在眼里，而且其还在发展的事业正在挤压汗廷的生存空间。为避免发生冲突，达赉逊可汗决定将汗廷东迁到今天津、辽宁以北的蓟辽地区。阿勒坦汗心领神会，派弟弟巴雅斯哈勒和哈喇慎部领主护送汗廷和它的直属察哈尔万户民众向东迁徙而去。这样，西北、正北的蒙古草原就成了阿勒坦汗纵马驰骋的政治舞台。

一体北元的政治象征——达赉逊可汗的汗廷被挤走了。可是，贡市不通的困难仍然横亘在那里。无论是生存，还是发展，或是强大，开通贡市是阿勒坦汗必须解决的根本问题。经再三被拒绝，阿勒坦汗揣摩明帝朱厚熜的心思，于一五四九年又向明朝提出了：“与我些锅布等物为生，我永不敢犯边抢杀，年年进贡”“我当以旧釜还汉”的请求。但是，明帝朱厚熜照旧给予了断然地拒绝。

阿勒坦汗“与我些锅布等物为生”的请求是一五四七年集体承诺的延续和深化，也是北元蒙古人因缺乏所需物品而生活恶化到极点的反映。关于北元民众生活恶化的情况，时为明朝官员的方逢时也注意到：

蒙古人“分子嫁女，有一锅而各分其半”，并感到：“此情颇真，亦可悯也。”当一种情况发展到极点后，必须向反面掉头而去。要求被拒绝，承诺被冷落，请求被无视，阿勒坦汗绝望了，再也想不出别的好办法了。于是，于一五四九年正月，阿勒坦汗派兵到明朝宣府镇军营外，将系有一封书信的箭射进军营里。信中说明，将遣还掠来人员，屡行抢掠是因求贡不得而进行的。如果准许贡市，就会约束属众不再犯边，如果仍不准许，则从秋天开始攻到京师周围抢掠。明帝朱厚熜得报后，认为这是阿勒坦汗的“诡言”，仍然未予理睬。

然而，阿勒坦汗的确没有对朱厚熜皇帝“诡言”，无奈的他果真开始武力请愿了。于一五五〇年三月，阿勒坦汗率部移驻威宁海子，做军事进攻的最后准备。六月起开始进攻大同，八月中旬进入明朝境内，进攻古北口，八月十七日攻到通州，继而渡白河西进，到明朝京都北京城安定门北面的教场驻扎。阿勒坦汗突然兵临城下，使朱厚熜皇帝颇感意外和不知所措。如果说，明朝过分地轻视了阿勒坦汗从前的请求，那么现在又过度地解读了他这次的行动。他们认为，阿勒坦汗必将进攻京城，于是在手忙脚乱地组织城内战斗力的同时，从大同、保定、山东等急调兵力准备卫城。可是，阿勒坦汗并没有攻城，而是就驻在安定门北面的教场，向四处派兵抢掠的同时将俘获在手中的太监杨增等八人送进城内，传话朝上：如答应贡市，撤兵回师，反则攻城。明帝朱厚熜权衡再三，终于同意贡市要求，下旨：“退屯塞外，因边臣以请。”见目的已达，阿勒坦汗便于八月二十二日分兵两路，从古北口、白羊口退兵草原。

北元人苦夺争取三十余载的贡市目标终于实现了。于一五五一年，明帝朱厚熜拨十万两白金，陆续在大同、宣府、宁夏、甘肃等十三处开设马市，供双方交易所需物品。阿勒坦汗喜出望外，亲自到大同，向明廷献马九匹，并参加马市。这是一件多好的事情啊，生活在同一生存圈两个朝政管辖的人们终于等来了以和平的方式进行生存资源再分配的美好时刻。可是，这个时光未能持续多长时间，于一五五二年朱厚熜皇帝接到兵部车马驾司员外郎杨继胜“以堂堂天朝而下与犬羊为市，冠履倒置，损国家之大威……”的奏折和阿勒坦汗秘密约请河西诸部内犯的假情报后，在自尊和恼怒的驱使下，下令停止了开来不易的贡市贸易。这样，阿勒坦汗又被迫回到了以抢掠获取生存所需的老路。

比起贡市贸易，抢掠是不能满足全部需求的。一则边民穷困，掠获不会多；二则藏匿，有时可能手空；三则还会交兵，必有死亡跟随；四则还会造成祸害，毁灭互信。就在阿勒坦汗处在欲贡不能、抢而难解所需的时候，因种种原因逃出明朝的一些人陆陆续续地来到了阿勒坦汗的管辖之地。其中，有大同兵变后败逃过来的兵勇，有丘富等千余名白莲教举事败露后逃来的知识人士，有因生活所迫等各种原因迁徙过来的农夫、工匠等各色人员。这些人的到来使阿勒坦汗萌生了兴办耕种，以接济粮食奇缺之困难的想法。于是，他以丘富和随之逃来的赵全为头目，组织起投奔而来的汉民百姓，在今呼和浩特一地盖上叫板升的土房，用上叫铁犁的农具，开始播种和收获叫作农作物的神奇之物。由此，蒙古人生存形态的转型探索也随之开始了。

在求贡无门的情况下，正当阿勒坦汗一边耕种，一边抢掠，勉强维持着扩展政治版图、巩固统治地的所需时，一件意想不到的事情在阿勒坦汗和明朝之间发生了。于一五七〇年九月，阿勒坦汗爱孙把汉那吉突然到大同平虏城叛降了明朝。这时，明朝的权力已经更替到隆庆皇帝朱载垕的手上，在大同、宣大这边也由巡抚方逢时、总督王崇古等务实、开明的官吏主政。这一年，年已六十三岁的阿勒坦汗正西征到青海抢掠吐蕃地区，趁这个机会留守土默特老营的把汉那吉因对爷爷处置其欲聘之女的做法不满而投奔了明朝。据把汉那吉说，是爷爷阿勒坦汗将他的欲聘之女赐给了鄂尔多斯万户，所以他不想当他的孙子了。史家们研究推断说，是鄂尔多斯首领看中了把汉那吉欲聘之女的美貌，并向阿勒坦汗提出了迫切的要求，为了自己政治版图的稳定，阿勒坦汗以牺牲亲孙为代价，将把汉那吉的欲聘之女赐给了鄂尔多斯首领。

把汉那吉的叛降，对明朝和阿勒坦汗都成了烫手的山芋。明朝知道，把汉那吉是阿勒坦汗的爱孙，是能够牵动阿勒坦汗这个政权实体全部神经的重要人物，所以对任何一种的处置都有着足够的分量。正因为这样，阿勒坦汗也绝不会让把汉那吉留在明朝，而必以全部之力要他回去。于是，明朝方面经过密集的讨论、反复的斟酌和利弊的充分考量后，决定将把汉那吉当作政治商品加以利用。可在阿勒坦汗这边并没有意识到自己手上也有的政治商品，而在板升头目赵全的导引和要回孙子的急切心理的驱使下，想用武力的手段解决这一问题。

阿勒坦汗匆匆从青海回来后，根据赵全等的谋略分兵三路向明朝进发，自己作为中路和主力率大军将孙子所滞留的叫作尼兀察城的大同团团包围，准备用武力抢回孙子把汉那吉。就在激战将要打响的前夜，一个叫鲍崇德的人来到了阿勒坦汗的帐中。这个人是明宣大总督王崇古派来的说客，原来与阿勒坦汗也相识，并有一定的交情。鲍崇德告知阿勒坦汗：明朝待把汉那吉很好，用武力抢回的办法是使不得的。应该以谈判的办法解决问题。赵全等白莲教头人是朝廷通缉的政治要犯，朝廷很想将他们绳之以法。如果你能将他们扭送朝廷，朝廷会即刻送你孙子回来。鲍崇德还给阿勒坦汗出示了赵全等人写给大同巡抚方逢时“具言悔过思归”、请求投降、立功自赎的密信，以使阿勒坦汗对赵全等产生厌恶。

阿勒坦汗这才知道自己手上也有可交换的政治商品，便倾向于谈判解决。但多年来的互信危机，使他不敢相信明朝。为探知虚实，阿勒坦汗派得力人员进城看望把汉那吉。阿勒坦汗得知把汉那吉被厚待的消息后，便同意交出赵全等明朝要犯。于是，于一五七〇年十一月十九日，阿勒坦汗根据与明朝的协商，派人将赵全等九人交给了明朝。明朝也于第二天使把汉那吉体面北归的同时，还给阿勒坦汗送去了丰厚的礼物。

把汉那吉回来了，阿勒坦汗成功地要回了爱孙，但他又失败地失去了帮他兴办农业、解决食用困难的赵全等九名汉人兄弟，并欠下他们永远都还不清的人情债。不过，这就是政权间的利益取舍，人情永远是它微不足道的牺牲品！

一件突发事情，使明朝和阿勒坦汗都发现了相互久违了的互信。阿勒坦汗很想抓住这个机会，以实现开通贡市贸易的大目标。所以，把汉那吉一回来，阿勒坦汗马上派出使者到明朝表示感谢，同时向明朝提出了封贡互市的请求，说:“诸酋感圣朝大恩，愿相戒不犯边，专通贡开市，以息边民。第诸边将士习烧荒，工捣巢，恐妨大信，愿禁约，以结盟好。”

交换叛逃人员并不是很难的事，因为它只是一个政治上的小买卖。而封贡互市则就不同了，这可是属于一个政权对待另一个政权的大方针、大政策。于是，明朝开始犹豫了。虽然，一体版图的生存资源需要进行再分配，但明朝一直将它当作战略工具来使用，而且先帝朱厚熜曾下有“复言廾马市者斩”的禁绝令。所以，明朝上下不得不谨慎，不得不犹豫。然而，谨慎和犹豫并未能禁锢更换了领导层的明朝大脑，时任大同巡抚的方逢时、宣大总督王崇古、大学士高拱、张居正等根据边患不绝的原因，检讨多年来的政策，向朝廷提交了应准许封贡，以消边患的建议。宣大总督王崇古在他《确议封贡事宜疏》中写道:“夫拒虏甚易，执先帝之禁旨，责虏酋之难信，可数言而决。虏必愤愤而去，即以遣降之恩，不犯宣、大，土蛮及三卫必岁纠俺酋父子为声援，以窥蓟辽，则吉能子弟宾兔诸酋必为兰靖洮河之患。九边骚动，财力困竭，虽智者无以善其后矣。若允虏封贡，各边有数年之安，则可乘时修备，虏设背盟，而以畜养数年之财力从事战守，不犹愈于终岁驰骛，自救不暇哉！”这是一个直面现实，又充满着战略思量和战术考虑的，非常符合大明王朝利益大局的政策建议。但是，就像每一个朝代、每一层政坛都混迹有鼠目寸光者一样，这个有利于朝政，利于边民，也利于他人的建言，在朝臣四十四人中竟有十七人表示反对。不过庆幸的是，有远见有胆识的朝臣还是以二十七人的支持，为大明王朝奠定了政策的方向。隆庆皇帝也一点都不糊涂，以多数朝臣的支持为踏板，跨步越过父亲留下的禁绝令，于一五七一年二月同意了阿勒坦汗封贡互市的请求。这就是中国历史上常常被提到的“俺答封贡”。

这次的封贡互市与一五五一年的通贡互市有着本质上的区别。为让政权间互信有一个明确的着落，阿勒坦汗首先接受了明朝的册封。作为北元右翼地区的统治者和盟主，阿勒坦汗被封为顺义王，其他各有地位、名分的部下、族亲依次被封为都督同知、指挥同知、指挥佥事、正副千户、百户等职衔。之后，与这一归属身份相对应的经济关系——互市贸易也随着沿边各关口开张营业了。据史家归纳，当时阿勒坦汗和明朝间的互市方式共有五种：一是官方之间的“贡赐贸易”；二是官方开办和管理的“马市”；三是民间的互市贸易；四是每月一次的“月市贸易”；五是临时按需性的小市。从官方到民间，从定期到临时，从马市到小市，除了铁以外的生存所需物品，源源不断地被交换到阿勒坦汗麾下的蒙古地区，使这里的人们不再为获取那些物资而去犯边抢掠。于是，在明朝边地出现了大学士高拱、张居正等所评说的“三陲晏然，曾无一矢之警。境土免于蹂践，生民免于虔刘；客兵不调，帑藏不发，即边费之省不下百余万，即胡利之入不下数万”的可喜局面，实现生存资源再分配的功效就是这般的神奇！

阿勒坦汗争取互市贸易的路很漫长，很曲折，其过程也很复杂，所以萨冈彻辰老先生倾听到了这样一串嘈杂的脚步声：“俺答合罕远征占取了城市的汉人，残破他们的国土，骚扰他们的百姓。汉人惊恐异常，派遣了使臣，授予俺答合罕‘顺义王’的称号，并赐给金印，表示愿意请和。辛未年，俺答合罕六十五岁，与汉地的大明隆庆皇帝议和，打开了取之不尽的大仓之门。”与历史岁月里发生的真实事情相比对，这是一段多么不实的记述啊！可是，记载缺乏的我们，也不能不靠着这样的记述一步步去捋清历史那本来的脚步。

封贡互市的实现，解放了阿勒坦汗大部分的时间和精力。对统治者而言，其精力心思和时间，一旦从战争和政治中被解放出来后，往往会转向社会治理和文化建设。阿勒坦汗当然不会例外。就在阿勒坦汗封贡告成的一五七一年的四月，有一位叫阿兴喇嘛的人从西藏来到了他的府上。这位叫阿兴的喇嘛属于藏地佛教界“格鲁派”一系，这个派系当时在派别间的争斗中处于劣势，急需找到一个强有力的支持，以延续派系的生存和理念的传播。就在这样一个历史条件下，阿兴喇嘛背负着格鲁派的希望与寄托，来到了阿勒坦汗这里。这位阿兴喇嘛当然不知道他们的先师们曾经说过的“将有妥懽皇帝出世，那时咱们的政教二道就将毁灭”的终结性断言，一见到阿勒坦汗就说他是忽必烈的化身：“啊！因大可汗世世聚集福德资粮之果，最初的上汗化为降生是也。”

在相互交往的过程中，好听的话是叩开对方心灵的绝佳工具。阿兴喇嘛一句“忽必烈转世”的美言，使因封贡告成而正得意的阿勒坦汗颇为高兴，并对人还能轮回转世开始产生了极大的兴趣。阿兴喇嘛趁热打铁，接着向阿勒坦汗介绍玄妙深奥的佛学理论和知识，并明确地提示：“若于今生今世，净修佛教弘传佛经”，就会像“圣转轮工般遍地名扬”。意思非常之明确，作为忽必烈可汗的转世之人，阿勒坦汗应该像忽必烈可汗一样尊崇佛教，并给予它国教的地位，那样阿勒坦汗就会像忽必烈可汗一样名扬青史了。应该说，这是一个目标明确的宣传定制。因为，这时的阿勒坦汗已到六十六岁的年龄，统治着蒙古高原的大部地区，又实现了与明朝的封贡互市，社稷又呈现出了安定繁荣的局面，所以，“扬名”啊、“转世”呀、“法王”等都是他喜欢听的言辞。阿兴喇嘛将阿勒坦汗的兴趣完全吸引到佛教这边后，又向他提出了请索南嘉措大师来蒙古讲经说法的建议。史料说，阿勒坦汗欣然接受了这个建议，并许诺尽快去迎请索南嘉措大师。

不知为什么，直到一五七三年，阿勒坦汗并没有派人迎请索南嘉措大师。也许，因事关重大，他在思量，他在斟酌，他在犹豫。因为虽然被说成了忽必烈转世的在世化身，但是原身忽必烈请来的佛教随着大元朝廷的倾覆而撤回故里了。虽然以国教身份被尊崇了百余年，但未能成为社会百姓的崇拜对象，所以大元统治撤出中原之后，北元蒙古又生活在了萨满教文化的氛围里。在这样的情况下，如去请来索南嘉措宣教，就会涉及更换宗教的问题。所以，他犹豫，甚至还有些顾虑。但是，有一个人很热心，很积极。这个人就是萨冈彻辰老先生的曾祖父忽图克台·彻辰。这位忽图克台·彻辰曾于一五六六年征掠藏地时，以信教为条件让对方投降于自己。但由于没有主导社会的权力，回来后未能兑现自己的承诺。所以，正被内疚炙烤的他踩着阿兴喇嘛在他叔父阿勒坦汗心目中的脚印，于一五七三年来到叔父府上对他说："……如今合罕您年寿已高，将会一天天变老。听贤人说，有益于今生和后世的只有佛经和佛教，他们说在西部有雪山的地方有大慈大悲观世音菩萨的真身。如果请到咱们这里，仿效昔日圣主忽必烈彻辰皇帝与巴思八喇嘛的做法，实行政教并举的制度，那会是多么大的盛事啊！"叔父阿勒坦汗听到自己方面的人的这般宣介和劝请，留存在心里的犹豫和顾虑开始化解，在表示同意的同时，很快又与右翼几部进行商议，正式决定派使臣前往吐蕃地区，礼请阿兴喇嘛介绍给他的索南嘉措大师。

藏传佛教第二次，也是真正走入蒙古草原的政治之路就这样被铺平了。经过迎请使团的来往穿梭，双方敲定了一个极其讲究的迎请方案。按照方案，阿勒坦汗自一五七五年起在青海湖畔叫察卜齐雅勒的地方开始修建被后人称作"察卜齐雅勒庙"的"仰华寺"，为索南嘉措大师来蒙古做准备。一五七八年寺庙建成，就在这一年的五月十五日，阿勒坦汗率右翼各领主到仰华寺会晤已赶到这里的索南嘉措大师。据史料记录，在此次会面时阿勒坦汗和右翼蒙古各领主共向索南嘉措大师献上了"以五百两银所造七珍八宝，三十两金碗内盛满宝石，上好缎各十匹，五色缎百端，各色宝石银嵌金鞍马十匹，币帛五千匹，牲畜五千匹，共万件"的大批贵重礼物。看着虔诚敬献的豪礼和巨大无限的传教市场，索南嘉措大师清楚地知道阿勒坦汗想得到什么、正期待什么。所以，他们会面时，索南嘉措大师微笑着对阿勒坦汗说："我们不只是今日方见面，而是从很早以前就已经见过多次面了。阿勒坦汗，从前你在生为成吉思汗后裔忽必烈·薛禅皇帝的时候，我则生为八思巴喇嘛，多次为薛禅汗、察比皇后二人演示了吉祥喜金刚的四种圆满灌顶等导化……因此，授予我以汉语称作'三省大王国师'的称号。……"

真是一个毫无成本的馈赠呀，别说是忽必烈的转世化身，就说是成吉思汗的转世化身，索南嘉措大师也是不会吝惜的，只可惜的是成吉思汗没有抬举过佛教。然而，毫无成本的馈赠还没有结束，作为此次会晤的正式成果，索南嘉措大师代表佛教界授予阿勒坦汗“梵天大力咱克喇瓦尔迪法王”称号。我们不知道这个称号在佛教事务中的职责，但将它戴到一方社会领袖人物的头上时，就意味着使这位领袖人物有了推动该宗教的政治职责。尽管宗教的馈赠毫无成本，也漫无边际，但功成名就而年事渐高的阿勒坦汗也不再犹豫地欣然接受了。接着，就在那个察卜齐雅勒庙举行了蒙、藏、汉等十万信众参加的盛大法会。法会上，刚刚被授予了“梵天大力咱克喇瓦尔迪法王”称号的阿勒坦汗开始履行了在政治与社会领域里的宗教职责。他通过萨冈彻辰老先生的曾祖父忽图克台·彻辰宣布《十善法规》，明确规定，蒙古人从此信奉西藏佛教格鲁派，摈弃蒙古人固有的萨满教，同时发布了违规继续信仰萨满教者的各种处罚规定，誓言要“再开圣法之道，化血海为乳海”！

就这样，由生于明朝永乐年间的宗喀巴大师改革后的佛教格鲁派一支经青海察卜齐雅勒庙，经阿勒坦汗，咏诵着面向普世的六字真言，浩浩荡荡地向蒙古人的心灵世界走来了。不知是喇嘛活佛们的施舍优厚，还是佛学教义的内涵深刻，该宗教来到草原后立即引来了不仅限于右翼三万户的部落首领们的仰慕和朝拜，作为回赠，宗教方面也给他们发放了很多大于实际角色的可汗称号。古代草原等级严密的官职体系由此被打破。

正当阿勒坦汗于一五八二年安然地头枕“忽必烈可汗转世化身”“梵天大力咱克喇瓦尔迪法王”的盛世美名弃世而去时，被他们发展挤压到蓟辽以北地区的北元中央政权的汗廷经过汗权的更替，已由名叫图门的可汗执掌和管理。这位图门可汗二十岁继位，是个有抱负、有志向、有作为的年轻人。可是，他生不逢时，偏偏遇上了阿勒坦汗这样一个叔爷爷。图门可汗于一五五八年开始执政时，阿勒坦汗的独自坐大和我行我素给已被挤压到东部的北元中央汗廷带来了两大威胁。一是取而代之，二是内讧分裂。所以，在这样的历史条件下，图门可汗既不能做收复失地、迁回原地的事，更不能做强化集权、弱化分权的改革。因为其中的任何一个都有可能刺激阿勒坦汗取而代之或引发内讧。尽管年轻，但图门可汗还是很理智的，他没有贸然去做使北元蒙古更加不堪的这些事，而是根据自己所处的境地和能力，为维持北元蒙古的统一和中央汗廷的继续存在而付出了自己的努力。

图门可汗让史家们津津乐道的一件事情就是组织内阁，实行具体领导的政治举措。事情是这样的：于一五七六年，阿勒坦汗实现封贡互市无忧生存的第四年，以可汗身份执政了十八年的图门可汗破天荒地组建了五人内阁，宣布实行共同决策的领导体制。这五人内阁由除了被解体的乌梁罕万户外的五个万户的首领或所派代表组成。鄂尔多斯万户派萨冈彻辰曾祖父忽图克台·彻辰，阿勒坦汗派长孙扯力克入阁，在内阁中此二人并不是万户首领。从内阁中没有吸收科尔沁、瓦剌及三卫方面代表看，图门可汗组建的这个内阁更像是强化血亲认同的政治平台，所以我们从史料中找不到这个内阁的重大作为。不过，在阿勒坦汗称臣明朝、实现互市的事例所带来的分离威胁之下，这也是图门可汗维护北元蒙古统一认知的有效措施之一。以“忽必烈可汗转世化身”的盛名自大于北元之上的阿勒坦汗终于在一五八二年弃世升天了。一直被压抑不堪的图门可汗也终于等来了可有作为的新时日。可是，阿勒坦汗留下的还有一个障碍挡在他的面前，那就是压得图门可汗喘不过气来的“忽必烈可汗转世化身”大名。如果图门可汗想有所作为，就必须要获取比“忽必烈可汗转世化身”还要大的名号，这样才可以名正言顺地改变阿勒坦汗布置下的社会格局。

于是，图门可汗于一五八六年向授予阿勒坦汗“忽必烈可汗转世化身”名号的达赖喇嘛三世[①]派出了迎请的使臣。使臣们是怀着满心希望去的，所以他们带了“数以万计的金银财宝、驼马牲畜”和图门可汗热切的期待。对尚未能与明朝实现通贡互市的图门可汗来说，献出如此巨量贵重的礼物，可谓是倾其家底的重大政治投资。可是，据史料记载，图门可汗的厚礼并未能打动三世达赖喇嘛到图门可汗的汗廷来。对主张普度众生的喇嘛教教主来说，这样有区别地对待阿勒坦汗和图门可汗是说不过去的。然而，显然的是三世达赖喇嘛不是不为重礼心动，也不是

① 索南嘉措被阿勒坦汗授赠达赖喇嘛尊号，世称达赖喇嘛三世。

不想有更大的施主和靠山，而是当初为了获取阿勒坦汗的支持已授予了他成吉思汗的转世化身是忽必烈可汗，而忽必烈可汗的转世化身就是他的最高名号。如今，面对北元蒙古的最高可汗，三世达赖喇嘛怎么也找不出比这个更大更高更有感召力的名号了。于是，他不得不望而却步，无法迈出前往图门可汗汗廷的脚步。可是，三世达赖喇嘛的这一望而却步，不仅使图门可汗白白耗费了数以万计的金银，更是锁住了他有所作为的历史脚步。

一笔重大的政治投资失败了，图门可汗除了不得不接受这一历史的无奈外，还不得不接受在利益主体部落化现象日益严重的情况下难有作为的现实尴尬。这样，虽然有抱负和志向，但生不逢时的图门可汗因未能实现与明朝的通贡互市而怀着“吾甚愧市事未成，反不若阿勒坦子孙，得长胡中，岁时佩黄金印两肘间，大如斗也”的遗憾，于一五九一年执政三十五年后离开北元汗廷走了。

图门可汗去世后，由他的长子布延接续执掌了汗廷。可是，虽然作为北元政权的象征，汗廷的权力仍还依次接续，但分封制留给这个大地和族群的弊端发展到今天，已将北元蒙古分化成了多个以部落或万户为主体的利益单位，使他们在追逐利益的行动中越来越无视汗廷，越来越各自为政了。再加上阿勒坦汗独自坐大的持续后果和佛教在族众心灵上造成的混乱，使没有专属军队的这个汗廷越来越被弱化和虚脱了。所以，不论从萨冈彻辰老先生的倾听中，还是从其他的史料里都找不到布延可汗为扭转北元这一颓势而采取行动的记录，有的只是争取通贡互市和为解决生存所需而进行强力行动的记述。就这样，布延可汗执掌汗廷十年后，于一六〇三年去世了。

六

对静心倾听的萨冈彻辰老先生来说，布延可汗掌朝岁月的结束是个重大的时间节点。之前，尽管坎坷曲折，但老先生能够听到的是北元蒙古的奋斗和延续。然而，接下来他将听到这个朝代坠崖而去的踉跄脚步声……

正当北元蒙古一步步向分封制埋下的必然结果无奈地滑去时，曾受明朝和北元蒙古轮换打压的女真族人努尔哈赤开始崛起，并进入强力统一族群部落的阶段。在政治力量格局按明朝和北元蒙古定格已久的这个时候，女真人的崛起绝对不是一件可以忽略的事，而是处在历史现场的明朝和北元蒙古都需要以历史和战略的眼光打量和对待的大事。就在中国的历史又一次拐向复杂多变的这个时候，一位叫林丹的十三岁男童于一六〇四年按嫡长子继承制接续了爷爷布延的可汗之位。林丹是因其父亲早于布延可汗过世而以孩童年龄接过可汗之位的北元最后一位可汗。

萨冈彻辰老先生也从不远的时间距离倾听到林丹接续汗位的脚步声的同时，还倾听到了“五百年的灾难时代已经临近”的脚步声。我们不知道，萨冈彻辰老先生听到的这个可怕的脚步声究竟来自何处，有没有可信的说法依据，或干脆就是老先生他危言耸听的说辞。不过，一六〇四年或接踵而至的那个岁月，对以孩童的年龄接过可汗大权的林丹来说，的确是太复杂、太不好理解和把握的一个时代。尽管这样，可汗就是可汗，就是要面对无法回避的那个历史现场，做自己认为该做的那些事情。

林丹可汗上任时，佛教在蒙古地区的传播已近三十年，其影响范围已超右翼三万户的辖地，并迅速向北元蒙古东部地区蔓延而去。一时间，喇嘛以毫无吝啬地发放“可汗”称谓的慷慨和生命可以修正再生的轮回诱惑，在社会民间和官场上层都成了一种文化时尚和精神追求。在这样的情况下，赢得原本为属民但已经变成信众的蒙古人众的认同和接受是林丹可汗必须首先解决的一件事情。不知是时尚所致，还是高人指点，或是形势所迫，林丹可汗一即位便从四世达赖喇嘛派驻北元代表迈达哩·呼图克图那里获取了“林丹·呼图克图汗”称号，并下令蒙译一百零八函《甘珠尔》经，同时决定兴建供奉释迦牟尼佛像的专门寺院，还大力倡导北元左翼民众信奉佛教。对一向按照长生天的旨意断案做事的蒙古可汗来说，这里虽然蕴含了很多历史的无奈，但这一做法还是可以给历史现场的林丹可汗树立政教领袖的形象和身份。

然而，身份只是一种可能，能否成就一番事业终究还是靠能力和智慧。对艰难地维持生计的这个汗廷而言，争取同明朝实现通贡互市是摆在他们面前的紧迫之事。可是，直到林丹可汗继位，这个虚弱得很严重的汗廷还没有叩开明朝通贡互市的大门，还在用抢掠的办法解决着所需的生存物资。不过，原来还容易得手的抢掠活动，因与阿勒坦汗议和后明朝加强了东北方向防御能力的缘故，现在越来越变得难以得手，难以成功，被还击的伤痛有时还很严重。若想改变这一情势，林丹可汗须集结起北元各部人马，形成优于明朝边地军力的队伍。可是，据史料记载，林丹可汗继位后只有喀尔喀、喀喇沁、阿鲁科尔沁、科尔沁及鄂尔多斯等万户或鄂托克的首领们还能定期朝觐，承认其象征地位，其他的万户和部落们基本与他扯断了脐带。其中，鄂尔多斯万户既隔着土默特万户，又属于右翼势力范畴，对林丹可汗能够提供的支持是极其有限的。这样，林丹可汗实际上能够依靠的只有喀尔喀、喀喇沁、科尔沁和阿鲁科尔沁等四个万户或鄂托克及直属的察哈尔万户了。起初，这些万户或部群的人们还能积极地响应林丹可汗的号令，有时还能集结起六七万人的兵力，并且偶尔还能取得对明朝的局部或暂时的小胜。但这些轻如弹指的敲击根本未能使明朝打开通贡互市的大门，使自己依然处在无法获取生存资源再分配的困境之中。

正当林丹可汗为无力实现生存资源再分配而恼怒的时候，另一个向明朝主张同样目标的力量——女真人迅速地发展和壮大了起来。其领袖努尔哈赤非常明确，他认为他们的目的和北元蒙古的目标是一致的，所以不仅自己还鼓励族群部落的人们广泛与相邻的蒙古联姻结盟，也对蒙古方面在他统一自己民族时的破坏行为不计较，不记仇，耐心地执行着联手蒙古、同对明朝的战略。也许，萨冈彻辰老先生极力反对的“满蒙同源论”产生和出炉于这个时候。史家们说，现今被称为满族的当时的女真人的确与蒙古有一定的血亲关系，尤其是女真海西四部之一的叶赫之主体原系蒙古的土默特人。所以，努尔哈赤抛出一个“满蒙同源论”也并不完全是凭空捏造的说辞。对此，当时的林丹可汗和后来的萨冈彻辰都是极为反感和看不起的。但这既没有影响喀尔喀、科尔沁等相邻部落与他们更多地联姻，也未能阻挡努尔哈赤的建国。努尔哈赤于一六一六年正月建立清朝前身的金国后，依然按照联手蒙古、同对明朝的战略，给林丹可汗写了意义重大的一封信。信中说：“明与朝鲜异国也，言虽殊而衣冠相类，二国尚结为同心；尔我异国也，言虽殊而服发亦相类，汝果有知识者，来书当云：皇兄征我旧日之仇国，蒙天垂佑，破其城，败其众，愿同心协力，共图有仇之明。如此不亦善乎！”应该说，这是四百多年前，一位当了皇帝的、没有太多文化的人按自身理解说出的、最接近历史真谛的一段话。当然，他对明朝与朝鲜关系的判断不包括在内。虽为近古年代的政治精英，努尔哈赤也不会知道人类世界上存在着几大生存圈，自己属于东方生存圈的这一人类生存格局。也不会知道生存圈是围绕着一个生存资源富饶的区域形成，并按照这些物资资源能够辐射的合理距离为边远点，不断反复进行以生存资源再分配为目标的向心运动的历史规律。当然也不会知道，他自己处在这个生存圈的东北边区，从祖先建立的大金王朝开始一直在为实现生存资源再分配而奋斗的行为本质。进而，也难以分析出明朝为生存资源的占有方和再分配的阻隔方，而女真与蒙古同为生存资源再分配的争取方，因此应当联起手来完成中华大地这个东方生存圈的无障碍对接，实现生存资源合理再分配这一深刻、重大的历史道理。所以，只能用：“尔我异国也，言虽殊而服发亦相类……愿同心协力，共图有仇之明。如此不亦善乎”的直感认知联盟林丹可汗。然而，同样对这一深刻而重大的历史道理没有认知的林丹可汗不仅没有积极回应努尔哈赤的这一联盟邀约，反而为表达不赞同他们崛起的态度于一六一七年几次下令科尔沁攻打了努尔哈赤属部。

领袖的职责不仅在于领路，更在于在正确的道路上领路。正当林丹可汗懵懂地拒绝努尔哈赤的联盟邀约，错过历史再次向蒙古民族伸出的列入到完成中华大地这个东方生存圈的无障碍对接，实现生存资源再分配的可能行列的机会时，明朝当政者则清楚地注意到了他派兵攻打努尔哈赤势力的心理倾向，并发现了他在这个复杂格局中的作用。于是，久久不准许与这个汗廷通贡互市的明朝就在这一年慷慨出奇地同意了林丹可汗提出的通贡互市要求。几代可汗，近百年苦苦争取而未能的通贡互市一朝被准许了。对此，林丹可汗是极为高兴和满意的。这意味着林丹可汗通过贡市贸易获取生存所需的物品，不再需要组织和动用兵力去明朝边地抢掠了。据《蒙古民族通史》说，就在这一年“明朝似乎已将广宁地区贡赋的征收之权让与林丹汗”，如是这样，林丹可汗就再也用不着为获取所需物品和所用金银而操心和辛劳了。于是，二十六岁的、正处在生命旺盛期的林丹可汗就有精力、心力和时间处理汗廷和蒙古内部的事务了。年轻气盛的林丹可汗想法很大，面对蒙古内部离心倾向日益严重的复杂现状，他想建构一个以自己为绝对中心的政治与权力的新秩序。就在为此寻找抓手时，佛教萨迦派高僧沙日巴·哈达禅·呼图克图从西藏前来拜见林丹可汗。林丹可汗在居地的察汉浩特热情隆重地接待了他。高僧沙日巴是在被称为红教的佛教萨迦派在与有蒙古右翼力量支持的被称为黄教的格鲁派的争斗将趋激烈时，来找林丹可汗的。他们知道林丹汗所在的左翼蒙古与阿勒坦汗打造的右翼多有隔阂，所以，在右翼支持黄教的情况下，到左翼寻求支持来了。这样，来者造诣高深是可想而知的。但是不知道这位高僧究竟修炼了怎样一个超然的法术，一经宣传和演示完全折服了林丹汗。林丹可汗觉得，眼前这个僧人和他所推广的宗教远比现有的这个宗教法力高深，可以靠它无边的法力构建起自己所希望的新秩序。于是，当即决定改信红教，封沙日巴为国师，并接受深奥密乘灌顶。大获成功的沙日巴，为表达感激，更是为提高自己在林丹心目中的地位，又亲到五台山取来忽必烈时用千金铸成的释迦牟尼法像，供在林丹可汗专门建造的金顶白庙之中。

然而，出乎意料的是红教的那个令林丹可汗深深折服的法术，不仅未能帮助林丹可汗立即收复被黄教占去的心灵失地，还在客观上使他变成了自绝于所属黄教信众的异教徒。据《北元史》说："林丹可汗改信红教后，极大地影响了他从前的形象和声誉。信奉黄教的漠北喀尔喀、鄂尔多斯、土默特万户的汗、济农、诺延、台吉，与林丹可汗逐渐疏远。影响较大的迈达哩·呼图克图（封林丹为呼图克图汗的那个喇嘛）也与林丹发生了分歧，久居漠北喀尔喀不回来了，不再同情和支持林丹可汗了。"由此看出，林丹可汗构建新秩序的努力一开始就失败了。

如果说，这对林丹可汗是第一个出乎意料的话，第二个出乎意料就是努尔哈赤初攻明朝的胜利。建国并不是女真人奋发崛起的目标终点，而只是按着历史指向继续前行的一个站点，所以努尔哈赤于一六一八年向占拥生存资源的明朝发动了进攻。发起进攻的目标是他们进出明境的战略要地——抚顺。抚顺之战打得很精彩，努尔哈赤一举取得了胜利。紧接着又一个出乎林丹可汗意料的事情也发生了。一向鄙视林丹可汗的明朝一反常态地连续派来使臣要求两朝友好相处，并鉴于明朝与努尔哈赤干戈期间，明蒙边地安然无事的局面，明朝还决定每年给林丹可汗一千两白银。在这些出乎意料的事情一个接一个发生的过程中，眼花缭乱的林丹可汗却一步步与自己应该扮演的历史角色、应负的历史责任拉开了距离，而越来越向它的反面走了过去。他向历史角色的反方向迈出的一大步就是在努尔哈赤与明朝开打的铁岭战役期间。一六一九年打响的铁岭之战是努尔哈赤向生存资源占有方推进的又一场战役。因明朝在铁岭的军力不强，守卫毫无胜算，所以明朝请求林丹可汗派兵支援。屡得明朝好处的林丹可汗不好意思拒绝，就派仍然听命于他的内喀尔喀、科尔沁部万余人的力量前去支援。不料大败不说，着实把自己向历史角色的反方向猛推了一步。就在林丹可汗离自己应该的历史角色越来越远的时候，努尔哈赤向西南推进的脚步开始震动林丹可汗坐收税利的明朝广宁地区。于是，不无警惕的林丹可汗就给努尔哈赤写了具有分水岭性质的一封信。

信中写道："统四十万众蒙古国主巴图鲁成吉思汗，问水滨三万人满洲国主英明皇帝安宁无恙也？明与吾二国仇雠也，闻自戊午年来，汝数苦明国，今年夏，吾已亲往广宁，招抚其城，取其贡赋，倘汝兵往广宁，吾将牵制汝。吾二人非素有衅端也，但以吾服之城，为汝所得，吾名安在？若不从吾言，则吾二人是非，天必鉴之。……”不难看出，这是一封傲气横溢的信，信中明确要求努尔哈赤不要进攻广宁，如进攻则就要予以回击。这样一来，在历史出现拐点的复杂现场里，林丹可汗既未能认清女真人崛起现象的历史本质，也未能准确理解自己所属的历史角色，更是没有按应该的历史角色集结到再一次完成中华大地无障碍对接的队伍之中，而是为保住在广宁的利益，明确地站到明朝一方，使自己变成了明朝利益的马背护墙。

也许，萨冈彻辰老先生倾听到了这样一些错乱的脚步声，所以才发出了“五百年的灾难时代已经来临”的哀叹。的确，信中表达的内容，不仅成了林丹可汗历史角色的分水岭，也成了他人生事业从奋发走向败落的分水岭！

在复杂多变的历史关头，统帅的选择就是属民行动的方向。可不幸的是，林丹可汗的属民在他改信红教的时候没有跟随他改教，这次与努尔哈赤划清界限的时候，也没有给予积极的响应。同时，努尔哈赤也没有因林丹可汗的敌对化抉择减少或断绝与林丹所属各部的来往和联姻。在长远利益的心理暗示和现实利益的直接作用下，内喀尔喀、科尔沁一些属部仍然与努尔哈赤建立着联姻或联盟的关系。林丹可汗对这一现象也没有进行深入的分析，而加快了成为明朝挡墙的步伐。就在努尔哈赤向沈阳发起进攻的前一年，即一六二〇年，明朝为让林丹可汗帮助抵御进攻，主动将每年的酬金提高到“万六千金”，后又按林丹可汗的要求提高到了“万八千金”。然而，尽管有了林丹可汗对明朝的帮助，努尔哈赤还是于一六二一年的三月不仅仅取沈阳、辽阳等城，还把明朝辽河以东大小七十余城的地块并入了自己的统治之下。这样，林丹可汗坐收税利的广宁地区就变成了努尔哈赤向明朝再推进时必经的地方。

辽河以东的广大地区变成努尔哈赤与明朝争夺天下的基地之后，战略上一直沉睡的明朝突然醒了一次。为了收复辽东失地，明朝调整和部署人员和兵力，想在林丹可汗的支援下，开展一次大规模的攻势。不料，指挥不当，调度混乱，最后无果而终了。于是，明朝又回到沉睡的状态，不再考虑以自己的力量解决问题，而是认为林丹可汗能够抵御努尔哈赤的推进，就以提高年赏的方式，把守护王朝东北大门的重任巧妙地转交给了林丹可汗。

林丹可汗似乎也意识到了这一点。但到这个时候，仍与他维持着从属关系的喀尔喀五部已与努尔哈赤建立了“合盟并力，与明修怨”的关系，科尔沁部与努尔哈赤的相互嫁娶更加频繁和扩延。这对决意要和努尔哈赤对垒的林丹可汗来说是个必须深思的问题。属民们为什么从属他的同时，还要和女真人建立这样的关系呢？为什么在明确拒绝了联盟邀约的前提下，努尔哈赤还要厚着脸皮地与蒙古建立广泛的关系呢？它的背后是不是隐藏着一个历史的必然？遗憾的是，已过而立之年的林丹可汗没有进行这样的反思，而是简单地采取了怪罪于他人的处理方法。他首先怪罪和指责掌管左翼三万户的锡尔呼纳克·杜楞洪台吉管束不力，甚至怀疑他与努尔哈赤暗中有联系，并准备对他采取必要的措施。就此，一六二二年，锡尔呼纳克·杜楞洪台吉与林丹可汗发生分歧，便率所属和追随的三千多户百姓，投奔并归顺了努尔哈赤。

林丹可汗的噩梦就此开始了。紧接着，他不考虑喀尔喀、科尔沁已与努尔哈赤建立了较为广泛的联盟、联姻关系的客观现实和合理妥善的解决办法，又粗暴强行地下达了“内喀尔喀、科尔沁，不得与后金使臣擅自往来。一经发现，定要兴师问罪”的命令。接着，他又不顾属部的感受，强行索取了科尔沁奥巴洪台吉心爱的坐骑。据史料说，奥巴洪台吉这匹叫“杭爱”的骏马远近闻名，努尔哈赤也曾非常羡慕，想用十副铠甲交换，但奥巴没有给他。科尔沁另一位叫乌克善的台吉有一只能横捕飞鸟的鹰，林丹可汗又派人索取。乌克善爱不释手，但奥巴硬是劝他把鹰献给了林丹可汗。很显然，科尔沁首领奥巴在两难的境地中，很想保持和维护与林丹可汗的从属关系。而与奥巴的态度不同，乌珠穆沁部和苏尼特部的台吉、济农们无法认同林丹可汗之后，干脆选择了一走了之的办法，纷纷投奔已与林丹可汗断了关系的漠北喀尔喀车臣汗部去了。又接着，叔叔岱青台吉与林丹可汗产生分歧，带着部属和家人进入科尔沁境内，请求科尔沁给予保护。两难之中的科尔沁出于道义提供了保护。林丹可汗又不依不饶地派兵追讨，还斩杀了前来阻止的六名台吉。

当林丹可汗一步步向噩梦深处滑去时，一向被他蔑视的努尔哈赤于一六二五年把后金的首都从赫图阿拉迁到了如今的沈阳，已形成了向明朝境地纵深推进的态势。但势力渐衰的林丹可汗仍没有对自己的历史角色进行审视，还执着地进行着收拾属部，为守住明朝东北门户而努力着。由于科尔沁部不仅庇护岱青台吉，还不断和努尔哈赤发展联姻关系，恼怒不已的林丹可汗于一六二五年十一月派出军队讨伐科尔沁。当时，科尔沁的大本营在嫩江流域的格勒珠尔根城，得到林丹可汗战刀砍来的情报，科尔沁部急忙派人向努尔哈赤求援。努尔哈赤毫不迟疑，即派儿子莽古尔泰等率五千精骑前来救援。见有援兵，林丹可汗军队认为形势不利，便撤兵回去了。讨伐的军队撤走了，但讨伐的效果并没有就此结束。事后，已无路可去的科尔沁部元老们派大首领明安的儿子奥巴前往被称为盛京的沈阳，感谢努尔哈赤在危难时的救助。努尔哈赤亲自出城十五里迎接，并将侄孙女嫁奥巴为妻，还刑白马黑牛，祭告天地，与奥巴结成了“若渝盟忘恩，仍与察哈尔、喀尔喀相和者，天降以灾殃”的联盟。这样，林丹可汗的兴兵讨伐将强大的科尔沁一脚踢给了努尔哈赤，同时也把他们懵懂地推向了不该的历史角色，使科尔沁站到了统一生存圈版图的行列之中。

林丹可汗的噩梦还在继续。于一六二六年，努尔哈赤见林丹可汗已无力看护属部，便用武力将喀尔喀之巴林部收到了自己的麾下，林丹可汗又怪罪其盟主、内喀尔喀之乌齐叶特首领炒花，并怀疑他也有通敌之嫌，不仅兴兵问罪，还吞并了他们，导致他们或向努尔哈赤或向明朝慌乱地投奔而去。

尽管这样，努尔哈赤还是不想和林丹可汗直接交锋。于是，他于一六二六年避开林丹可汗坐收税利的广宁地区，想从明朝战略要地宁远打开纵深推进的缺口，亲率大军打响了进攻宁远的战役。但不幸的是，他遇到了袁崇焕，并被其火炮击中受伤，不久不治而归天。努尔哈赤西去后由他的儿子皇太极继位。与父亲相比，皇太极有过之而无不及。从努尔哈赤之死，皇太极明确地认识到避开林丹可汗进攻明朝是不明智的。于是，他在父亲打下的基础上继续用软硬兼施的办法，从林丹可汗麾下挖走了内喀尔喀五部，使林丹可汗只剩了直属的一个察哈尔部。到了这时，明朝仍寄希望于林丹可汗，声称将年赏“增至三十六万两”。但此时的林丹可汗已经无力扮演挡墙的角色了。就在这时，林丹可汗直属察哈尔部的乌珠穆沁、苏尼特、阿巴嘎、浩齐特等分部也纷纷离开林丹可汗，逃到漠北喀尔喀去了。于是，林丹可汗深感形势不妙，便放弃担当挡墙的角色，率领余部迈开了向西进行战略转移的步伐。

然而，这是一条噩梦愈加的转移之路。虽然说，在西部广袤的草原上还有不少人多势众的蒙古部落，比如，阿勒坦汗曾经打造的土默特、鄂尔多斯等右翼三万户。可是，这时的他们已与大可汗汗廷脱节已久，各自都形成了单独运作的权力体系，所以会很难接受风雨般突然而至的林丹可汗这个政权。果不其然，林丹可汗向本为属地的西部转移，却变成了一步一战的悲壮征程。还好，林丹可汗所率人马战斗力较强，在一六二七、一六二八两年间的转移过程中接连打败了哈喇慎部、土默特万户和由哈喇慎、兀良哈、土默特、鄂尔多斯、永谢布、喀尔喀等部首领和台吉们十万大军的联合进攻，在宣府、大同以北的广袤地区站稳了脚跟。如无新的变数，就可以在此休养生息了。可是，决定要推倒林丹可汗这道明朝马背挡墙的皇太极，尾随在林丹可汗的后面，用满蒙联军的力量，不断发动削弱性的攻势。因长途转移，还和内外势力反复打仗，到一六二九年时，林丹可汗出现了兵饷不足的问题。于是，他率部到明朝边关，要求提高岁赏，后遭拒绝而进行了发泄性的抢掠。由此，明朝以“市赏日坏，国库空虚”为由，停止了对林丹可汗的市赏。很显然，这时的明朝已清楚地看到，江河日下的林丹可汗已经无力担当明朝门户的马背挡墙了！

一切都向着反方向发展去了。鉴于明朝断供，皇太极又追击不舍的严峻形势，已无法回归本来历史角色的林丹可汗只好继续进行失去意义的向西再转移。一六三二年，皇太极组织对林丹可汗的又一次进攻。得到情报后，林丹可汗率部渡过黄河，移动成吉思汗八白室陵寝，带上萨冈彻辰在内的鄂尔多斯万户部分民众，一路向西，转移到了青海大草滩，准备以红教支持者的身份，联合同为红教支持者的藏巴汗，以图全新长久的生存与再发展……

第八章 倾听者的用心之谜

一

其实，读书也是需要一些艺术的。看史书、读小说时，我们往往被一个历史事件或人物命运所吸引，并为找到一个结果或结局而急不可待地翻阅下去。这一次，我没有这样去做，而是读完记述林丹可汗匆匆转移到青海大草滩的文字后，就合上案头摆放的所有书籍，看电视去了。可是，越这样，心里的牵挂越强烈，越急着要知道接下来怎么样了。但是我硬坚持着那天晚上没有去翻开藏着答案的那些书。

也许，我有些对难以接受的结果本能的躲闪。因为，从林丹可汗对宗教的轻率随意，对历史角色的辨识不清，对内外事务的智慧缺乏，我也大致揣摸到了他在异地别乡的可能结果。但作品还是需要往下写，不管怎样一个结果都需要呈现给读者的。所以，第二天上午，我就鼓着勇气翻开了萨冈彻辰老先生的《蒙古源流》。可是，老先生好像也有点儿顾虑，没有直接告诉我青海大草滩上究竟发生了什么，而是让我读到了这样一段文字：

林丹·把都儿台吉生于壬辰年，于甲辰年十三岁时即位，以“忽秃图合罕”之称扬名各方，从迈达哩法王、卓尼·绰儿只等人接受了精深密乘的灌顶等等，扶崇佛法。他在丁巳年二十六岁时拜见萨思迦·答察·沙日巴·忽图克图，再次接受了精深密乘的灌顶，修建了宏伟的殿宇和金刚白城，在城中修建了供奉释迦牟尼像的众多庙宇，一个夏季当中即迅速建成，寺内的众佛像也全部完工。他依着前规平均地建立了政教二道，但是由于五百年的灾难时代已经临近，散居于六大兀鲁思的达延合罕后裔、诸合罕的宗亲及众多臣民之中，违法的行为经常发生，以至于已经无法以仁政来加以统治，说来正如古时旧谚说的，“合罕一怒而政权毁，大象一怒而围栅摧”。由于合罕的明慧之心萌生愤懑，因此六大国被大清国收服，林丹合罕在位三十一年，于甲戌年遭受厄运去世，享年四十三岁。

说实话，萨冈彻辰老先生的这段文字让我很失望。虽然很智慧，很概括，也写出了最后的总结局，但并没有告诉我们林丹可汗究竟遭受怎样“厄运”而去世的历史真相。

那么，林丹可汗是遭受了怎样一个“厄运”而去世的？是在与追击而去的皇太极进行决战时战死的？还是在大举转移时发生内讧，被自己的部下所杀害？或是原在青海的蒙古势力和藏巴汗根本就不欢迎林丹可汗的到来，并趁他阵脚未稳就下了毒手呢？还或是发生了其他什么意外？

我放下《蒙古源流》，又翻开了那些研究和记述北元蒙古历史的史书资料。谢天谢地，这次的寻找没有让我花费太多的时间和精力，我很快发现所有研究林丹可汗最后行迹的文章都毫无二致地写着他遭受“厄运”而去世的历史真相。

原来事情是这样的：经过紧张、忙乱和长距离的转移，到达青海大草滩后，林丹可汗因疲劳过度，免疫力下降，突患天花病，于一六三四年不治去世！

真是想象不到啊，如今除了医生以外的人们连其名称都忘了的这个病，在人类的能力还很低的那个年代，竟眼巴巴地夺走了正处在四十三岁强壮时期的蒙古可汗的生命。刚才，或者是说在那个岁月，还满怀着抱负和生存的希望来到青海大草滩，让我们猜测着将有动作的林丹可汗，就这样变成了过去式的存在。这还不算，他的这一去世，还结束了蒙古一直以来的汗位继续，更是把成吉思汗于一二〇六年创立的、延续了四百多年的、让人类世界深深感叹的帝国事业，也瞬间变成了过去式的存在！

啊，这一定是历史车轮滚滚向前的必然结果吗？

或是，人的智慧所不能及的后果？

还是……

二

过去的事情总让我们怀着问号面对。这不是因为历史需要我们，而是因为生存者需要它。这就有点像胡夫不需要知道如今的埃及人都在干什么，李世民不需要知道唐朝最后怎样了，成吉思汗也不需要知道如今的蒙古人是什么情况，而是作为后人的我们需要知道他们，以便认知自己的历史由来一样。正如这样，大元王朝盛衰一路的历史已经不在乎我们知不知道它，而是生活在历史现场的我们，需要从它的成败得失中找到光荣与骄傲，找到自豪与沮丧，更是需要找到历史的指向、生活的走向和变幻之中应有的一些定力。

然而，这一切的前提是要有一部可供阅读、认知和分析的历史记录。对有些民族来说，这并不是什么问题，而对记录匮乏的我们蒙古族来说就有些难说了。就像我这次的内容穿越，如果没有萨冈彻辰老先生和他的《蒙古源流》恐怕是难以成行的。

是啊，如果没有那次无意中的偷听，我就不可能走进萨冈彻辰老先生，不可能走进他所倾听写就的这个内容的世界。他所留下的这个内容的世界，让我好奇地穿越了从宇宙的形成、人祖的出现到善恶定型的幻妙说法，更是让我怀着敬意和渴望，行走一遍蒙古祖先激情悲壮、坎坷曲折的历史之路，更是让我深深地领会了大元王朝从帝国巅峰一步步滑落到历史平地的缘由真相……

我越是这样总结和归纳这段时间以来的阅读和倾听，越发感到萨冈彻辰老先生是那样的可敬、可佩，是那样的伟岸高大，是那样值得感激和崇拜。就这样，我坐在翻阅过的史书资料和放在上面的那本《蒙古源流》前面，在极尽所能地评价和感悟着萨冈彻辰老先生对蒙古历史，尤其对北元蒙古史的重要意义与绝对价值时，有一个巨大的问号突然出现在脑海里。

可不是吗，按着常规和惯例，一部可靠、可信的史书应该是由官方编修的。目的是，为一个王朝或一个民族的一段过往做个总结，让它的后人过一个有记忆和尊严的生活，以完成对过往历史的责任。可是，林丹可汗病故青海大草滩，其政权被皇太极终结后，无论是清朝官方，还是接下来的蒙古有关方面都没有承担起这个责任。而是，与官方毫不相干的一个叫萨冈彻辰的人却承担起了这份本不属于他的如同山重的责任。我们都知道，责任是某一社会角色或生存岗位带给当事者的行为自觉。那么，既不是北元政权里的文史官员，更不是清朝衙署史志编修者的萨冈彻辰先生怎么就有了这样的责任自觉？他的这种责任自觉究竟来自哪里？是什么，在那个纷乱的年代使他有了为一个民族承担起责任的这份自觉？

说起来，这也是困惑我已久的一个命题。我坚定地认为，一个人从凡人到伟人、名人的一大桥梁就是责任自觉。责任自觉就像一艘渡轮，能把一个人从凡人的此岸运送到伟人、名人的彼岸。遗憾的是，在我读过的很多传记作品里只看到传主出生入死的奋斗，而看不到驱使他们奋斗不息的根本动力——责任自觉形成的过程和原因。这样，我们只能按“天降大任于斯人也”的天命观来认识伟人和名人了。难道，责任自觉这个东西是一个绝对的隐秘存在？难道我们也绝对观察不出它形成的过程和原因？我看应该不是，只要我们认真细致地去观察就应该找到它发芽、成长和壮大的清晰脚步。所以，我想就以萨冈彻辰老先生为例，探寻一下他责任自觉形成的轨迹和过程。

在我读过的传记作品里，对传主出生环境和出生年代的介绍是无所不有的一段文字。那么，出生环境和出生年代究竟与一个人责任自觉的形成有着什么样的关系呢？史料说，萨冈彻辰老先生于公元一六〇四年出生在今鄂尔多斯市乌审旗一个叫也克·失别儿的地方。这个地方位于“河套人”化石出土的萨拉乌苏河之南，据说曾经是水草肥美的牧营地。现在，这个地方已被农作物占领，玉米、谷子等节节长高的浪涛已经代替了昔日“风吹草低见牛羊”的景色。在农田的拥挤中，有一座寺庙淡定地占据着自己的领地，挺立在那里，不断用钟声和诵经声，宣示着自己的存在。这座香火仍在延续的寺院就是萨冈彻辰老先生的家庙。能有家庙的人家肯定不是一般的家族。是的，萨冈彻辰老先生的父亲巴图就是在那时的鄂尔多斯万户里享有达尔罕·皇台吉称号的高层达人。他的曾祖父就是阿勒坦汗腾达之时，曾任北元蒙古大可汗廷内阁成员之一，为阿勒坦汗推荐黄教并促使他迎请的那位忽图克台·彻辰·洪台吉。而这个人就是北元蒙古中兴可汗巴图蒙克家门后人。往上再追溯，他们的根祖就是成吉思汗、忽必烈的黄金家族了。据后人讲，萨冈彻辰老先生的父亲是个勇武善战的人，当年随鄂尔多斯万户与宁夏明军作战时，年仅十三岁的他就活捉一人，因此被授予达尔罕·巴图儿的英雄称号。后又多立战功，颇受重用，在鄂尔多斯万户的管理体系里参与执事。这在当时的境况中，应该是一个高贵、富有的家庭了。对一个生命来说，出生在这样的家庭里是幸运的。他能够受到的呵护，所能得到的滋养和方方面面的宠爱肯定是足够和到位的。但我们可以肯定的是，这些现成的环境条件，不可能作用于后天的理想和责任自觉的形成。萨冈彻辰老先生也不例外。由此，可以看出，作家们对传主出生环境、出生年代的介绍仅仅是为给传主做一个地理定位和时间定位而已。

成长是生命的必然过程，但对成长的管理是人类不同于其他生命的一大特点。我们虽然可以用进化论来认识生命现象的演化、发展和对生存环境的适应能力。但这是缓慢的、无意识的、被动的，更是没有成长管理的。否则，非洲水牛早就培育出了拒绝狮子食用其肉体的能力，小小的土拨鼠也早就有了谢绝蛇类吞食的技能。然而，人类不同于其他的生命现象，他不仅有与物种一样的进化能力，更有对生命的成长过程进行干预和管理的能力。所以，当年走出东非森林的时候还不知道地球是圆的人类，现在已经飞向了太空，飞向了另外的星球。毫不夸张地说，这就是人类对生命的成长进行干预和管理的结果。这个干预和管理，就是我们对下一代的教育。通过教育，人类能够把丰富的生存经验、高超的智慧积累不断地移交给一代又一代的后人，使他们更有能力应对生存中的一切困难。与其他民族一样，蒙古民族也非常重视对下一代的教育。当孩子成长到六七岁，初步具备接受抽象化事物的能力之时，就开始给孩子移交各方面的知识。据说，萨冈彻辰老先生是从七岁那年开始读书写字的。据老先生的后人讲，由于当时的社会不能提供如今这般集体学习的条件，年幼时的萨冈彻辰老先生是从专请的家庭教师那里开始接受教育的。他的课程中，不仅有蒙古文，还有藏文和汉文。

我想，萨冈彻辰老先生开始学习的这些内容是可信的。因为，老先生当时的居家位于鄂尔多斯万户领地的西南，比邻明朝延绥边地，不论是敌对方式的交往，还是民间私下的往来，都需要懂得一些汉语言文字，所以萨冈彻辰老先生曾有汉文功课是必要的。而藏文则是老先生家门荣耀所在，所以是必修的。因为，老先生的曾祖父忽图克台·彻辰不仅是以蒙古汗廷内阁成员的身份，更是以在迎请黄教过程中的传奇故事和特殊贡献，深受右翼蒙古普遍的敬重和爱戴。在《蒙古源流》中，老先生用三个事例介绍了曾祖父忽图克台·彻辰的神奇、非凡和高贵。

据老先生记述，曾祖父忽图克台·彻辰是一个天命非凡的人。说：

忽图克台·彻辰二十七岁那一年出兵吐蕃，在叫失里木只的三河汇流之处扎营，向大卜儿萨喇嘛、禅些喇嘛、打儿汉喇嘛以及兀松答儿·蛇进、安坛·蛇进等人遣使说：“如果你们投降，我们愿意奉行佛法；如果不归降，我们就进攻！”那些人非常害怕，商议怎么办。三天过后，忽图克台·彻辰的两个弟弟说：“这样等下去怎么得了？现在就进攻吧！”哥哥忽图克台·彻辰说：“明天太阳升起来的时候，将会有三个喇嘛前来，其中坐在中间的一位喇嘛会同我认真交谈。暂且等等他们。”果然，第二天来了三个喇嘛，中间那位称为打儿汉喇嘛的，在与忽图克台·彻辰交谈之间，忽图克台·彻辰问他：“您的亲族当中有名叫瓦只剌·土麦的一位贤智的桑哈思巴喇嘛吗？”打儿汉喇嘛说：“没有那样一个人。”忽图克台·彻辰说：“现在你们回去带属从前来归降，我们不会加害你们。”这样，那三个喇嘛回去了。第二天，那个叫瓦只喇·土麦·桑哈思巴的人正在放牧，一个身骑老虎、眼皮和胡须向外冒火的人追赶过来，他刚要进家，那个人就不见了。他把事情缘由讲给众人听，他的叔叔打儿汉喇嘛说：“昨天那位忽图克台·彻辰那颜似乎不是凡人，大概是他稍微显示了一下神灵了吧？这可逃脱不成了。现在你要和我们一起前去。”说完便带着他前去。到达后，瓦只喇·土麦·桑哈思巴一见忽图克台·彻辰就发现那个骑虎的人就是他，于是赶紧上前拜见。忽图克台·彻辰就像老相识似的说：“哎，桑哈思巴！你为什么要躲着我呢？如果不是你变作白凤飞去，我本会把你捉住的。”其叔叔打儿汉喇嘛说：“我不是已经说过的吗？”这样，忽图克台·彻辰收聚起了三河地区的吐蕃人众。

这是一则神秘气息十足的小故事。在已经讲过的历史故事中，忽图克台·彻辰是有过西征吐蕃的经历的。据史家们说，那应该是公元一五六六年左右的事情，忽图克台·彻辰可能是遵着阿勒坦汗或鄂尔多斯万户的指令出征吐蕃的。忽图克台·彻辰的这次出征，一直被视为是蒙古第二次引进黄教的先声。所以，出征一说是存在的，只是不知道那般神奇的事情发生过没有。但萨冈彻辰老先生是坚信不疑，还用下一个事例来佐证曾祖父的非凡神奇。

那就是，就在当年，阿勒坦汗为了引进黄教前往青海与三世达赖喇嘛会面。会面时，忽图克台·彻辰也在座。达赖喇嘛夸赞一番阿勒坦汗之后，转而对忽图克台·彻辰说："这位彻辰·洪台吉，昔日我们在佛祖释迦牟尼时代，生为摩揭陀国之主可足占·宁卜王，做了佛教的施主。他的弟弟七成·歹成，与他同时做了拘萨罗国之主萨里监王。"这样，从轮回说的角度，又一次强化证实了忽图克台·彻辰非凡的身世。

这样一个神奇非凡的人定会受到佛教界的厚待。据萨冈彻辰老先生记述，一五八五年时，三世达赖喇嘛来蒙古哈剌慎等部讲经。那时，忽图克台·彻辰刚好去世。赛罕、囊速、瓦只剌、土麦、古英、国师等前去送葬。达赖喇嘛深为叹悼，说："他追寻菩提之道而去，你们不要悲愁。倒是你们为什么放弃自身的福分，把可惜的一袋舍利子等奇妙的神物扔进地里呢？"说完，为获希望之道的祝愿，奠定了怙主法缘的根基。

忽图克台·彻辰就以这样的非凡神奇，奠定了自己家族在鄂尔多斯万户中的特殊地位。在黄教已经盛行、佛缘已成崇高时尚的那个年代，要想延续家族的荣耀，学习藏文是必需的选择。所以，萨冈彻辰老先生七岁就开始学习蒙汉藏文的说法是可信的。正因为这个家族努力向后人延续了荣耀，所以，当萨冈彻辰老先生十一岁时，鄂尔多斯万户府就授予了他"彻辰·洪台吉"称号。授予的理由为，他是"六万户中首行佛教之人的后代"。

我们现在不是十分清楚"彻辰·洪台吉"这个称号在当时究竟有怎样的社会地位、政治权力和经济待遇，但至少可以理解成高贵身份的象征和培养对象的标识。同时，也标志着七岁开始读书的萨冈彻辰老先生到十一岁时已被拽到了成人社会的门口。尽管这样，对一个处在童年时期的孩子来说，授课和授予称号等都是外来的、强加的，而吃着、喝着、玩耍着，一步步走出懵懂才是生命本有的表现。所以，人生的这个时期与后来重大责任自觉的形成并无直接的关系。萨冈彻辰老先生也毫不例外。

三

责任是人对相关社会角色的对应行为，而责任自觉是人对这一角色行为的自觉意识，重大的责任自觉则往往是超乎角色所限的，自动认领宏大历史重任的心灵担当。从责任的出现到责任自觉的产生，再到重大责任自觉的形成，是不是一条与成长相伴的必然之路？我们暂且难以定说。至少，我们未能从萨冈彻辰老先生的童年生活中找到蛛丝马迹的关联。那么，从童年生活步入成人社会后情况又会怎样的呢？我们继续随着萨冈彻辰老先生的成长脚步进行观察。

资料显示，萨冈彻辰老先生十七岁时被召进入了鄂尔多斯万户首领博硕克图济农的臣僚体系，开始担任官场角色。老先生进入社会的这一年是公元一六二〇年。这个年代是北元蒙古迅速衰败的混乱时期。在东部，林丹可汗对历史角色的错误把握，迅速导致了汗廷统治的衰落。由于林丹可汗改信红教，鄂尔多斯万户已与他们停止来往两年。在右翼三万户，情况也与以往不能同日而语。阿勒坦汗去世后，其子孙在夫人三娘子的参与下，围绕汗位承袭问题发生激烈的内讧，导致土默特万户势力迅速衰落，到一六二〇年这个时候已基本丧失了右翼三万户中的盟主地位。内讧又影响和破坏了他们与明朝间的贡市贸易，导致各万户难以按需获取生存物品。于是，各万户中又开始出现了以劫掠弥补不足的现象。早在萨冈彻辰老先生被召进臣僚体系前的一五九四年，鄂尔多斯万户领主博硕克图就曾率兵劫掠延绥地区，并有“大掠而还”的记载。

就在蒙古右翼三万户与明朝的关系晴转风雨的这个时候，十七岁的萨冈彻辰老先生便被召进了风云多变的历史现场。在那个臣僚体系中，萨冈彻辰究竟担任了什么角色至今没有任何说法。不过，一六二一年发生在鄂尔多斯万户与明朝榆林官府之间的一大惨案，让我们可以窥见一些萨冈彻辰老先生当年的角色活动。

据史料显示，于一六二一年，鄂尔多斯万户领主博硕克图济农派出六十人的代表团，到榆林城与明朝谈判建立友好关系事宜。不过谈判不仅未成，六十名代表反而被榆林总兵杜文焕全部杀害了。带着善意去的几十个人为何遭到全部的杀害？其原因，我们不得而知。各方面的史料也讳莫如深地没有加以记述。不过，这对尚还兵强马壮的鄂尔多斯万户来说，绝对是个无法接受的打击。据《北元史》记述："鄂尔多斯济农震怒，召集鄂尔多斯万户之大小诺延（官员）、臣宰共同商议，遂率骑兵十万，从榆林城西之乌兰柴扎之地，进逼延安城，扬言必缚杜文焕。围困三日时城中为首之官员七人献书：'容俺与侍郎、都堂等共议，请解围退兵。'济农准其请，退兵到保安（今志丹县）时，宁夏、榆林二城总兵以两万兵来攻。鄂尔多斯万户特古尔格之莽古斯、楚克固尔诺谚之长子博克班洪台吉单骑被截入其阵，乘马中炮而倒，即将被俘时，挥刀斩其来犯者而出。这时，拉玛扎布·塔布囊、额尔克·塔布囊兄弟二人，伯尔克宰桑、博罗特·哈丹先锋等四将一同杀入，至其营中取博克班洪台吉之马辔而出。而后围其阵，夜围而宿。及天未明时明军突围逃去，于是大加俘获，振旅而还。"

这是一场虽为局部，但较为激烈的复仇之战。在这场战事中，十七岁的萨冈彻辰老先生虽然没有成为杀敌英雄，但可能在其他方面表现出众，在接下来的事情中就受到了万户领主的重用。

可能是迫于军事压力，明朝榆林方面随后就提出了谈判的建议。博硕克图济农也意识到谈判是解决问题的最好途径，于是组织精明强干的六人代表团前往谈判。十七岁时的萨冈彻辰老先生就名列其中。谈判结果令人满意，明朝榆林方面答应为枉杀六十人代表而每年给博硕克图济农精银三千两，每月二百五十两；另外，给被杀者家属精银十两，以抚恤；还给办理政事之大臣另外赏赉。

在惯以干戈说话的那个年代，能够谈判出这样的结果实属不易。为此，鄂尔多斯万户上上下下颇为满意，领主博硕克图济农更是赞许有加。谈判中，十七岁的萨冈彻辰老先生可能是表现不俗，为表彰其贡献，博硕克图济农特意给了他一匹骏马作奖励。一六二四年，风云一时的博硕克图济农去世，萨冈彻辰被器重的好运并没有因此结束，还受命主持了他的安葬仪式。因时局动荡，袭位事宜被耽搁两年。一六二六年时，博硕克图济农长子色楞·额尔德尼继济农位时，二十二岁的萨冈彻辰又以“先前有德之人后裔”的身份，主持了继位仪式并宣读了诏书。但色楞·额尔德尼福分极浅，继位仅一年便去世了。接着其弟额璘臣袭即济农位，二十三岁的萨冈彻辰又一次以“先前有德之人后裔”的身份，主持了新济农的继位仪式。

从十七岁到二十三岁，是萨冈彻辰老先生人生经历中最为顺达、舒畅的一段时间。在这个时间段里，他从一个贵族家庭的少爷一步步走进了鄂尔多斯万户臣僚体系的中心地带，成了万户领主倚重的贤德之才。同时，这个时间段，又是萨冈彻辰老先生从被赋予某一岗位责任到基本形成责任意识的美好时光。当十六岁的萨冈彻辰刚被召入万户臣僚体系时，他是懵懂的、茫然的，没有明确的责任目标的。但是随着分配给他一定的岗位角色后，一种对应于角色使命的行为责任就会落到他的身上。不过，初始状态的这个责任是被赋予和被安排的，角色担当者只会处在认领的阶段。随着角色事务的开展，角色人会逐步领会角色事务的内容与意义，并产生做好这一本职事务的主动意愿。这就是一个人从认领责任到产生责任意识的一般过程。萨冈彻辰老先生从被召入臣僚体系到进入权力中心，一直承担的是为万户领主施政大业服务的职责。所以，他只会产生为领主之业尽心尽力的责任意识。不过，在履职的过程中，他也会产生一些万户大众的利益概念，也会从参与谈判的经历中初步产生对自己民族的袒护与热爱之情，但其责任意识不会超出领主利益的范畴。

接下来的岁月是林丹可汗的失败迅速向西蔓延的时段。懵懂放弃应有历史角色的林丹可汗在皇太极的威逼下，于一六二七年离开经略多年的蓟辽地区举部西进到了宣大以西地区。由于右翼地区各部落不承认林丹可汗宗主地位已久，他只好以武力加以征服。一六二七年、一六二八年，林丹可汗连续与土默特万户、永谢布万户激战，最终征服他们，迫使其接受了自己的统治。在这个变故中，鄂尔多斯万户新任济农额璘臣没有参加土默特万户等的抗击之战，而自动接受了林丹可汗的管制。然而，时局并没有就此稳定下来，而是发生了每况愈下的变化。一六三二年，林丹可汗得知皇太极率兵击来的消息后，率部众十万人路过鄂尔多斯向青海转移时，抢去原济农博硕克图的夫人，削掉现济农额璘臣的职位，挪动在鄂尔多斯的成吉思汗陵寝八白室，并挟持其部分人员一同西去。已近而立之年的萨冈彻辰就被裹挟在其中。

时局的这一动荡和变故，对成长中的萨冈彻辰来说，既是巨大的不幸，也是很大的幸运。不幸是，随着林丹可汗的到来，萨冈彻辰熟悉并驾轻就熟的政治生态遭到了彻底的破坏，也使他丧失了进一步走入鄂尔多斯万户权力中心的机会；庆幸的是，开阔了他被局限在鄂尔多斯万户利益层面的眼界，使他看到了在鄂尔多斯万户之上还存在一个以林丹可汗为宗主的政权体系的现状，并使他进一步感觉到了这个有权挪动成吉思汗陵寝的政权体系才是承载了历史荣辱与命运走向之代表的现实。这是萨冈彻辰老先生的民族认知从局部向整体拓展的重要时段。

萨冈彻辰、额璘臣等跟随林丹可汗的大队人马向西行进。从后来的结果，我们完全可以认定，萨冈彻辰他们是看护着成吉思汗陵寝前行的。一路上，既有专门奉侍陵寝的达尔扈特人，也有从东部的蓟辽地区行进而来的林丹可汗直属的察哈尔部人。他们一同走在去往青海的漫漫长路上。从陌生到认识，再到关注时局，关心命运，最终变成为眼前这个政权体系的成败而提心吊胆的志同道合者。一路上，他们会从东来的察哈尔人那里倾听到这个正统宗主汗廷的曲折经历和林丹可汗的许多故事。而这些听闻会给萨冈彻辰极大的震撼，使他这个书香出身的人明确地产生历史的自豪与对当下的担心。于是，更加增强了他们保护好成吉思汗陵寝的内在责任心。

不幸的是，林丹可汗的大举转移没有完成就结束了。先期到达青海大草滩的林丹可汗，还没有等后面的队伍完全到达，尤其是护送成吉思汗陵寝的人们尚还在路上的时候就突患天花病去世了。林丹可汗病逝后，他的后人和辅佐朝政的大臣们没再操作新可汗继位事宜，而是眼睁睁地解散了这个疲惫不堪的政权。于是，末日的气氛蔓延开来，人们开始四处散去。有的卷起行囊回家去了，有的投奔亲友逃命去了，有的漫无目的地流浪去了。可是，还有一些人是难以一走了之的，他们就是林丹可汗的家眷和护送成吉思汗陵寝的鄂尔多斯人以及部分察哈尔人，萨冈彻辰就是其中的一个。在这些人当中，林丹可汗的夫人和后人们必将是皇太极全力搜寻的重要对象，须做好匿避性的安置，而成吉思汗陵寝是既无法匿避、更不能随地可以安放的平常物什。于是，护送的鄂尔多斯和察哈尔人不得不面对如何是好的问题。这时，鄂尔多斯万户的新老执掌者和萨冈彻辰一起，主动与同行的察哈尔人商量，决定把维系着全体蒙古人心灵情感的成吉思汗陵寝送回原地鄂尔多斯。在末日乱象四处弥漫的那个年份，这是唯一一个具有全民族意义的非凡之举。我们很难想象他们当时的沮丧、曾经的艰辛和为之付出的一切。好在他们的孝举深合圣祖英灵的心愿，终于于一六三四年使成吉思汗陵寝回到了鄂尔多斯原地。

啊，这究竟是怎样一条往返之路呀！如果说，开始上路时他们还很懵懂，很无奈，在前往的路上因汇入宗主政权的队伍而对林丹可汗的转败为胜抱有一线希望的话，那么在踏上返回的道路时，他们却变成了无可归依的亡朝遗民了。由此，萨冈彻辰不仅走过了人生最难的一段路，更是目睹了蒙古帝国的朝代夕阳般沉沉落去的悲壮过程。这使得出身书香、有着浓厚知识分子情怀的萨冈彻辰不由得产生朝代灭亡、民族消亡的末日之感。为此，他惆怅、沮丧、茫然、无奈，又不知所措……

但生活还继续着，事情还发生着。得知林丹可汗病逝、部众溃散的消息后，皇太极即派豪格、多尔衮等率兵六万，到鄂尔多斯等地搜寻和收服散遗。多尔衮等于一六三五年四月到达鄂尔多斯，先后接受了林丹可汗后妃们和儿子额尔克·孔果尔的投降。进而又抓获了与额尔克·孔果尔来往密切的鄂尔多斯原济农额璘臣。无奈之下，额璘臣不仅请求归顺皇太极的后金政权，还交出了所收容的千余户察哈尔民众。接着，多尔衮他们又从林丹可汗的后妃处缴获了明朝先帝们苦苦追寻过的传国玉玺。于是，皇太极们以为天命已归，便于一六三六年正月举行隆重集会，改“后金”国为“清”，改女真族名称为满洲，宣布自为“皇帝”，并接受了漠南蒙古十六部四十九位首领拥戴他为国主的跪拜。“满蒙同源论”更被热情地宣扬起来。

可是，有一个人很特别，他既没有归服多尔衮，也没有跪拜皇太极，更不相信“满蒙同源论”之说。他就是萨冈彻辰老先生。自青海返回后，鄂尔多斯地区就出现了社会管理空白的状态。于是，沮丧中的萨冈彻辰就与愿意随同他的部分察哈尔人回到了位于萨拉乌苏河南岸的老家。在多尔衮等人的搜寻期间，他因地位不显赫和保密有力而庆幸地躲过了一劫。当蒙古的首领们跪拜皇太极为国主，归降的额璘臣又被清朝委任为鄂尔多斯济农的消息传来时，闲居一隅的萨冈彻辰和察哈尔人终于成了被新朝代忽略和遗忘的旧朝遗民。这时，有几种选择出现在了他们的面前：一是改弦更张，主动归顺新朝秩序，做大清王朝的忠诚子民；二是淡出新朝秩序，仍以旧朝子民的心态混迹生活；三是不做亡国奴，为美名永留而放弃生存；四是剧烈抵抗，以最壮烈的方式裁决生死。就在这样的情况下，隐匿在萨冈彻辰家里的察哈尔老臣们演出了一幕未被史料记载，但广泛流传于鄂尔多斯民间的历史微剧。说是，有一天，几位察哈尔老臣突然跪倒在萨冈彻辰面前，哀求道：“蒙古一日不可无主啊，您就做我们的可汗吧。”于是，“萨冈汗”或“额尔克·彻辰汗”这样一个奇特的称呼伴随萨冈彻辰老先生的大名流传到了如今。

民间流传的这段小典故没有说明萨冈彻辰对突如其来的这一举动的反应和态度。我想，这恰恰是萨冈彻辰老先生家人和后人拼死保密的一点。所以，在典故里永远地缺少了这一细节。但是，话又说回来，这个典故可信吗？能成为考察萨冈彻辰责任自觉形成的一个因素吗？能够使我们毫不后悔地认定它是真的吗？

就我推理而言，这是极有可能的。因为，隐匿在萨冈彻辰家里的那些察哈尔人不会是被裹挟而去的普通老百姓，而应该是林丹可汗的政权体系里承担过某种角色的一些人。这样一些人都会有着强烈的本朝意识和延续朝政的心理惯性。所以，他们一听到林丹可汗的儿子额尔克·孔果尔降服清朝的消息后，立刻感到“蒙古一日不可无主”，便演出了这幕历史的微剧。不论萨冈彻辰态度如何，反应怎么样，接受或没有接受，这绝对就是促使他涅槃重生的一个举动。

萨冈彻辰，作为书香后人，自然有着浓厚的知识分子情结，所以自然会有知识分子们特有的将自我价值与天下大事关联考量的自觉意识。从被召进入鄂尔多斯万户臣僚体系到随林丹可汗政权体系西行的参与者，再到帝国末日的亲历者，最后又沦落为无可归依的旧朝难民，在走过存亡的一路上，他一步步刷新着自己的身份认定，一步步调试着自己的责任所在，最后意识到自己的生命价值存在于民族命运之中的一大道理。就在他处在这样一个意识境界，把所有的不幸归咎于皇太极和清朝政权，又不知该去做什么才是的窘境时，几位察哈尔老臣跪倒在他面前，喊出了“蒙古一日不可无主，您就做我们的可汗吧”的哀求。尽管，这个称呼是他所不能接受的，这个称呼的责任更是他所无法履行的，但这一声哀求就把萨冈彻辰的身份认知永远地固定在了蒙古帝国的疆界里，把他尽责效力的意识永远地停留在了自己民族的名下，把他的爱和价值追求永远地维系在了已去王朝的记忆上！

但是，他能做什么呢？这是萨冈彻辰务必考虑的实际问题。可汗自然不能当，因为那个体制架构已经崩溃了；可汗的职责更不能履行，因为大清朝廷马上就会镇压。然而，有件事情是可以做的，那就是望着自己民族被清朝烟尘淹没而去的背影，写下她可能被遗忘的历史！这样，萨冈彻辰那无处安放的责任意识，终于涅槃成了重大的责任自觉。

四

观察到萨冈彻辰老先生责任自觉形成的基本过程，我着实兴奋了一阵子。我想，如果没有那样的境遇，没有那样一个责任自觉，萨冈彻辰老先生绝不可能去写整体性保存蒙古民族历史形象的、流传永世之大作《蒙古源流》的。可是，我那来之不易的兴奋很快又被新的一个疑问打消了。

是啊，一个人一旦有了责任自觉就能成就流芳千古的业绩吗？责任自觉与事业成就之间会是一条笔直的坦途吗？萨冈彻辰老先生有了那样一个责任自觉后，是不是马上就写出了这部不朽的大作？很显然，这是不可能的。

萨冈彻辰老先生需要写出的不是一部炫耀想象力的虚构作品，而是一部记录蒙古民族千年兴衰的通史性著作。这样的著作，比想象力更重要的是大量可信的历史资料、准确清晰而不间断的事件记忆及丰富深刻的各方面知识。尽管，时已三十多岁的萨冈彻辰天资聪慧，多才多艺，从小学习蒙汉藏文，也可能读过一些相关书籍，但面对这样一个浩大的写作工程，他还是缺乏必要准备的。所以，史料收集是他必须解决的首要问题。根据那个年代的社会发展情况，我们可以推断在民间不会有能够满足这一需要的收藏，即便为贵族的萨冈彻辰家里也不会有足够的收藏。至少，到这个时候，《蒙古秘史》还没有流传到他们这一层。可以说，在那个年代，在鄂尔多斯不会有通史写作所需的资料收藏。

据萨冈彻辰老先生在《蒙古源流》结尾处的记述，他所参阅的书籍共有七部。分别为，《本义必用经》《妙见花蕾史》《宣示因果本原之红册》《诸汗源流史》《照亮诸贤心扉之花坛的汉书》《法门白史》《古昔蒙古诸汗源流大黄史》。在动荡过多、安宁无几又无书籍刊行机制的那个年代，这可能就是老先生所能收集到的全部了。有人认为，这可能是老先生家里的藏书，但也不能排除老先生在家藏的基础上四处求寻而来的可能。

尽管书籍史料不很充足，但那份澎湃着的责任自觉没有给他反悔的理由，而且他也认为，以民间故事的形式流传在鄂尔多斯地区的众多历史故事也可以做些参考的。于是，萨冈彻辰就义无反顾地进入了写作前的最后一个环节——史料素材的我化阶段。对于写作者，尤其是对于史书类作品的写作者来说，这是极其重要和关键的一环。在这一环节里，写作者不仅要全面吸收素材的内容，更要在分析、判断的基础上，形成总的思路和具体的写作计划。

据学者们介绍，萨冈彻辰老先生所参阅的书籍可分为两大类。一类是关于佛教方面的，内容涉及佛教对宇宙历史的诠释、人类历史的解读、自身传播史的介绍和对印度、吐蕃、蒙古王统由来的概述等。另一类就是关于蒙古历史方面的，如《古昔蒙古诸汗源流大黄史》《诸汗源流史》等。由于这些书籍均写就于佛教传入蒙古之后，所以不仅有蒙古王统来自吐蕃的说法，也处处闪烁着佛教之说的灵光。我们无法知道，萨冈彻辰老先生用多少时间读完这些书籍的，但我们可以肯定地说，就是这些史料书籍使他形成了以佛教理念为是非判断标准，以蒙古王统吐蕃由来说为否定“满蒙同源论”依据，以汗位延续为历史主线，撰就一部蒙古编年史的思路和计划。

写作就此开始了。据专家研究和萨冈彻辰老先生后人们介绍，自此三十多年后的一六六二年一部永远照亮蒙古民族历史记忆的重要著作《蒙古源流》问世了。通常我们用“十年磨一剑”来评说一个人为一件事情所下的工夫与耐心。很显然，萨冈彻辰老先生下的是三倍于这样的功夫！由于史料匮乏，我们尚不知这三十多年老先生是如何生活的。唯一可以知道的一个变故是，他原来在萨拉乌苏河南岸的住家就在这期间搬到了当时叫作伊克·布通，今为陕西省榆林市金鸡滩镇大坟滩村这个地方。不过稍加想象，我们就会看到在清朝化程度日益加深的那个环境中，一方面坚定地保留着旧朝臣民的身份和感情，另一方面又不得不按新朝秩序打理生活的萨冈彻辰老先生举步维艰的背影。

按理说，写毕大作，萨冈彻辰老先生就完成了对自己民族的那份重大的责任。可是，老先生仍然不放心，仍然认为不将它传播开去，就等于没有写。于是，他又组织家族寺庙里的年轻喇嘛们抄写这部著作，并让他们每逢庙会都诵读它。这样，一传十，十传百，萨冈彻辰老先生的大名又以名家、文豪的形式在鄂尔多斯广泛传扬起来。

写到这里，我突然想起了开篇时所写的那则听到的故事。如果，那则故事是可信的，那一定是原来就与他关系较好、后来被清朝委任为鄂尔多斯济农的额璘臣，得知情况后，向亟须人才的大清朝廷推举了他。而朝廷也很赏识他的才干，并以某种形式传示任用。可是，怨恨于清朝的萨冈彻辰老先生不仅不顺从和接受，还大骂朝廷的种种不是。于是，被恼羞成怒的朝廷凌迟处死了。

萨冈彻辰老先生所属的哈日嘎坦部落后人们坚信这是真的，而且就发生在老先生六十五岁的一六六九那一年。尽管，在新朝秩序的建构过程中会有不少暴行产生，但朝廷对老先生的这般处置是哈日嘎坦部人们和当地百姓们无法接受和默认的。由于百姓们对清朝统治普遍心怀不满，于是老先生那用智慧和生命效忠民族和蔑视清朝的大义气节便变成了他们标榜的话题与崇拜的对象。随着时间的流逝，萨冈彻辰在民间的传说中越来越被神化，最后演化成了文殊菩萨本地化的形象。于是，不仅哈日嘎坦部落的后人祭祀他，已移居到他墓地所在地的汉民们也开始祭祀他、纪念他！

不断神化萨冈彻辰的民间文化现象，感动和开化着哈日嘎坦部后人对老先生的认识。于是，一八二一年一位叫陶兑的家族后人，请人将萨冈彻辰像与成吉思汗和忽图克台·彻辰像一同画到一块布上，并经七世达赖喇嘛开光后建起专门的寺庙，正式以神的名分祭拜起来了。这就是我在萨冈彻辰祭祀馆里看到的，让我惊愕不已、疑惑不已的那张叫作《赤面圣主像》的画作。

啊！原来是这样。我感到一种前所未有的轻松，不知不觉深深地吸了一口气。吸入肺腑和全身的这口气好像是一道无形的暗示，使我忽然想起了鄂尔多斯的那次行程，想到了偷听那个故事的情景，想起了因误解老先生而逃离现场的狼狈，想起了欠萨冈彻辰老先生的忠孝子孙拉格森布林先生及其朋友们的一句话和一个态度。是啊，拉格森布林先生不辞辛苦，领着我去萨冈彻辰故居、墓地、祭祀馆，还召集其同仁给我讲述有关萨冈彻辰的故事，又给我借阅易读版的《蒙古源流》，为的就是让我认识萨冈彻辰，了解萨冈彻辰，走进萨冈彻辰，进而写一部充分体现萨冈彻辰人格气节、体现他历史重量和文化分量的、能够引起官方与社会大众切实重视的传记作品。而我因才疏学浅险些冤枉萨冈彻辰老先生不说，还狠狠地划破了人家的书。尽管我用新书替换并寄给了拉格森布林先生，但他和他的朋友们所希望和期待的一句话和一个态度一直没有向他们表明。我想，现在可以向他们表明了，因为我已经读懂和认清了萨冈彻辰老先生的非凡和不朽！

于是，我拿起手机，给拉格森布林先生写了一个文字较多的短信，在短信的结尾处，明确地写道：

“我已读懂萨冈彻辰老先生，现在可以为他写传了！”

2016年12月于呼和浩特

附录一 萨冈彻辰大事年表

公元1604年

萨冈彻辰出生在今内蒙古鄂尔多斯市乌审旗一传奇家族。曾祖父是第二次向蒙古地区引进佛教的倡导者和推动者忽图克台·彻辰。这一年，北元蒙古最后一位大可汗——林丹可汗继位。

公元1611年（约）

萨冈彻辰以私塾的方式开始识字学习。学业功课为蒙古文、藏文、汉文。

公元1620年

萨冈彻辰被召进入鄂尔多斯万户臣僚体系，开始担任官场角色。

公元1621年

萨冈彻辰参加鄂尔多斯万户向明朝榆林总兵发动的复仇之战。因前一年明朝榆林总兵杀害鄂尔多斯万户派出的六十名谈判代表而引发该战。

公元 1622 年

萨冈彻辰作为与榆林总兵谈判代表之一，为解决双方纷争而做出积极努力，被鄂尔多斯万户赐马为赏。

公元 1624 年

风云一时的鄂尔多斯万户济农博硕克图去世，二十岁的萨冈彻辰受命主持了安葬仪式。

公元 1626 年

去世济农的儿子色楞·额尔德尼继鄂尔多斯万户济农位，萨冈彻辰又受命主持新济农继位仪式。

公元 1632 年

北元最后一任大可汗——林丹可汗在皇太极的进逼下挟持鄂尔多斯等部向青海转移。萨冈彻辰与该万户人员一起被挟持西去。

公元 1634 年

林丹可汗去世，大转移失败。萨冈彻辰与部分察哈尔老臣护送成吉思汗陵寝回鄂尔多斯安置，从此离开官场社会，回乡闲居。据鄂尔多斯民间说，就在此后不久部分察哈尔老臣跪称其为“萨冈可汗”。

公元 1635 年

开始撰写《蒙古源流》。

公元1662年

《蒙古源流》撰写完成。

公元1669年

据民间史话，萨冈彻辰于该年被清朝凌迟处死。

附录二 参考书目

1.《蒙古秘史》，特·官布扎布等译，新华出版社 2006 年出版。

2.《元史》，［明］宋濂等撰，中华书局出版社 2000 年出版。

3.《蒙古源流》，道润梯步译校，内蒙古人民出版社 1980 年出版。

4.《〈蒙古源流〉研究》，乌兰著，辽宁民族出版社 2000 年出版。

5.《蒙古源流》，萨冈彻辰著，内蒙古人民出版社 2012 年出版蒙古文版。

6.《成吉思汗八白室与鄂尔多斯人》（蒙古文版），萨·那日松著，内蒙古文化出版社 2000 年出版。

7.《风暴帝国》，倪健中主编，中国国际广播出版社 1997 年出版。

8.《北元史》，兀特日·额日德穆·巴雅尔编著，作家出版社 2012 年出版。

9.《北元史》（蒙古文版），戴鸿义、鲍音著，内蒙古文化出版社 1991 年出版。

10.《世界征服者史》，［伊朗］志费尼著，内蒙古人民出版社 1981 年出版。

11.《明代蒙古史论集》,［日］和田清著，内蒙古人民出版社 2015 年出版。

12.《蒙古大汗传略》，布林特古斯主编，内蒙古教育出版社 2007 年出版。

13.《史集》,［波斯］拉施特主编，商务印书馆 1986 年出版。

14.《蒙古族通史》，孟广耀等撰，内蒙古人民出版社 1979 年出版。

15.《蒙古民族通史》，白拉都格其等撰，内蒙古大学出版社 2002 年出版。

16.《蒙古佛教史》，乔吉编著，内蒙古人民出版社 2007 年出版。

17.《内蒙古喇嘛教史》，德勒格编著，内蒙古人民出版社 1998 年出版。

18.《伏戎纪事》,［明］高拱著，薄音湖、王雄编辑点校《明代蒙古汉籍史料汇编》第二辑，内蒙古大学出版社 2000 年出版。

19.《黄金史》，乔吉校注，内蒙古人民出版社 1999 年出版。

20.《明实录》(十五帝)，中华书局 1974 年出版。

21.《万历武功录》,［明］瞿九思著，中华书局 1962 年影印出版。

22.《皇明九边考》,［明］魏焕著，齐鲁书社 1996 年出版。

23.《中国历史地图集》，谭其骧主编，中国地图出版社 2014 年出版。

24.《纪念萨冈彻辰诞辰 400 周年文集》，包崇明等编，内蒙古人民出版社 2004 年出版。

25.《萨冈彻辰祭祀》，拉格森布仁编，内蒙古人民出版社 2004 年出版。

26.《〈转轮王俺答汗传〉研究》，敖・达日玛巴斯尔著，内蒙古人民出版社 2001 年出版。

27.《亦邻真蒙古学文集》，亦邻真著，内蒙古人民出版社 2001 年出版。

后记

说实话，这部作品是我被动接受的写作。起初，我对萨冈彻辰了解无几，也根本没有去写他的任何动机。之所以去写他，全因黄宾堂先生的一个电话。那是二〇一二年年初，《中国历史文化名人传记》工程刚启动，作家们正按公布的传主名单认领选题的时候。一天，黄宾堂先生打过来电话说："我们决定将《萨冈彻辰》这个选题交由你来写，觉得怎么样？"我对突然而至的这个邀约有些不知所措，加之对萨冈彻辰其人其书了解甚少，也知道它将涉及大量的我所陌生的元朝和北元的历史资料，便支支吾吾地说："非常感谢对我的信任，但接受起来有些困难，不过我可以给推荐一个更合适的作家人选。"黄宾堂先生可能有点不高兴，说："作家出版社不会随便去找作家的。"我深知这句话的分量，但还是犹豫和躲闪。黄宾堂先生可能感觉到了我的为难，便说："让你为自己的民族写一部作品，有必要这么为难吗？"我再也无话可说，就硬着头皮说："那就试试吧，尽最大的努力！"

所以，如果没有黄宾堂先生的那句硬话，我很有可能和这个选题失之交臂。现在，用时四年把它写完了，由衷地感谢黄宾堂兄弟！

写萨冈彻辰，无法离开的一部作品就是他所著的《蒙古源流》。用汉语写作，遇到的第一个问题就是对原著的蒙古文进行汉语翻译。严格说，这又是另外一项工程。如果去翻译，想必会用去两三年的时间，这样不仅会拖长项目完成的时间，也势必会拖整个工程的后腿。就在这时，我发现了中国社会科学院民族所研究员乌兰博士所著《〈蒙古源流〉研究》一书。该书是乌兰博士研究和汉译《蒙古源流》的经典性成果。其汉译部分既到位又精当。于是我产生了引用其成果的想法。正当我因联系不上乌兰博士而心急时，有幸与她的同事色音先生一同参与了中国作协的一项工作。得知我的想法后，色音先生表示愿意为我牵线搭桥。于是我通过色音先生向乌兰博士提交了引用译文的申请。没承想，乌兰博士也惊人地痛快和大方，不仅同意我引用，而且还希望我一定要写好萨冈彻辰这个人。所以，我从内心深处感激乌兰博士和兄弟般友好的色音先生。

一本书的写作与许多方面都有关联。为我提供基础性支持的就是萨冈彻辰后裔的拉格森布林先生。拉先生不仅放下家里的活领我拜访萨冈彻辰祖地、家庙、坟地、祭祀馆，还给我搜集提供各种资料，尤其是慷慨地提供了他多方考证，正在撰写并尚未公开的文稿《萨冈彻辰年谱》。所以，在这里，我必须说一声谢谢！

不知是萨冈彻辰老先生积的德，还是这个世界充满着好心的人，在写作这一选题的一路上，我得到了方方面面兄弟朋友的支持。对我来说，这一切是极其珍贵的，在此一并表示感谢！

特·官布扎布

2016年12月30日于呼和浩特

第一辑已出版书目

1 《逍遥游——庄子传》 王充闾 著

2 《书圣之道——王羲之传》 王兆军 著

3 《千秋词主——李煜传》 郭启宏 著

4 《草泽英雄梦——施耐庵传》 浦玉生 著

5 《戏看人间——李渔传》 杜书瀛 著

6 《心同山河——顾炎武传》 陈 益 著

7 《孤独的绝唱——八大山人传》 陈世旭 著

8 《泣血红楼——曹雪芹传》 周汝昌 著

9 《旷代大儒——纪晓岚传》 何香久 著

10 《烂漫饮冰子——梁启超传》 徐 刚 著

第二辑已出版书目

11 《忠魂正气——颜真卿传》 权海帆 著

12 《花红别样——杨万里传》 聂 冷 著

13 《感天动地——关汉卿传》 乔忠延 著

14 《西风瘦马——马致远传》 陈计中 著

15 《此心光明——王阳明传》 杨东标 著

16 《梦回汉唐——李梦阳传》 泥马度 著

17 《天崩地解——黄宗羲传》 李洁非 著

18 《幻由人生——蒲松龄传》 马瑞芳 著

19 《儒林怪杰——吴敬梓传》 刘兆林 著

20 《史志巨擘——章学诚传》 王作光 著

第三辑已出版书目

21 《千古一相——管仲传》 张国擎 著

22 《漠国明月——蔡文姬传》 郑彦英 著

23 《棠棣之殇——曹植传》 马泰泉 著

24 《梦摘彩云——刘勰传》 缪俊杰 著

25 《大医精诚——孙思邈传》 罗先明 著

26 《大唐鬼才——李贺传》 孟红梅 著

27 《政坛人风——王安石传》 毕宝魁 著

28 《长歌正气——文天祥传》 郭晓晔 著

29 《糊涂百年——郑板桥传》 忽培元 著

30 《潜龙在渊——章太炎传》 伍立杨 著

第四辑已出版书目

31 《兼爱者——墨子传》 陈为人 著

32 《天道——荀子传》刘志轩 著

33 《梦归田园——孟浩然传》曹远超 著

34 《碧霄一鹤——刘禹锡传》 程韬光 著

35 《诗剑风流——杜牧传》 张锐强 著

36 《锦瑟哀弦——李商隐传》 董乃斌 著

37 《忧乐天下——范仲淹传》 周宗奇 著

38 《通鉴载道——司马光传》 江永红 著

39 《琵琶情——高明传》 金三益 著

40 《世范人师——蔡元培传》 丁晓平 著

第五辑已出版书目

41 《真书风骨——柳公权传》 和　谷 著

42 《癫书狂画——米芾传》 王　川 著

43 《理学宗师——朱熹传》 卜　谷 著

44 《桃花庵主——唐寅传》 沙　爽 著

45 《大道正果——吴承恩传》 蔡铁鹰 著

46 《气节文章——蒋士铨传》 陶　江 著

47 《剑魂箫韵——龚自珍传》 陈歆耕 著

48 《译界奇人——林纾传》 顾　艳 著

49 《醒世先驱——严复传》 杨肇林 著

50 《搏击暗夜——鲁迅传》 陈漱渝 著

第六辑已出版书目

51 《边塞诗者——岑参传》 管士光 著

52 《戊戌悲歌——康有为传》 张　健 著

53 《天地行人——王船山传》 聂　茂 著

54 《爱是一切——冰心传》 王炳根 著

55 《花间词祖——温庭筠传》 李金山 著

56 《山之巍峨——林则徐传》 郭雪波 著

57 《问天者——张衡传》 王清淮 著

58 《一代文宗——韩愈传》 邢军纪 著

59 《梦溪妙笔——沈括传》 周山湖 著

60 《晓风残月——柳永传》 简雪庵 著

第七辑出版书目

61 《竹林悲风——嵇康传》 陈书良 著

62 《唐之诗祖——陈子昂传》 吴因易 著

63 《婉约圣手——秦观传》 刘小川 著

64 《殉道勇士——李贽传》 高志忠 著

65 《性灵山月——袁宏道传》 叶临之 著

66 《蒙古背影——萨冈彻辰传》 特·官布扎布 著

67 《千秋一叹——金圣叹传》 陈 飞 著

68 《随园流韵——袁枚传》 袁杰伟 著

69 《女神之光——郭沫若传》 李 斌 著

70 《自清芙蓉——朱自清传》 叶 炜 著

图书在版编目（CIP）数据

蒙古背影：萨冈彻辰传 / 特·官布扎布 著. -- 北京：作家出版社，2018.9
（中国历史文化名人传丛书）
ISBN 978-7-5063-9759-9

Ⅰ.①蒙… Ⅱ.①特… Ⅲ.①萨冈彻辰－传记 Ⅳ.①K828.712

中国版本图书馆CIP数据核字（2017）第262456号

蒙古背影——萨冈彻辰传

作　　者：特·官布扎布
传主画像：高　莽
责任编辑：史佳丽
书籍设计：刘晓翔+韩湛宁
责任印制：李卫东　李大庆
出版发行：作家出版社
社　　址：北京农展馆南里10号　　**邮　　编**：100125
电话传真：86-10-65930756（出版发行部）
86-10-65004079（总编室）
86-10-65015116（邮购部）
E-mail:zuojia@zuojia.net.cn
http://www.haozuojia.com（作家在线）
印　　刷：河北鹏润印刷有限公司
成品尺寸：152×230
字　　数：226千
印　　张：17.25
版　　次：2018年9月第1版
印　　次：2018年9月第1次印刷
ISBN 978-7-5063-9759-9
定　　价：50.00元（精）

作家版图书，版权所有，侵权必究。
作家版图书，印装错误可随时退换。